U0837424

枣庄学院中国文化研究与传播系列丛书/5

La 5–a Libro de Serio 'Esplorado kaj Disvastigo de Ĉina Kulturo' de Zaozhuang–a Universitato

中世双语版（中文、世界语）

En la ĉina lingvo kaj Esperanto

孟　子

MENGZI

世界语博物馆 编译

Esperantigita kaj redaktita de Esperanto-Muzeo

主编：孙明孝

Redaktita de Sun Mingxiao

世译：[日]佐佐木照央

Esperantigita de Sasaki Teruhiro

译审：[意]莎莎

Kontrolita de Alessandra Madella

图书在版编目（CIP）数据

孟子：中世双语版 / 世界语博物馆编译；孙明孝主编. — 兰州：敦煌文艺出版社，2024.3
ISBN 978-7-5468-2515-1

Ⅰ. ①孟… Ⅱ. ①世… ②孙… Ⅲ. ①《孟子》—汉、世 Ⅳ. ①B222.5

中国国家版本馆CIP数据核字（2024）第052015号

孟子（中世双语版）

世界语博物馆 编译
孙明孝 主编
本书由枣庄学院国际世界语博物馆和邹城博物馆联合策划出版

责任编辑：马吉庆
特约编辑：尚晶晶
专家审读：赵建平
封面设计：蒋凯瑞
特约策划：乐编乐读

敦煌文艺出版社出版、发行
地址：（730030）兰州市城关区读者大道568号
邮箱：dunhuangwenyi1958@126.com
0931-2131556（编辑部）
0931-2131387（发行部）

天津鑫恒彩印刷有限公司印刷
开本 710毫米×1000毫米 1/16 印张 16 插页 4 字数 312千字
2024年6月第1版 2024年6月第1印刷

ISBN 978-7-5468-2515-1
定价：580.00元

如发现印装质量问题，影响阅读，请与印刷厂联系调换。
本书所有内容经作者同意授权，并许可使用。
未经同意，不得以任何形式复制转载。

枣庄学院中国文化研究与传播系列丛书（世界语）编译委员会

Komitatato de Esperantigita Klasika Libro pri ' Esplorado kaj Disvastigo de Ĉina Kulturo' de Zaozhuang-a Universitato

主任：高　峰

Direktoro: Gao Feng

副主任：李文喜　安　涛

Vicdirektoroj: Li Wenxi, An Tao

委员：褚夫敏　尹鸿涛　张一帆　孙明孝　张　艳　李　莉

Komitatanoj: Chu Fumin, Yin Hongtao, Zhang Yifan, Sun Mingxiao, Zhang Yan, Li Li

《孟子》（中世双语版）编译人员

Laborintoj de la Esperantigita Libro *Mengzi* en la Ĉina Lingvo kaj Esperanto

主编：孙明孝

Redaktita de Sun Mingxiao

世译：[日]佐佐木照央

Esperantigita de Sasaki Teruhiro

译审：[意]莎莎

Kontrolita de Alessandra Madella

校对：[韩]朴基完　[日]佐藤隆介　居秀娜　雷晓雪

Provlegita de Bak Giwan, Sato Ryusuke, Ju Xiuna, Lei Xiaoxue

前言 Antaŭparolo

Preskaŭ ĉiuj en Esperantujo aŭdis pri la Esperanto-Muzeo de Zaozhuang-a Universitato aŭ pri ĝia 4-jara Esperanta fako, subtenata de la ĉina registaro. Multaj scias, ke urbo Zaozhuang troviĝas en provinco Shandong, fama kiel la deven-loko de filozofo Konfuceo, kiu laŭ la tradicio naskiĝis sur la ne malproksima monto Ni. Sed ne multaj eĉ en Ĉinio eble konscias, ke la urbo mem estas ligata al alia fama konfucea filozofo, Mengzi, kiu pasigis tie parton de sia vivo, konsilante la lokan dukon. Li eble verkis tie parton de siaj dialogoj aŭ disĉiploj transskribis ilin por li. Estas, do, tre bonvena aldono tiu ĉi kontribuo de D-ro Sasaki Teruhiro, kiu plenigas nian nescion pere de sia akurata traduko de la verko de *Mengzi* kaj riĉa postparolo, en kiu li klarigas la influon de lia penso en la azia kaj japana kunteksto. Fakte, laŭ la japana profesoro, se antikvaj civilizacioj falis kaj Sovetunio dispeciĝis, dum Ĉinio ankoraŭ kreskas, granda parto de la merito estas en la graveco de fila pietato, kiun Mengzi proponis kiel bazo de politiko celanta stabilan socion.

En la paĝoj oni povas legi la zorgon pri la bonfarto de la loĝantoj. Milda taksado, rapida kaj konkreta ekonomia helpo en malfacilaj jaroj, kreado de lernejoj kaj komuna ĝuado de muziko estas partoj de la konsilata politiko de bonvoleco, kiu igas regadon ŝatata kaj daŭripova. Sed por konsili regantojn tiusence estas necesaj elstaraj personecoj, kiuj ne timas diri la veron, eĉ kiam tio estas danĝera. Elstara personeco ofte sin formas en malfacilaĵoj kaj, ne povante trovi amikojn en la flatanta ĉirkaŭaĵo, trovas ilin en la vasta mondo aŭ trans la tempo, en la vortoj de pasintaj majstroj, kiel Mengzi mem faris kun Konfuceo, malproksima de li je du generacioj. Elstara personeco estas baze instruisto, sed oni devas atenti, ĉar homoj havas "malsanon", ke ili volas esti instruistoj. Ili volas diri al ĉiuj tion, kion ili devas nepre detale fari. Dum la bazo de instruado estas zorge forpreni la obstaklojn, kiuj ne aktualigas la naturan bonecon de la homaro laŭ la kanaloj de fila pietato kaj bonvoleco, lasante tamen liberon en la maniero de aplikado. Malsamaj solvoj povas esti same bonaj, se la fondaĵoj estas tiaj. Laŭ Mengzi eĉ rifuzi instrui al iu estas formo de instruado, ĉar ĝi estas hontiga kaj pensiga, helpante homojn retrorigardi la motivojn de sia konduto. Kiel D-ro Sasaki plurfoje substrekas, tiu instrua eco de Mengzi estis tre grava por la japana pensulo Yoshida Shoin, kiu inspiris Restarigadon Meiji en la deknaŭa jarcento, helpante la modernigon de Japanio. Li ploris en malliberejo legante la vortojn de Mengzi kaj starigis lernejon tie.

Konklude, ni povas bondeziri interesan tempon al la legontoj, kiuj certe profitos je tiu rigora esplorado kaj pripensado de la vera signifo de la vortoj de Mengzi, ankaŭ pere de la komparo de diverslingvaj tradukoj kaj komentoj. La kunesto de la ĉina kaj de la Esperanta versioj en la samaj paĝoj ebligas ankaŭ sekvi precizajn diskutojn pri la signifo de specifaj ideogramoj al interesatoj kaj fakuloj. La 5-a verko de la serio "Esplorado kaj Disvastigo de Ĉina Kulturo" de Zaozhuang-a Universitato montros al esperantistoj ion pri la kultura fono, en kiu estas okazanta unu el la plej gravaj nuntempaj instruadoj de la internacia lingvo en universitata medio. Ĝi estas trafe dediĉita al la ĉina instruisto Semio, kiu estas la motoro de la Esperanto-Muzeo kaj de la Esperanto-fako kaj kies agado estas en la sulko de la vido de Mengzi, ke oni devas labori kiel eble plej multe por plibonigi la mondon.

Alessandra Madella (Shasha)

Vic-prezidanto de Internacia Ligo de Esperantistaj Instruistoj (ILEI)

Parma, Italio, 23-a de februaro 2023

La traduko estas dediĉita
al Semio, revigliginta Esperantujon
kun granda fervoro

本译著献给热情振兴世界语运动的孙明孝先生

目 录 ENHAVO

梁惠王（上）

REĜO HUI DE LIANG (I)

1 [1A1]

孟子见梁惠王。王曰："叟不远千里而来，亦将有以利吾国乎？"

孟子对曰："王何必曰利？亦有仁义而已矣。王曰：'何以利吾国？'大夫曰：'何以利吾家？'士庶人曰：'何以利吾身？'上下交征利而国危矣。万乘之国，弑其君者，必千乘之家；千乘之国，弑其君者，必百乘之家。万取千焉，千取百焉，不为不多矣。苟为后义而先利，不夺不餍。未有仁而遗其亲者也，未有义而后其君者也。王亦曰仁义而已矣，何必曰利？"

Mengzi ricevis aŭdiencon ĉe reĝo Hui de Liang.① La reĝo diris: "Vi, maljuna Majstro, degnis ĉi tien veni de malproksime je mil lioj, ĉu vi konsilos ion profitdonan al nia lando?"

Mengzi respondis: "Kian profiton Via Moŝto atendas? Estas nur bonvoleco kaj justeco por atendi kaj nenio alia. Se iu reĝo ekdirus: 'Kio profitdona estas al nia lando?', tiam liaj grandoficistoj dirus: 'Kio profitdona estas al nia klano?' kaj oficistoj kaj popolanoj dirus: 'Kio profitdona estas al ni mem?' Kiam la supro kaj la subo konkure sekvos sian propran profiton, tiuokaze la lando estos endanĝerigita. Lando kun dek mil militĉaroj, se la reĝo estus atencita, neeviteble disfalos en klanojn de mil militĉaroj.② Lando

---

① 梁惠王 reĝo Hui de Wei-regno (370-319 a. K.) surtroniĝis en la urbo Anyi 安邑 kaj 9 jarojn poste ekloĝis en la urbo Da Liang 大梁. Do li nomiĝis reĝo Hui de Liang. 1 aŭ 2 jarojn antaŭ lia morto vizitis lin Mengzi (ĉ. 53-jaraĝa).

② La potenco de regno estis mezurata per la nombro de militĉaroj. Unu militĉaro konsistas el kvar ĉevaloj, tri kondukistoj, 72 piedsoldatoj kaj 25 trajnsoldatoj. Mia traduko de sekvantaj frazoj 万乘之国弑其君者，必千乘之家 estas diferenca ol la aliaj antaŭaj tradukintoj: "One who murders the ruler over a state of ten thousand chariots surely will be from a house of a thousand chariots. [Irene Bloom, p.1] Mi prenas la ideogramon 者 kiel konjunkcion 'se', sed ne kiel rilativon tiu, kiu". Itala traduko estas jena: "In un regno di diecimila carri colui che uccide il re apparterrà certamente ad una famiglia di mille carri." [Il Libro di Mengzi, tradotto da Carlo Ou, Milano, 1959, p.15]

kun mil militĉaroj, se estus atencita la estro, neeviteble falos en klanojn de cent militĉaroj. Se el dek mil ĉiu prenus mil, el mil prenus cent, tiuokaze da akiritaĵo ne estus nemulte. Kiu preferas profiton al justo, tiu ne povas esti kontenta sen rabadi. Neniam okazas, ke kun bonvoleco estu malzorgataj la gepatroj, nek okazas, ke kun justo estu forlasita la reĝo. La reĝo devas paroli nur pri la bonvoleco kaj la justo. Kial nepre paroli pri profito？”

2 [1A2]

孟子见梁惠王。王立于沼上，顾鸿雁麋鹿，曰："贤者亦乐此乎？"

孟子对曰："贤者而后乐此，不贤者虽有此，不乐也。《诗》云：'经始灵台，经之营之，庶民攻之，不日成之。经始勿亟，庶民子来。王在灵囿，麀鹿攸伏，麀鹿濯濯，白鸟鹤鹤。王在灵沼，于牣鱼跃。'文王以民力为台为沼，而民欢乐之，谓其台曰'灵台'，谓其沼曰'灵沼'，乐其有麋鹿鱼鳖。古之人与民偕乐，故能乐也。《汤誓》曰：'时日害丧，予及女偕亡。'民欲与之偕亡，虽有台池鸟兽，岂能独乐哉？"

Mengzi vidis la reĝon Hui de Liang staranta ĉe lageto, kie svarmas amase da egretoj, ardeoj, anseroj, alkoj kaj cervoj. La reĝo diris: "Ĉu ankaŭ saĝuloj povas ĝui tian pejzaĝon？"

Mengzi respondis: "Nur estante saĝa, oni povas ĝui tion. Ne estante saĝa, eĉ se estu io ajn, oni ne povas ĝui tion. En *Poezio* estas dirite: 'Spirita turo, se ekplanite, estis laŭ la plano konstruata. Popolanoj diligente laboris kaj tuj elfaris ĝin. Kvankam en la komenco de la plano ne estis postulate tiel urĝe finkonstrui, tamen la popolanoj kvazaŭ filoj memvole plenumis la taskon rapide. La reĝo vidas en la Spirita ĝardeno kiel sidas aplombe inaj cervoj, grasaj kaj dikaj, kaj vagadas blankaj birdoj kaj gruoj. Antaŭ la reĝo en la Spirita lago fiŝoj svarme naĝas kaj saltadas.' ① Reĝo Wen konstruis la turon kaj la lagon per la forto de popolo. La popolo ĝojege ĝuis tion, nomante la turon Spirita kaj la lageton Spirita, kaj ĝuis, vidante alkojn, cervojn, fiŝojn kaj testudojn. Antikvuloj dividis ĝuon kune kun la popolo, kaj tiel povis vere ĝui. Estas dirite en *Ĵuro de Tang*: "Tirano Jie veis: 'Kia tempo, kia suno, pereiga kaj morna? Mi pereu kune kun vi.' ② Se la popolo volus, ke prefere ĉiuj pereu kune, en tiu okazo kiaj ajn estus turoj, lagoj, birdoj aŭ bestoj, kiel eblus al nura solulo ĝui tiujn？"

---

① Citaĵo el 诗经·大雅·灵台 .Laŭ Yoshida Shoin: " Ĝuas reĝo Wen, ne ĝardenon mem, sed tion, ke la popolo ĝojas, kaj la popolo ĝojas je tio, ke la reĝo ĝojas." [吉田松阴《讲孟余话》3:25]

② Citaĵo el 尚书·汤誓 . 'Suno' signifas la tiranon Jie. Plendo de la popolo sub Xia-dinastio pri lia tiraneco. La popolo volus, ke ĉiuj, rilataj al Jie, pereu kune. Zhu Xi skribis: "Se reĝo, unu sola ĝuante, ne kompatas la popolon, la popolo rankoras kaj ne povas ĝoji." [朱熹，四书集注下：77]

3 [1A3]

梁惠王曰："寡人之于国也，尽心焉耳矣。河内凶，则移其民于河东，移其粟于河内。河东凶亦然。察邻国之政，无如寡人之用心者。邻国之民不加少，寡人之民不加多，何也？"

孟子对曰："王好战，请以战喻。填然鼓之，兵刃既接，弃甲曳兵而走。或百步而后止，或五十步而后止。以五十步笑百步，则何如？"

曰："不可，直不百步耳，是亦走也。"

曰："王如知此，则无望民之多于邻国也。"

"不违农时，谷不可胜食也；数罟不入洿池，鱼鳖不可胜食也；斧斤以时入山林，材木不可胜用也。谷与鱼鳖不可胜食，材木不可胜用，是使民养生丧死无憾也。养生丧死无憾，王道之始也。

"五亩之宅，树之以桑，五十者可以衣帛矣。鸡豚狗彘之畜，无失其时，七十者可以食肉矣。百亩之田，勿夺其时，数口之家可以无饥矣。谨庠序之教，申之以孝悌之义，颁白者不负戴于道路矣。七十者衣帛食肉，黎民不饥不寒，然而不王者，未之有也。

"狗彘食人食而不知检，涂有饿莩而不知发；人死，则曰：'非我也，岁也。'是何异于刺人而杀之，曰'非我也，兵也'？王无罪岁，斯天下之民至焉。"

Reĝo Hui de Liang diris: "Rilate al mia lando, mi dediĉas min elkore. Kiam okazas plago en la interna distrikto laŭ la Flava Rivero, mi tuj translokigas la popolon al la orienta distrikto aŭ provizas grenojn al la interna distrikto. Se plago okazas en la orienta distrikto, mi faras samon por savi. Mi vidas, kiel la popolo estas regata en najbaraj landoj, kaj trovas neniun zorganta sian landon tiel atenteme, kiel mi. Sed neniom malmultiĝas la popolnombro de najbaraj landoj, kaj neniom plimultiĝas mia popolnombro. Kial? "

Mengzi respondis: "Via Moŝto estas militema, do lasu min paroli per la parabolo de milito. Ektondris la tamburo, ektuŝegis sin armiloj kaj glavoj. Batite, oni retiriĝas, forĵetante armaĵojn aŭ trenante armilojn. Je la retiriĝo malantaŭen iuj haltis en cent paŝoj, la aliaj en 50 paŝoj. Ĉi tiuj de 50 paŝoj mokridas tiujn de 100 paŝoj. Kiel vi opinias? "

La reĝo diris: "Ne eblas. Ankaŭ fuĝis nur malpli ol 100 paŝoj."

Mengzi diris: "Tio estas same, kiel vi. Ne esperu, ke da via popolo iĝu pli multe ol en najbaraj landoj. Se oni ne eraras je la tempo de agrokulturado, cerealoj pliiĝos tiom multe ke ne eblus formanĝi ilin. Se oni ne uzas retegon kun maŝetoj, fiŝoj kaj testudoj pliiĝos tiom multe ke ne eblus formanĝi ilin.

Se oni ne hakadas ekscese en arbaro malĝustatempe, lignoj pliiĝos tiom multe ke ne eblus forkonsumi ilin. Se estas sufiĉe da grenoj, fiŝoj, testudoj kaj multe da lignoj por uzi, tiam la popolo povas nutri al si la vivon kaj funebri la morton, havante nenian rankoron. Ebligi nutri la vivon kaj funebri la morton sen ajna rankoro – tio estas ja la komenco de la Reĝa Vojo. Se ĉirkaŭ la loĝloko de kvin muoj estas morusarbaro, kvindek homoj povas vesti sin per silkaĵo. Se senerare je la tempo kreskas la dombestoj, kiel kortobirdoj, porkoj, hundoj, aproj, tiam sepdek homoj povas manĝi viandojn. Se estas terkulturita la kampo je cent muoj sen perdo de la ĝusta tempo, kelke da familioj povas eviti la malsaton. Se oni serioze instruadas en lernejoj disciplinon je justo de la fila pietato kaj la respektado de pliaĝuloj, ne okazos, ke blankharuloj portus pezan ŝarĝon surstrate. Sepdek homoj vestiĝas je silkaĵo kaj manĝas viandojn, laboremaj popolanoj ne malsatiĝintaj nek frostiĝintaj tie, kie la reĝo neniam povas esti nekompetenta. Se iu estro, dum hundoj kaj aproj manĝas tion, kion homoj manĝas, ne scipovas ŝpari por urĝo, nek scipovas ellasi la rezervon urĝe por ŝirmi malsategon, kaj kiam homoj mortas, li dirus: ‘Kulpas ne mi, sed la tempo,’ – tio estas nenio alia ol diri, pikmortiginte homon: ‘Kulpas ne mi, sed la armilo.’ La reĝo ne imputas kulpon al tempo, do venas al li la popolo de la mondo. ”

4 [1A4]

梁惠王曰：“寡人愿安承教。”

孟子对曰：“杀人以梃与刃，有以异乎？”

曰：“无以异也。”

“以刃与政，有以异乎？”

曰：“无以异也。”

曰：“庖有肥肉，厩有肥马，民有饥色，野有饿莩，此率兽而食人也。兽相食，且人恶之；为民父母，行政，不免于率兽而食人。恶在其为民父母也？仲尼曰：‘始作俑者，其无后乎！’为其象人而用之也。如之何其使斯民饥而死也？”

Reĝo Hui de Liang diris: “Mi petas de vi instrui min tute senĝene.”

Mengzi demandis: “Ĉu estas iu diferenco inter la mortigo de homo per klabo kaj per glavo? ”

La reĝo diris: “Neniu diferenco.”

Mengzi demandis plu: “Ĉu estas iu diferenco inter la mortigo per glavo kaj per politiko? ”

La reĝo diris: "Neniu diferenco."

Mengzi diris: "Dum en ies kuirejo estas grasaj viandoj kaj en ies stalo estas grasaj ĉevaloj, la popolanoj tamen mienas malsataj kaj sur kampoj kuŝas malsatmortintoj, – tio egalas, kvazaŭ oni lasus bestojn manĝi homojn. Okazas, ke bestoj manĝas bestojn, unu la alian. Sed homoj malamas tion. Se la administrantoj, dezirante esti kiel gepatroj por la popolo, ne povas haltigi bestojn manĝi homojn, kial ili povus nomiĝi la gepatroj por la popolo? Zhong Ni diris: 'Oni komencis fabriki pupojn de homaj figuroj por entombigi kune, ke ne ĉesu postvivantoj!' ① Tiel do la bildoj de terakoto estas uzataj anstataŭ homoj. Kiel do oni povus lasi popolanojn malsatmorti? "

5 [1A5]

梁惠王曰："晋国，天下莫强焉，叟之所知也。及寡人之身，东败于齐，长子死焉；西丧地于秦七百里；南辱于楚。寡人耻之，愿比死者壹洒之，如之何则可？"

孟子对曰；"地方百里而可以王。王如施仁政于民，省刑罚，薄税敛，深耕易耨；壮者以暇日修其孝悌忠信，入以事其父兄，出以事其长上，可使制梃以挞秦楚之坚甲利兵矣。彼夺其民时，使不得耕耨以养其父母。父母冻饿，兄弟妻子离散，彼陷溺其民，王往而征之，夫谁与王敌？故曰：'仁者无敌。'王请勿疑！"

Reĝo Hui de Liang diris: "En la mondo neniu estis pli forta ol mia praa Jin-regno, kiel vi, Sinjoro, bone scias. Sed post kiam mi surtroniĝis, oriente mia regno estas venkita de Qi-regno kaj mia unua filo mortis, okcidente estas perdita de Qin-regno la teritorio je sepcent lioj kvadrate, sude mi estas senhonorigita de Chu-regno.② Mi hontas je tio. Mi deziras forviŝi la honton per unu fojo ĝis mia morto. Kion al mi estas preferinde fari? "

Mengzi respondis: "Kiu posedas la teritorion grandan je cent lioj kvadrate, tiu povas fariĝi reĝo. La reĝo devas fari bonvolecan regadon por la popolo, reduktante la punadon, malpliigante imposton kaj servuton, stimulante profundan plugadon kaj sarkadon. Plenaĝuloj dum ripozsezono okupu sin per

---

① 始作俑者、其无后乎 Zhu Xi 朱熹 prenas tiun frazon: "Kiu komencis pupojn por kuna entombigo, tiu perdos la posteulojn." Kaj li komentis, ke Konfuceo malamis malbonvolecon de la pupo-fabrikinto. [集注 :83] Mi ne povas konsenti kun li.

② Jin-regno 晋 estis disfendita en tri regnojn – Han 韩 , Zhao 赵 Wei 魏 . En 30 jaroj post la surtroniĝo de Hui, Wei estis venkita de Qi-regno en la kampo de Maling 马陵 , la filo de Hui estis kaptita; en 17-a jaro Qin forprenis de la teritorion de Shaoliang 少梁 de Wei kaj poste prenadis pliajn lokojn, Wei perdis 7 provincojn rezulte de malvenko kontraŭ Chu-regno.

la lernado de devoj je fila pietato kaj respekto al pliaĝuloj, je lojaleco kaj fideleco, hejme oni servu al patro kaj pliaĝaj fratoj, ekstere oni servu al pliaĝuloj kaj superuloj. Se tiel farate, pere de tiu disciplino oni povas disbati eĉ per ligna bastono la firmajn kirasojn kaj la akrajn armilojn de regnoj Qin kaj Chu. Dum ili forprenas por la militservo siajn popolanojn, al kiuj jam ne eblas terkulturi nek nutri gepatrojn, kaj la gepatroj frostiĝas kaj malsatiĝas, fratoj, geedzoj kaj gefiloj disiĝas, tiel do ili estas dronigantaj sian propran popolon. Se vi, la reĝa Moŝto, ekiros en tiu momento militi por puni, tiam neniu povos kontraŭi al vi, ĉu ne? Do estas dirite: ‘Neniu povas kontraŭi al bonvoleculo.’ Ne dubu pri tio, via Moŝto!"

6 [1A6]

孟子见梁襄王。出，语人曰："望之不似人君，就之而不见所畏焉。卒然问曰：'天下恶乎定？'

吾对曰：'定于一。'

'孰能一之？'

对曰：'不嗜杀人者能一之。'

'孰能与之？'

对曰：'天下莫不与也。王知夫苗乎？七八月之间旱，则苗槁矣。天油然作云，沛然下雨，则苗浡然兴之矣。其如是，孰能御之？今夫天下之人牧，未有不嗜杀人者也。如有不嗜杀人者，则天下之民皆引领而望之矣。诚如是也，民归之，由水之就下，沛然谁能御之？'"

Mengzi ricevis aŭdiencon de Reĝo Xiang de Liang.① Forlasinte la palacon, Mengzi diris al iu: "Observante, mi vidis lin malsimila al la reĝo de homoj, t.e., al mi ne videblas lia majesteco. Li abrupte demandis, dirante: ‘Kiel la mondo stabiliĝos?’ Mi respondis: ‘Ĝi estos stabila, unuigite.’ Demandis: ‘Kiu povos unuigi ĝin?’ Respondis: ‘Povos unuigi ĝin tiu, kiu ne ŝatas mortigi homojn.’ Demandis: ‘Kiel povos okazi tio?’ Respondis: ‘En la mondo ne okazas io ajn. Via Moŝto, ĉu vi konas plantidojn? Se estiĝas sekeco en la sepa-oka monato, ili ŝrumpas. Sed la ĉielo iam ekfaras nubojn kaj ekpluvas torente, la plantaĵoj tuj vigle rektiĝas. Tial do, kiel eblus haltigi tion? Nun, inter paŝtistoj de la mondo, troviĝas neniu, kiu malŝatus mortigi homojn. Se estus iu, kiu ne ŝatas hommortigon, al tiu kolektiĝus kune ĉiuj popoloj de la mondo por vidi. Se tio okazus vere, tiam la popolo sekvus lin por

① Reĝo Hui de Liang mortis en 319 a. K. La heredinto, la reĝo Xiang estis surtrone 318-296 a. K.

submetiĝi kiel akvo, fluanta suben. Kiu do povus haltigi tion?' ”

7 [1A7]

齐宣王问曰：“齐桓、晋文之事可得闻乎？”

孟子对曰：“仲尼之徒无道桓、文之事者，是以后世无传焉，臣未之闻也。无以则王乎？”

曰：“德何如则可以王矣？”

曰：“保民而王，莫之能御也。”

曰：“若寡人者，可以保民乎哉？”

曰：“可。”

曰：“何由知吾可也？”

曰：“臣闻之胡龁曰，王坐于堂上，有牵牛而过堂下者。王见之，曰：‘牛何之？’对曰：‘将以衅钟。’王曰：‘舍之！吾不忍其觳觫，若无罪而就死地。’对曰：‘然则废衅钟与？’曰：‘何可废也？以羊易之。’不识有诸？”

曰：“有之。”

曰：“是心足以王矣。百姓皆以王为爱也，臣固知王之不忍也。”

王曰：“然，诚有百姓者。齐国虽褊小，吾何爱一牛？即不忍其觳觫，若无罪而就死地，故以羊易之也。”

曰：“王无异于百姓之以王为爱也。以小易大，彼恶知之？王若隐其无罪而就死地，则牛羊何择焉？”

王笑曰：“是诚何心哉？我非爱其财而易之以羊也。宜乎百姓之谓我爱也。”

曰：“无伤也，是乃仁术也，见牛未见羊也。君子之于禽兽也，见其生，不忍见其死；闻其声，不忍食其肉。是以君子远庖厨也。”

王说曰：“《诗》云：‘他人有心，予忖度之。’夫子之谓也。夫我乃行之，反而求之，不得吾心。夫子言之，于我心有戚戚焉。此心之所以合于王者，何也？”

曰：“有复于王者曰：‘吾力足以举百钧，而不足以举一羽；明足以察秋毫之末，而不见舆薪。’则王许之乎？”

曰：“否。”

“今恩足以及禽兽，而功不至于百姓者，独何与？然则一羽之不举，为不用力焉；舆薪之不见，为不用明焉；百姓之不见保，为不用恩焉。故王之不王，不为也，非不能也。”

曰："不为者与不能者之形何以异？"

曰："挟太山以超北海，语人曰：'我不能'，是诚不能也。为长者折枝，语人曰：'我不能。'是不为也，非不能也。故王之不王，非挟太山以超北海之类也；王之不王，是折枝之类也。

"老吾老，以及人之老；幼吾幼，以及人之幼。天下可运于掌。《诗》云：'刑于寡妻，至于兄弟，以御于家邦。'言举斯心加诸彼而已。故推恩足以保四海，不推恩无以保妻子。古之人所以大过人者，无他焉，善推其所为而已矣。今恩足以及禽兽，而功不至于百姓者，独何与？"

"权，然后知轻重；度，然后知长短。物皆然，心为甚。王请度之！

抑王兴甲兵，危士臣，构怨于诸侯，然后快于心与？"

王曰："否，吾何快于是？将以求吾所大欲也。"

曰："王之所大欲，可得闻与？"

王笑而不言。

曰："为肥甘不足于口与，轻暖不足于体与？抑为采色不足视于目与？声音不足听于耳与？便嬖不足使令于前与？王之诸臣，皆足以供之，而王岂为是哉？"

曰："否，吾不为是也。"

曰："然则王之所大欲可知已，欲辟土地、朝秦楚、莅中国而抚四夷也。以若所为，求若所欲，犹缘木而求鱼也。"

王曰："若是其甚与？"

曰："殆有甚焉。缘木求鱼，虽不得鱼，无后灾；以若所为，求若所欲，尽心力而为之，后必有灾。"

曰："可得闻与？"

曰："邹人与楚人战，则王以为孰胜？"

曰："楚人胜。"

曰："然则小固不可以敌大，寡固不可以敌众，弱固不可以敌强。海内之地，方千里者九，齐集有有其一。以一服八，何以异于邹敌楚哉？盖亦反其本矣。

"今王发政施仁，使天下仕者皆欲立于王之朝，耕者皆欲耕于王之野，商贾皆欲藏于王之市，行旅皆欲出于王之涂，天下之欲疾其君者皆欲赴愬于王。其若是，孰能御之？"

王曰："吾惛，不能进于是矣。愿夫子辅吾志，明以教我。我虽不敏，请尝试之。"

曰："无恒产而有恒心者，惟士为能。若民，则无恒产，因无恒心。苟无恒心，放辟邪侈无不为已。及陷于罪，然后从而刑之，是罔民也。焉有仁人在位罔民而可为也？是故明君制民之产，必使仰足以事父母，俯足以畜妻子，乐岁终身饱，凶年免于死亡；然后驱而之善，故民之从之也轻。

“今之制民之产，仰不足以事父母，俯不足以畜妻子；乐岁终身苦，凶年不免于死亡。此惟救死而恐不赡，奚暇治礼义哉？”

“王欲行之，则盍反其本矣：五亩之宅，树之以桑，五十者可以衣帛矣。鸡豚狗彘之畜，无失其时，七十者可以食肉矣。百亩之田，勿夺其时，八口之家可以无饥矣。谨庠序之教，申之以孝悌之义，颁白者不负戴于道路矣。老者衣帛食肉，黎民不饥不寒，然而不王者，未之有也。”

Reĝo Xuan de Qi-regno demandis, dirante: “Ĉu mi povus aŭdi pri la aferoj fare de dukoj, Huan de Qi-regno kaj Wen de Jin-regno?” ①

Mengzi respondis: “Lernintoj de Zhong Ni ne parolis pri la aferoj de Huan kaj Wen, do nenio estas transdonita al la postaj generacioj. Ankaŭ mi ne aŭdis. Ĉar mi havas nenion por diri rilate ilin, ni parolu pri tio, kio devas esti la reĝo, ĉu bone?”

Xuan demandis: “Kia virto bezonatas por ke iu povu esti la reĝo?”

Respondis: “Kiu protektas la popolon, tiu estas la reĝo. Neniu povas haltigi lin esti reĝo.”

Demandis: “Ĉu mi povus protekti la popolon?”

Respondis: “Vi povas.”

Demandis: “Kial vi scias, ke mi povas?”

Respondis: “Mi aŭdis s-ron Hu He diranta jenon. Via Moŝto sidis sur la balkono de halo kaj, vidante iun tiranta unu bovon sub la halo, demandis: ‘Por kio do la bovo?’ Li respondis: ‘Por sanktigi novan sonorilon per la oferado.’ Via Moŝto diris: ‘Lasu ĝin viva! Mi ne povas elteni vidi ĝin horortremanta ĉe la morto sen ajna kulpo.’ Li respondis: ‘Se tiel, ĉu ni nuligu la ceremonion de la oferado al sonorilo?’ Via Moŝto diris: ‘Kial do nuligi? Preferinde anstataŭigi ĝin per ŝafo!’ Ĉu vi ne memoras, ke okazis tio?”

La reĝo diris: “Estis tio.”

Mengzi diris: “Vi sufiĉe rajtas esti reĝo pro tio. Ĉiuj popolanoj rigardas la reĝon amplena filantropo. ②

① Reĝo Xuan de Qi estis surtrone 319-301 a. K. Duko Huan de Qi (surtrone 685-643 a. K.) kaj Duko Wen de Jin (surtrone 636-628 a. K.) estis du el kvin hegemoniuloj 五霸.

② Esploristoj prenas la ideogramon 爱 por ‘avari’ kaj interpretas: “Ĉiuj popolanoj rigardas la reĝon avarulo.”

Mi certe komprenas, ke la reĝo ne eltenas la buĉadon."

La reĝo diris: "Vi pravas. Vere honestaj estas la popolanoj. Kvankam malgranda estas Qi-regno, kial mi bedaŭrus ununuran bovon? Al mi estis ne elteneble vidi ĝin horortremanta, kiu devintus morti sen ajna kulpo. Do mi anstataŭigis ĝin per ŝafo."

Mengzi diris: "La reĝo neniom aliiĝis, dum la popolanoj rigardas la reĝon amplena. Ke vi anstataŭigis la grandan per la malgranda, kiel do ili komprenas tion? Se Via Moŝto kompatis, ke iu mortas pro nenio kulpa, kial okazis la elektado inter bovo kaj ŝafo? "

La reĝo ridis, dirante: "Kia koro aperis al mi vere? Mi faris tion ne pro amo al profito. Nur oportune ĝi estis anstataŭigita per ŝafo. La popolanoj tamen nomis min homo de amo."

Mengzi diris: "Ne gravas. Tio estas ja apero de bonvoleco. Vi fiksis rigardon al la bovo, sed ŝafon ankoraŭ okule ne vidis. Koncerne animalojn, nobluloj povas vidi ilin vivantajn, sed ne eltenas vidi ilian morton; povas aŭdi ilian voĉon, sed ne eltenas la manĝadon de iliaj viandoj. Tial do nobluloj tenas sin for de la kuirejo."

La reĝo ekĝojis, dirante: "*En Poezio estas dirite*: 'Kion la alia havas en sia koro, tion mi anticipe divenas.' ① Tio estas dirita pri vi, Majstro. Mi mem kondutis tiel, kaj retrorigardante serĉis la kialon, tamen mi ne komprenis mian motivon. Kion diris vi, Majstro, tio estas familiara al mia koro. Tia koro laŭ vi estas konforma al la reĝa, kial? "

Mengzi diris: " Se temas denove pri la reĝeco, ĉu por vi estus allaseble diri jenon – 'Mi havas forton, sufiĉan por levi ion pezan je cent junoj' ,② sed ne povas levi eĉ unu plumon, aŭ dirante: 'Mi povas klare distingi la pinton de aŭtunaj bestaj haroj' , sed ne povas vidi lignojn sur ĉaro? "

La reĝo diris: "Ne."

Mengzi diris daŭre: "Nun iu povas favori eĉ animalon, sed ne atingas lia favoro popolanojn, kiel tio estus allasebla? Tio estas sama, kiel ne levi unu plumon sen uzi forton, kaj sama, kiel ne vidi lignojn sen uzi vidpovon, kaj sama, kiel ne zorgi je protektado de popolanoj sen uzi povon favori. Do tia reĝo ne estas reĝo, ĉar li nur ne volas fari sed tute ne nekapablas fari."

La reĝo demandis: "En kio estas diferenco inter tiu, kiu ne volas fari, kaj tiu, kiu ne kapablas fari? "

---

① Citaĵo el 诗经・小雅・巧言 .

② Jun 钧 estas mezurunuo de pezo, unu jun egalis al 18-19 kg.

Mengzi respondis: "Ke portante la Monton Tai per mano transiri la Nordan Maron, pri tio oni diras: 'Mi ne povas.' Ĉar vere ne fareblas tio. Ke helpi al grandaĝuloj rompi branĉojn, se je tio iu dirus: 'Mi ne povas.' Tio signifas, ke li ne volas fari, sed ne signifas, ke li ne kapablas fari. Do tia reĝo ne estas tiu speco de reĝo, kiu ne povas porti la Monton Tai trans la Nordan Maron. Tia reĝo ne estas eĉ tiu reĝo, kiu helpas al aĝuloj rompi branĉojn. Kiu respektas sian maljunulon, tiu povas etendi al alies maljunuloj. Kiu kompatas siajn infanojn, tiu povas etendi al alies infanoj. Tiel do la mondo povas rotacii kiel sur la mano. En *Poezio* estas dirite: 'Mia regula etiketo por mia edzino etendiĝas al miaj fratoj, kaj atingas la regadon de mia klano kaj de mia lando.' ① Tio signifas, ke oni devas nur etendi tian koron al la aliuloj. Se ekhavi dankeman koron repagi al la aliaj per bonfarado, tiam la tuta mondo kun kvar maroj estos tenata en paco. Sen tia koro oni ne povas protekti eĉ sian edzinon kaj infanojn. Antikvuloj multe superis nur pro tio, ke ili aktive etendis la bonfaradon. Nun vi sufiĉe havas la koron favori animalojn, sed la merito ankoraŭ ne atingas la popolanojn. Kial? Havante pesilon, oni ekscias la pezan kaj la malpezan; havante mezurilon, oni ekscias longecon kaj mallongecon. Ĉiuj aĵoj estas tiaj, des pli la koro. Via Reĝa Moŝto, mi petas vin mezuri tion! Se la reĝo akcelos kirason kaj armilojn, tiam oficiroj-ministroj estos endanĝerigitaj kaj alvokos venĝemon al si inter landestroj. Ĉu tio estus plezuriga al vi? "

La reĝo diris: "Ne. Kial mi ĝojus je tio? Mi postulas tion, ĉar mi havas iun grandan deziron."

Mengzi diris: " Via Moŝto, ĉu mi rajtas aŭdi, kio estas via granda deziro? "

La reĝo ridis, sed li ne diris.

Mengzi diris: "Ĉu por via buŝo ne sufiĉus grasa viando kaj dolĉaĵo? Ĉu por via korpo ne sufiĉus vestaĵoj malpezaj kaj varmaj? Ĉu por viaj okuloj ne sufiĉus belaj koloroj vidindaj? Ĉu por viaj oreloj ne sufiĉus voĉoj kaj sonoj aŭdindaj? Ĉu al vi mankus obeema sekvantaro por alkomandi? Al la Reĝa Moŝto sufiĉas subuloj-ministroj servantaj vin per tiuj. Ĉu Via Moŝto dezirus tiujn? "

La reĝo diris: "Ne. Mi ne dezirus tiujn."

Mengzi diris: "Se tiel, povas esti sciate, kio estas la granda deziro de Via Moŝto. Vi deziras etendaĉi la teron, igi regnojn de Qin kaj Chu tributi al vi, reĝi super la Centra Imperio kaj subigi barbarojn de kvar direktoj. Se vi dezirus ĉasi tian celon, tio estas same, kiel ĉasi fiŝon sur arbo."

La reĝo diris: "Ĉu tiel ekscesa? "

---

① Citaĵo el 诗经・大雅・思齐.

Mengzi diris: " Pli ol ekscesa. Je la ĉasado de fiŝo sur arbo, eĉ se ne akireblas la fiŝo, nenia plago estiĝus poste. Sed, se estos farata serioze, tutanime kaj tutforte, tia agado por realigi vian deziron, tiam nepre postsekvos katastrofo."

La reĝo diris: " Ĉu mi povas aŭdi plu? "

Mengzi diris: " Se Zou-landanoj ekmilitus kontraŭ Chu-regnanoj, kiu do laŭ via opinio venkos? "

La reĝo diris: " Chu-regnanoj venkos."

Mengzi diris: " Tiel do la malgranda certe ne povas rivali kun la granda, la malmulto certe ne povas rivali kun la multo, la malforta ne povas rivali kun la forta. Ene de la maroj troviĝas naŭ grandaj kun teritorio je pli ol mil lioj kvadrate, kaj Qi-regno estas unu el ili. Submeti ok al unu estas neniom alie ol tio, ke Zhou rivalus kun Chu, tute kontraŭas al la baza rezono. Se nun Via Moŝto ekadministrus per bonvoleca politiko, tio instigus ĉiujn aspirantojn de la mondo ekstari por la registaro de Via Moŝto. Ĉiuj farmistoj ekdezirus terkulturadi en la kampo de Via Moŝto, ĉiuj komercistoj ekdezirus negocadi sur la merkato de Via Moŝto, ĉiuj turistoj ekdezirus alvojaĝi la stratojn de Via Moŝto, kaj ĉiuj, havantaj plendon pri siaj estroj en la mondo, ekdezirus alveni por peti protekton de Via Moŝto. Se tiel, kiu povus haltigi tiun fluon? "

La reĝo diris: " Mi, obskuranto, ne kapablas antaŭeniri plu je tio. Majstro, mi petas vin, ke vi asistu min je aspiro, klarigu kaj instruu min. Spite ke mi ne estas sprita, mi provu kion vi rekomendos."

Mengzi diris: " Kapablas teni sekuran koron eĉ sen sia sekura proprietaĵo nur elstaraj personoj. Popolanoj, se ne posedante la sekuran proprietaĵon, ne povas havigi al si iun ajn sekuran koron.① Sen la sekura koro ili diboĉadus, disipadus, nenion farante. Kiam ili foje ekpekas kaj ekkulpas, ili estas punataj – tio estas same, kiel faligi popolanojn en maŝkaptilon. Ĉu la bonvoleculo, estante surtrone, povus igi la popolon fali en tian maŝkaptilon?② Do klera reĝo gvidas la popolon produktadi kaj fabrikadi, nepre tenas la popolon sekura sufiĉe por la servado al gepatroj kaj por la nutrado de edzinoj kaj infanoj, por ke en la jaro de bona rikolto la popolo povu vivi sate ĝis la maljuniĝo kaj en la jaro de malsatego povu eviti la morton. Poste estos al ili farebla la bono kaj iĝos facile obeemaj. Sed nun, se temas pri la stimulado al

---

① 无恒产而有恒心者，惟士为能。若民，则无恒产，因无恒心。Jen en kio kuŝas la kerno de Mengzi-a ideologio, por ke estu sufiĉa al popolo la sekura proprietaĵo, kaj samtempe, por ke kresku la forta persono 士 rezistebla al adversa medio, al malfavora vivkondiĉo. Tiu devizo instigis japanan pensulon Yoshida Shoin fondi la lernejon por kreskigi 'fortajn personojn, nekompareblajn sub la ĉielo.' 萩下之人才天下无比 . [讲孟余话 40-41]

② Tiu opinio de Mengzi estas kontraŭ la tendenco de legalistoj 法家 , kiuj havos influon poste.

la popolo produktadi kaj fabrikadi, estas provizate nek sufiĉe supre por la servado al gepatroj nek sufiĉe sube por la nutrado de edzinoj kaj infanoj. Ili suferas ĝis maljuniĝo eĉ en la jaro de bona rikolto, kaj ne povas eviti la morton en la jaro de malsatego. Ne povante eĉ savi sin el morto, kiel ili povus havi liberan tempon por posedi decregulojn kaj juston? Tiuokaze, eĉ se la reĝo dezirus igi la popolon konduti ĝuste, tio rezultus nur kontraŭ la baza rezono.

Kun loĝejo granda je kvin muoj, se planti morusarbojn, kvindek homoj povas vestiĝi je silkaĵo; se bredi dombestojn kiel kortobirdojn, porkojn, hundojn, aprojn, sen perdi la ĝustan tempon, sepdek homoj povas manĝi viandon; kun kampo granda je cent muoj, sen perdi laborforton en la ĝusta tempo, ok familianoj povas vivi sen malsato; se en lernejoj oni skrupule instruas la decan ordon kaj ripete disciplinon pri la justo de fila pietato kaj pri la respektado de pliaĝuloj, blankharuloj ne bezonus portadi pezan ŝarĝon laŭ strato. Maljunuloj vestas sin per silkaĵoj kaj manĝas viandon, laboremaj popolanoj ne malsatas nek frostas, tiam tiu reĝo estas nepre taŭga je la nomo de vera reĝo.”

梁惠王（下）
REĜO HUI DE LIANG (II)

8 [1B1]

庄暴见孟子，曰："暴见于王，王语暴以好乐，暴未有以对也。"曰："好乐何如？"

孟子曰："王之好乐甚，则齐国其庶几乎！"

他日，见于王曰："王尝语庄子以好乐，有诸？"

王变乎色，曰："寡人非能好先王之乐也，直好世俗之乐耳。"

曰："王之好乐甚，则国其庶几乎，今之乐犹古之乐也。"

曰："可得闻与？"

曰："独乐乐，与人乐乐，孰乐？"

曰："不若与人。"

曰："与少乐乐，与众乐乐，孰乐？"

曰："不若与众。"

"臣请为王言乐。今王鼓乐于此，百姓闻王钟鼓之声，管籥之音，举疾首蹙頞而相告曰：'吾王之好鼓乐，夫何使我至于此极也？父子不相见，兄弟妻子离散。'今王田猎于此，百姓闻王车马之音，见羽旄之美，举疾首蹙頞而相告曰：'吾王之好田猎，夫何使我至于此极也？父子不相见，兄弟妻子离散。'此无他，不与民同乐也。

"今王鼓乐于此，百姓闻王钟鼓之声、管籥之音，举欣欣然有喜色而相告曰：'吾王庶几无疾病与，何以能鼓乐也？'今王田猎于此，百姓闻王车马之音，见羽旄之美，举欣欣然有喜色而相告曰：'吾王庶几无疾病与，何以能田猎也？'此无他，与民同乐也。今王与百姓同乐，则王矣！"

Zhuang Bao renkontis Mengzi kaj diris: "Mi vidis la reĝon. Lia Moŝto parolis al mi pri sia ŝato de muziko. Mi havis nenion por respondi al li pri tio." Li diris: " Kiel vi opinias pri la ŝato de muziko? "

Mengzi diris: "Ke la reĝo ege ŝatas muzikon, estas ne malbone por Qi-regno."

En la alia tago Mengzi, vidante la reĝon, diris: "Via Moŝto parolis al s-ro Zhuang pri via ŝato de muziko, ĉu ne? "

La reĝo ŝanĝis mienon, dirante: "Mi ne povas ĝui muzikon de antikvaj reĝoj, sed ŝatas nur la muzikon de nuna mondo."

Mengzi diris: "Estas ne malbone por Qi-regno, ke Via Moŝto ŝategas muzikon! Ankaŭ la nuntempa muziko estas tiel bona, kiel la antikva."

La reĝo diris: " Ĉu mi povas aŭdi vian opinion plu? "

Mengzi diris: "Kio estas pli ĝojiga al vi, ĉu ĝui muzikon sola aŭ ĉu ĝui ĝin kune kun aliaj homoj?"

La reĝo respondis: " Kune kun aliaj homoj."

Mengzi demandis: " Kio estas pli ĝojiga, kun malmulte da homoj aŭ kun multe da homoj? "

La reĝo respondis: " Kun multe da homoj."

Mengzi daŭre diris: "Permesu al mi diri al Via Moŝto pri ĝuo. Nun ĉi tie aŭdiĝas muziko por la reĝo, kaj popolanoj aŭdas la sonon ludataa per sonoriloj, tamburoj kaj diversaj blovinstrumentoj nur por la reĝo. Tiam popolanoj, kun kapoj dolore klinitaj, sulkigante brovojn, diradus unu al alia reciproke: ' Nia reĝo ŝatas la muzikon de perkut-instrumentoj, dum li lasas min fali en tian ekstreman mizeron, ke gepatroj kaj gefiloj ne povas vidi unu la alian kaj disiĝis fratoj, edzinoj kaj infanoj unu de la alia.' Se nun la reĝo ĉi tie ĝuas ĉasadon sur kampo, tiam la popolanoj, aŭdante la sonon de ĉevaloj kaj ĉaroj, vidante belajn plumojn kaj flagojn, dirus unu al alia: ' Nia reĝo ŝatas la ĉasadon sur kampo, dum li lasas min fali en tian ekstreman mizeron, ke gepatroj kaj gefiloj ne povas vidi unu la alian kaj disiĝis fratoj, edzinoj kaj infanoj unuj de la aliaj.' Kialo de tiu plendo estas nenio alia, ol ĉar li ne dividas ĝojon kun la popolanoj."

"Kontraŭe, kiel do estos, se jene. Kiam la reĝo ĝuas muzikon, popolanoj, aŭdante la sonon de reĝaj sonoriloj, tamburoj kaj blov-instrumentoj, kun ĝojo kaj kun mieno ĝojplena diradas unu al alia: ' Nia reĝo ŝajnas ne malsana, ĉar li povas ĝui muzikon de perkut-instrumentoj, ĉu ne?' Kaj kiam la reĝo ĝuas la ĉasadon, la popolanoj, aŭdante bruon de reĝaj ĉaroj kaj ĉevaloj, vidante belecon de plumoj kaj rubandoj, vigle kun ĝojplena mieno diradas unu al alia: ' Nia reĝo ŝajnas ne malsana, ĉar li povas ĝui la ĉasadon, ĉu ne?' La kialo estas nenio alia, ol ĉar li dividas la plezuron kun la popolanoj. Reĝo, kiu dividas la plezuron kune kun la popolanoj, estas ja vera reĝo." ①

9 [1B2]

齐宣王问曰："文王之囿方七十里，有诸？"

孟子对曰："于传有之。"

曰："若是其大乎？"

曰："民犹以为小也。"

曰："寡人之囿方四十里，民犹以为大，何也？"

曰："文王之囿方七十里，刍荛者往焉，雉兔者往焉。与民同之，民以为小，不亦宜乎？臣始至于境，问国之大禁，然后敢入。臣闻郊关之内有囿方四十里，杀其麋鹿者如杀人之罪。则是方四十里，为阱于国中。民以为大，不亦宜乎？"

Reĝo Xuan de Qi-regno demandis, dirante: "La parko de reĝo Wen estis granda je 70 lioj kvadrate, ĉu vere?"

Mengzi diris: "Tiel estis skribite en historio."

La reĝo diris: "Ĉu ĝi estis tiom granda?"

Mengzi diris: "Popolo tamen konsideris ĝin malgranda."

La reĝo diris: "Mia parko estas granda je 40 lioj kvadrate, sed la popolo rigardas ĝin tro granda, kial?"

Mengzi diris: "Kvankam la parko de reĝo Wen estis granda je 70 lioj kvadrate, tamen tien eniradis kolektantoj de herboj kaj lignetoj, ĉasantoj de fazanoj kaj leporoj. Tiel do same uzis ĝin la popolanoj. Do, ke la popolo konsideris ĝin malgranda, estas nature. Kiam mi estis eniranta unuafoje la landlimon, oni demandadis ekzamenante, ĉu mi ne rompus regnan leĝaron aŭ ne, kaj poste mi povis eniri. Mi aŭdis, ke la limgarda zono havas ĝardenon je 40 lioj kvadrate, kie oni mortpunas mortiginton de alkoj kaj cervoj same kiel la mortiginton de homoj. Do, estas nature, ke la grandecon je 40 lioj kvadrate kun kaptiloj la popolo en via lando konsideras tro granda."

---

① Mozi kritikas muzikon per sama kialo. Diferenco estas en tio, ke Mozi vidas nenion valoran en la reĝa ĝuado de muziko, sed Mengzi taksas tion, nur se eblas dividi la reĝan plezuron kun la popolanoj.

10 [1B3]

齐宣王问曰："交邻国有道乎？"

孟子对曰："有。惟仁者为能以大事小，是故汤事葛，文王事昆夷。惟智者为能以小事大，故太王整事獯鬻，勾践事吴。以大事小者，乐天者也；以小事大者，畏天者也。乐天者保天下，畏天者保其国。《诗》云：'畏天之威，于时保之。'"

王曰："大哉言矣！寡人有疾，寡人好勇。"

对曰："王请无好小勇。夫抚剑疾视曰，'彼恶敢当我哉！'此匹夫之勇，敌一人者也。王请大之！

"《诗》云：'王赫斯怒，爰整其旅，以遏徂莒，以笃周祜，以对于天下。'此文王之勇也。文王一怒而安天下之民。

"《书》曰：'天降下民，作之君，作之师，惟曰其助上帝宠之。四方有罪无罪惟我在，天下曷敢有越厥志？'一人衡行于天下，武王耻之。此武王之勇也。而武王亦一怒而安天下之民。今王亦一怒而安天下之民，民惟恐王之不好勇也。"

Reĝo Xuan de Qi-regno demandis, dirante: "Ĉu estas iu Vojo por interrilati kun najbaraj landoj?"

Mengzi respondis: "Jes, estas. Kapablas nur bonvoleculo, estante mem pli granda, servi al la malpli granda, ekzemple, Tang servis al Ge-lando, reĝo Wen servis al la barbara Kun.① Kapablas nur saĝulo, estante mem malpli granda, servi al la pli granda, ekzemple, Granda Reĝo, avo de reĝo Wen, servis al la tribo Xun Yu,② kaj Gou Jiang servis al Wu-regno. Kiu, estante pli granda, povas servi al la malpli granda, tiu ĝojigas la Ĉielon; kiu, estante malpli granda, povas servi al la pli granda, tiu timas la Ĉielon. Kiu ĝojigas la Ĉielon, tiu tenas la mondon; kiu timas la Ĉielon, tiu tenas la regnon. Estas dirite en *Poezio*: 'Timante la majestecon de la Ĉielo, oni povas teni la landon.' ③"

La reĝo diris: "Granda estas la diritaĵo! Sed mi havas iun mankon, ke mi ŝatas kuraĝon."

Mengzi respondis: "Mi petas vin, ke vi ŝatu ne kuraĝeton. Iu kun glavo en mano minace rigardas, dirante: 'Kiu aŭdacus kontraŭi min!', tio estas ja nur kuraĝo de vulgarulo, kiu povus batali nur kontraŭ

---

① Ge situis najbare al Shang-regno de la reĝo Tang. Kun estis nomo de unu el okcidentaj triboj.

② Xun Yu estis unu el nordaj triboj. Granda Reĝo estas Gugong Danfu, avo de reĝo Wen. Gou Jiang estis reĝo de Yue-regno, foje venkite de Wu-regno, obeis dume al reĝo Fu Chai de Wu, kaj finfine disbatis la lastan.

③ Citaĵo el 诗经・周颂・我将.

unu malamiko. Mi petas de Via Moŝto la grandan. Estas dirite en *Poezio*: ' La reĝo ekkoleregis, kaj la militiro estas preta bonorde por repuŝi malamikon, por montri la bonfaron de Zhou al la tuta mondo.' ① Tio signifas, ke reĝo Wen, ekkolerante, donis pacon al la popolo en la mondo.

Ankaŭ en *Dokumentoj* estas skribite: ' La Ĉielo estigis sube la popolon, por kiu kreis la reĝon, kreis instruistojn. dirante, ke tiuj helpu al la supra Dio, favoranto de kvar direktoj. Kiu kulpas aŭ ne kulpas, tiu estas nur mi. Kiu en la mondo aŭdacus transpaŝi la permesatan de nobla aspiro?' ② Ke unu homo iam despotis en la mondo, pri tio hontis reĝo Wen. Tia estas la kuraĝo de reĝo Wu. Unu ekkolero de reĝo Wu alportis pacon al la popolo en la mondo. Nun, ankaŭ unu ekkolero de Via Moŝto alportu pacon al la popolo en la mondo. Aliokaze la popolo timus, ke Via Moŝto ne ŝatus la kuraĝon."

11 [1B4]

齐宣王见孟子于雪宫。王曰："贤者亦有此乐乎？"

孟子对曰："有。人不得，则非其上矣。不得而非其上者，非也；为民上而不与民同乐者，亦非也。乐民之乐者，民亦乐其乐；忧民之忧者，民亦忧其忧。乐以天下，忧以天下，然而不王者，未之有也。

"昔者齐景公问于晏子曰：'吾欲观于转附、朝儛，遵海而南，放于琅邪，吾何修而可以比于先王观也？'

"晏子对曰：'善哉问也！天子适诸侯曰巡狩。巡狩者，巡所守也。诸侯朝于天子曰述职。述职者，述所职也。无非事者。春省耕而补不足，秋省敛而助不给。夏谚曰：'吾王不游，吾何以休？吾王不豫，吾何以助？一游一豫，为诸侯度。'今也不然：师行而粮食，饥者弗食，劳者弗息。睊睊胥谗，民乃作慝。方命虐民，饮食若流。流连荒亡，为诸侯忧。从流下而忘反谓之流，从流上而忘反谓之连，从兽无厌谓之荒，乐酒无厌谓之亡，先王无流连之乐，荒亡之行。惟君所行也。'

"景公说，大戒于国，出舍于郊。于是始兴发补不足。召大师曰：'为我作君臣相说之乐！'盖《徵招》《角招》是也。其诗曰：'畜君何尤？'畜君者，好君也。"

---

① Citaĵo el 诗经・大雅・皇矣 . En *Poezio* estas skribita '旅' anstataŭ 莒 Ju.

② Citaĵo el 尚书・周书・泰誓上 . Zhu Xi prenas la frazon 有罪无罪，惟我在 alie: "Mi punas tiun, kiu kulpas, kaj gardas tiun, kiu ne kulpas." [集注 103]

Reĝo Xuan de Qi-regno akceptis Mengzi en Neĝa Palaco.

La reĝo diris: "Ĉu saĝuloj havas tian plezuron?"

Mengzi respondis: "Jes. Homoj kritikus la supron, se ili ne havus tion. Estas malbone, se nehavantoj kritikas la supron. Estas ankaŭ malbone, ke se iu kiel la supro por la popolo ne dividas la plezuron kun la popolo. Kiu ĝojas je la ĝojo de la popolo, je ties ĝojo ĝojas ankaŭ la popolo; kiu malĝojas je la malĝojo de la popolo, je ties malĝojo malĝojas ankaŭ la popolo. Kiu ĝojas je la ĝojo de la mondo kaj malĝojas je la malĝojo de la mondo, tiu estas ja la vera reĝo. Antikve, Duko Jing de Qi-regno demandis al ministro Yanzi, dirante: 'Mi volus rondvojaĝi kiel reĝo por inspekti la montojn Zhuangfu kaj Chaowu, kaj laŭ la maro suden al Langye.[1] Kiamaniere mi povus fari la vojaĝon tiom taŭga, kiom komparebla kun antaŭaj reĝoj?' Yanzi respondis: 'Bona demando! La irado de la ĉiela filo al landestroj estas nomata Rondĉasado (Xunshou), t. e. rondirado por gardi sian influsferon. La vojaĝo por la tributo, pagata de landestroj al la ĉiela filo, estas nomata Raporto pri la okupo (Shushi), t. e. ili raportas kiel ili plenumis la devon. Neniu vojaĝo estis farata sen rilato al la aferoj. En printempo oni observas la terkulturadon kaj ĝin kompletigas, se troviĝas ia manko, en aŭtuno oni observas la rikoltadon kaj helpas, se troviĝas ia sterilego. Popolo sub Xia-dinastio kantis: 'Se nia reĝo ne rondiras, kiel do ni povas ripozi? Se nia reĝo ne antaŭpretigas la rezervon, kiel do ni povas esti helpataj? La rondiro kaj la rezervado estas farata por kontroli landestrojn.' Nun estas ne tiel. Reĝo militiradas kun proviantoj, kaj la malsataj ne havas ion por manĝi, la laboruloj ne havas tempon por ripozi. Ili rigardas kun rankoro kaj plendas, en la popolo amasiĝas kaŝita kolero. Reĝo, forlasinte ordonon de antikvuloj, turmentas la popolon, dum li mem manĝadas-trinkadas devore kvazaŭ forfluo, lasante ĉion laŭ fluoj kaj ondoj dezertiĝi kaj ruiniĝi. Tio ĉagrenas landestrojn. Ĉe la flosado suben laŭ rivero, forgesi reveni, tio estas nomata 'droni en fluo', kaj ĉe la flosado supren, forgesi reveni, tio estas nomata 'droni en ondoj', kaj ke ĉe la ĉasado de animaloj ne satĉasas, tio estas nomata 'dezertiĝo', kaj ke ĉe la drinkado ne satdrinkas, tio estas nomata 'ruiniĝo'. La antaŭaj reĝoj havigis al si ne tian plezuron, kiel droni en fluo kaj ondoj, nek tian konduton, kiel dezertiĝo kaj ruiniĝo. Ili kondutis nur kiel nobluloj.' Duko Jing estis tre ĝoja, kaj faris tion granda disciplino por la regno, kaj foriris eksterurbon por loĝi en barako. Li komencis malfermi grenejojn por helpi suferantojn pro manko. Li invitis grandan majstron de muziko, kaj diris:' Komponu por mi tiel, ke estroj kaj subuloj kune povu ĝui la muzikon!' Tiele estis muzikigitaj la pecoj, nomataj *Zhishao* kaj *Jueshao,* kie estas

---

① Zhuangfu (nuna 芝罘), Chaowu (nuna 成山) kaj Langye estas lokonomoj de la montoj en Shandong.

la versoj: ' Ĉu punende estus eduk-bredi reĝon? ' Kiu eduk-bredas la reĝon, amas la reĝon."

12 [1B5]

齐宣王问曰："人皆谓我毁明堂，毁诸？已乎？"

孟子对曰："夫明堂者，王者之堂也。王欲行王政，则勿毁之矣。"

王曰："王政可得闻与？"

对曰："昔者文王之治岐也，耕者九一，仕者世禄，关市讥而不征，泽梁无禁，罪人不孥。老而无妻曰鳏，老而无夫曰寡，老而无子曰独，幼而无父曰孤。此四者，天下之穷民而无告者。文王发政施仁，必先斯四者。《诗》云：'哿矣富人，哀此茕独。'"

王曰："善哉言乎！"

曰："王如善之，则何为不行？"

王曰："寡人有疾，寡人好货。"

对曰："昔者公刘好货；《诗》云：'乃积乃仓，乃裹糇粮，于橐于囊。思戢用光。弓矢斯张，干戈戚扬，爰方启行。'故居者有积仓，行者有裹囊也，然后可以爰方启行。王如好货，与百姓同之，于王何有？"

王曰："寡人有疾，寡人好色。"

对曰："昔者太王好色，爱厥妃。《诗》云：'古公亶父，来朝走马，率西水浒，至于岐下，爰及姜女，聿来胥宇。'当是时也，内无怨女，外无旷夫。王如好色，与百姓同之，于王何有？"

Reĝo Xuan de Qi-regno demandis, dirante: "Ĉiuj diradas al mi, ke mi malmuntu Halon de Lumo, Ming Tang.① Ĉu mi devas malmunti ĝin aŭ ne? "

Mengzi respondis: "La Halo de Lumo estas Imperiestra Halo. Se Via Moŝto dezirus la reĝan regadon, ne malmuntu ĝin."

La reĝo demandis: "Ĉu mi povus aŭdi, kio estas la reĝa regado? "

Mengzi respondis: "Antikve, kiam reĝo Wen regis la lokon de Zhi, li adoptis la impostan sistemon de Naŭona reĝimo② por terkulturistoj, oficistoj ricevis salajron kaj pension, ĉe doganejo kaj merkato oni

① Ming Tang estis la halo de ceremonio por adorkulti la Ĉielon, kie la ĉiela filo de Zhou dinastio preĝis ĉe la Monto Taishan 泰山 , kaj donis dekreton al landestroj. Do ĝi estis simbolo de la potenco de Zhou-dinastio, kiu en la tempo de Mengzi jam perdis la potencon. Do oni proponas malmunton.

② 井田法 Unu naŭona terpeco de kulturata kampo estis asignita por la pagado de imposto. Kampo-skvaro dividita en naŭ terpecoj similas al la ideogramo 囲 , kaj la centra skvaro estas kultivata por la pagado de imposto.

inspektis prohibaĵon sed ne taksis, en marĉo oni ne malpermesis nason, oni ne kulpigis familianojn de krimulo. La oldulo sen edzino nomiĝas vidvo, la oldulino sen edzo nomiĝas vidvino, la oldulo sen gefiloj nomiĝas soleculo, la infano sen patro nomiĝas orfo – tiu kvaropo estas mizeruloj en la mondo, restanta sen apogo, – jen reĝo Wen ekfaris la bonvolecan regadon por savi unue antaŭ ĉio tiun kvaropon. Estas dirite en *Poezio*: ' Senĝenaj estas riĉuloj, kompatindaj estas soleculoj.' " ①

La reĝo diris: " Bone dirite!"

Mengzi diris: " Se Via Moŝto konsiderus tion bona, kial do vi ne kondutas laŭ tio? "

La reĝo diris: " Mi havas makulon, ke mi ŝatas varojn."

Mengzi respondis: " Antaŭe estis iu ŝatanto de varoj, nomata duko Liu, en *Poezio* estas skribite: ' Li akumulis, staplis, enpakis sekigitajn provizojn per diversaj sakoj, kun intenco certigis la sekurecon. Li pretigis pafarkojn kaj sagojn, ŝildojn, halebardojn, hakilojn kaj toporojn por ekiro al ekspedicio.' ② Tial do al postfrontuloj estis la plenakumulita tenejo, al militirantoj estis enpakitaj provizoj, kaj oni povis ekiri al ekspedicio. Via Moŝto same ŝatas varojn, sed se ili estus dividitaj kun la popolanoj, kia problemo estiĝus por vi? "

La reĝo diris: " Mi havas makulon kaj mi ŝatas virinojn."

Mengzi respondis: " Antikve la Granda reĝo, avo de reĝo Wen, estis ŝatanto de virinoj, amanta sian damon. Estas dirite en *Poezio*: ' Gugong Tanfu iu matene, rajdante sur ĉevalo laŭ okcidenta bordo, alvenis ĝis la piedo de monto Zhi. Li kunvivis kun virino de la tribo Jiang tie lokiĝinte.' ③ En tiu tempo interne ne troviĝis virinoj frustriĝantaj, ekstere ne troviĝis fraŭloj sen amatino. Via Moŝto estas same ŝatanto de virinoj, sed se ankaŭ popolanoj ĝuas kune kun vi, kia problemo estiĝus por vi? "

13 [1B6]

孟子谓齐宣王曰：“王之臣有托其妻子于其友而之楚游者，比其反也，则冻馁其妻子，则如之何？”

王曰：“弃之。”

曰：“士师不能治士，则如之何？”

---

① Citaĵo el 诗经・小雅・正月 .

② Citaĵo el 诗经・大雅・公刘 . Duko Liu estis unu pranepo de 后稷 fondinto de Zhou 周 .

③ Citaĵo el 诗经・大雅・绵 .

王曰："已之。"

曰："四境之内不治，则如之何？"

王顾左右而言他。

Mengzi parolis al Reĝo Xuan de Qi-regno, dirante: "Kion vi opinias, se iu el viaj subuloj, konfidinte sian edzinon kun infanoj al sia amiko, oficvojaĝis al Chu-regno, kaj reveninte trovis siajn edzinon kaj infanojn suferantaj pro frosto kaj malsato?"

La reĝo diris: "Li forlasu tian amikon."

Mengzi diris: "Se iu revizoro ne povas kontroli oficistojn, kion fari?"

La reĝo diris: "Li estu forigita."

Mengzi diris: "Se ene de kvar direktoj en via regno ne estus regate bonorde, kion fari?"

La reĝo murmuris ion alian al korteganoj, skuante kapon dekstren-maldekstren.

14 [1B7]

孟子见齐宣王曰："所谓故国者，非谓有乔木之谓也，有世臣之谓也。王无亲臣矣，昔者所进，今日不知其亡也。"

王曰："吾何以识其不才而舍之？"

曰："国君进贤，如不得已，将使卑逾尊，疏逾戚，可不慎与？左右皆曰贤，未可也；诸大夫皆曰贤，未可也；国人皆曰贤，然后察之；见贤焉，然后用之。左右皆曰不可，勿听；诸大夫皆曰不可，勿听；国人皆曰不可，然后察之；见不可焉，然后去之。左右皆曰可杀，勿听；诸大夫皆曰可杀，勿听；国人皆曰可杀，然后察之；见可杀焉，然后杀之。故曰国人杀之也。如此，然后可以为民父母。"

Mengzi, vidante la reĝon Xuan de Qi-regno, diris: "Se temas pri la regno kun malnova tradicio, tio ne nur signifas, ke la regno havas altajn sanktarbojn, sed signifas, ke ĝi havas la omaĝulojn, heredatajn de generacioj. Ĉe la reĝo sen konfidindaj omaĝuloj, estas nesciate, ĉu iu, promociita hieraŭ, volus subite forlasi vin hodiaŭ."

La reĝo diris: "Kiel mi povas scii sentaŭgulon, forĵetendan?"

Mengzi diris: "Kiam regnestro promocias iun saĝulon, faru tion nur kiel devigite per nepreco. Endas tre skrupule rangaltigi iun personon de malalta deveno pli alte ol personojn de respektinda deveno, aŭ rangaltigi iun malproksiman pli alte ol proksimajn je parenceco. Ankoraŭ vi ne devas kredi, kiam ĉiuj korteganoj dekstre kaj maldekstre dirus iun saĝa, ankoraŭ vi ne devas kredi, kiam ĉiuj grandoficistoj dirus iun saĝa. Post kiam ĉiuj regnanoj dirus iun saĝa, vi devas ekzameni tiun, kaj nur poste se vi mem rigardas tiun saĝa, promociu lin. Ne aŭskultu, kiam ĉiuj korteganoj dekstre-maldekstre dirus iun neakceptebla, nek aŭskultu, se ĉiuj grandoficistoj dirus lin neakceptebla. Ekzamenu lin post kiam ĉiuj regnanoj dirus lin saĝa, kaj nur poste se vi rigardas lin neakceptebla, tiam forlasu lin. Ne aŭskultu, kiam ĉiuj korteganoj dekstre-maldekstre dirus iun mortigenda, nek aŭskultu, kiam grandoficistoj dirus lin mortigenda. Esploru post kiam ĉiuj regnanoj dirus lin mortigenda, kaj nur poste se vi mem rigardas lin mortigenda, tiam mortigu lin.① Se tiel, vi povus esti rigardata kiel gepatroj por la popolo."

15 [1B8]

齐宣王问曰："汤放桀，武王伐纣，有诸？"

孟子对曰："于传有之。"

曰："臣弑其君，可乎？"

曰："贼仁者谓之'贼'，贼义者谓之'残'，残贼之人，谓之'一夫'。闻诛一夫纣矣，未闻弑君也。"

Reĝo Xuan de Qi-regno demandis, dirante: "Tang ekzilis Jie, reĝo Wu mortigis Zhou, ĉu vere tio okazis?"

Mengz respondis: "Tiel estas transdonite en analoj."

La reĝo diris: "Ĉu estas allaseble, ke la regato atencu regnestron?"

Mengzi diris: "Kiu ofendas bonvolulon, tiu nomiĝas rabisto. Kiu ofendas justulon, tiu nomiĝas kanajlo. Kiu ofendas aŭ rabas homojn, tiu nomiĝas nura unu ulo. Mi aŭdis, ke iu ulo, nomata Zhou, estis akuzita, sed ne aŭdis, ke iu regnestro estus atencita." ②

---

① Opinio de Mengzi pri avanco de personoj estis gvidoprincipo por feŭdalismo. Sed ĝi havis influon dumlonge sur japaneska administrado de entreprenoj, kiun forŝovis laŭmerita promocio de personoj post 90-aj jaroj de 20-a jc. Estas notinde, li opinias, ke kalumnio estas plej evitenda por stabila regado, ĉar li mem estis unu el la viktimoj. Iuj tradukas la vorton 国人 kiel 'popolanoj'.

② Reĝo Xuan mem estas la posteulo de Tian Chang, kiu atencis sian reĝon. En la historio de Ĉinio kaj Japanio estis kritikata tiu opinio de Mengzi kiel revoluciema. Sed ankaŭ Mozi kaj Xunzi havis la saman opinion rilate al mortigo de la tirano Zhou.

16 [1B9]

孟子见齐宣王，曰：“为巨室，则必使工师求大木。工师得大木，则王喜，以为能胜其任也。匠人斫而小之，则王怒，以为不胜其任矣。夫人幼而学之，壮而欲行之，王曰：‘姑舍女所学而从我’，则何如？今有璞玉于此，虽万镒，必使玉人雕琢之。至于治国家，则曰：‘姑舍女所学而从我’，则何以异于教玉人雕琢玉哉？”

Mengzi vidis reĝon Xuan kaj diris: “Por konstrui grandan palacon, oni nepre igas iun majstron-metiiston serĉi grandan arbon. Kiam li trovis la grandan arbon, la reĝo ĝojegas kaj komisias al iu taŭgulo la taskon. Se la komisiita metiisto mishakus la arbon malgranda, tiuokaze la reĝo ekkoleras, taksante lin ne taŭga al la tasko. Por ekzemplo, iu persono estis lernanta ion ekde la infaneco kaj dezirus en sia maturiĝo praktiki la lernitan – sed reĝo dirus: ‘ Vi dume flankenlasu la lernitan de vi kaj sekvu min! ’ kio do okazus al li? Nun supozu, ke vi havas ankoraŭ ne poluratan jadon, valoran je dek mil yi[①], vi nepre igos juveliston tajli ĝin. Koncernante la regadon de la ŝtato, se la reĝo dirus: ‘ Vi dume flankenlasu la lernitan de vi kaj sekvu min.’ – tio estus nenio alia, ol instrui al juvelisto kiel tajli jadon, ĉu ne? ”

17 [1B10]

齐人伐燕，胜之。宣王问曰：“或谓寡人勿取，或谓寡人取之。以万乘之国伐万乘之国，五旬而举之，人力不至于此。不取，必有天殃。取之，何如？”

孟子对曰：“取之而燕民悦，则取之。古之人有行之者，武王是也。取之而燕民不悦，则勿取，古之人有行之者，文王是也。以万乘之国伐万乘之国，箪食壶浆以迎王师，岂有他哉？避水火也。如水益深，如火益热，亦运而已矣。”

Qi-regnanoj atakis Yan-regnon kaj venkis ĝin.[②] Reĝo Xuan demandis, dirante: “Iu diras, ke mi ne prenu ĝin, la alia diras, ke mi prenu ĝin. Tio, ke unu regno kun dek mil militĉaroj batis la alian regnon kun dek mil militĉaroj en kvindek tagoj, ne atingeblus nur per la homa forto. Do, se mi ne prenus ĝin, tiam nepre mi ricevos plagon de la Ĉielo. Se mi prenos, kio okazos sekve? ”

---

① Yi 镒 : Antikva mezurunuo de pezo, precipe de pezo de oro. Yi egalas al 20 aŭ 24 liang 两 . En Qin-regno, liang egalas al ĉ.16.14 gramoj.

② Qi-regno venkis Yan-regnon en 314 a. K., en la sesa jaro de Reĝo Xuan.

Mengzi respondis: " Se la popolo de Yan-regno ĝojas je la okupado fare de vi, tiam prenu ĝin. Antikve estis ankaŭ ekzemplo, ke tion faris reĝo Wu. Se la popolo de Yan ne ĝojas je la okupado fare de vi, tiam ne prenu ĝin. Antikve estis ankaŭ ekzemplo, ke tiel kondutis reĝo Wen. Kiam unu regno kun dek mil militĉaroj batis la alian regnon kun dek mil militĉaroj, la reĝa armeo de la unua estos akceptata kun korboj da manĝaĵo kaj kruĉoj da vino, ĉu en tia konduto estus alia kialo, ol eviti akvon kaj fajron? Ju pli profunda estas la akvo kaj ju pli arda estas la fajro,① des pli oni turnas sin tiel per si mem."

18 [1B11]

齐人伐燕，取之。诸侯将谋救燕。宣王曰："诸侯多谋伐寡人者，何以待之？"

孟子对曰："臣闻七十里为政于天下者，汤是也。未闻以千里畏人者也。《书》曰：'汤一征，自葛始。'天下信之。东面而征，西夷怨；南面而征，北狄怨，曰：'奚为后我？'民望之，若大旱之望云霓也。归市者不止，耕者不变。诛其君而吊其民，若时雨降。民大悦。《书》曰：'徯我后，后来其苏。'今燕虐其民，王往而征之，民以为将拯己于水火之中也，箪食壶浆以迎王师。若杀其父兄，系累其子弟，毁其宗庙，迁其重器，如之何其可也？天下固畏齐之强也，今又倍地而不行仁政，是动天下之兵也。王速出令，反其旄倪，止其重器，谋于燕众，置君而后去之，则犹可及止也。"

Qi-regnanoj atakis Yan-regnon kaj okupis ĝin. Aliaj landestroj ekintrigis savi Yan-regnon. Reĝo Xuan diris: " Multaj landestroj intrigas ataki min. Kiel mi devas teni min je tio? "

Mengzi respondis: " Mi aŭdis, ke havanto de teritorio je 70 lioj kvadrate povis ekregi la mondon. Tiu estas Tang. Mi ankoraŭ ne aŭdis, ke havanto de teritorio je mil lioj kvadrate timus la aliajn. Estas dirite en *Dokumentoj*: ' Tang ekmilitis unue kontraŭ Ge-lando. La mondo fidis al li. Kiam li ekspedicias orienten, la okcidentaj barbaroj envias, kaj kiam li ekspedicias suden, la nordaj triboj envias, dirante: ' Kial do li postlasas nin?' Popoloj esperis tion, kvazaŭ ili esperus nubojn dum granda sekeco. Eĉ dum la milito senĉese ili iradas al merkato, senŝanĝe ili terkulturadas. Akuzi ilian landestron kaj konsoli la popolojn estas same, kiel ekpluvo ĝustatempa. La popoloj ĝojegas je tio. Estas skribite en *Dokumentoj*: ' Mi atendas la postan, venontan, kiu revivigos min.' Nun Yan-regno turmentas sian popolon, do Via Moŝto

---

① Akvo kaj fajro signifas la tiranecon de landestro.

ekiris puni ĝin. La popolo, konsiderante tion ĝuste savo el akvo kaj fajro, akceptis Vian reĝan armeon kun korboj da manĝaĵo kaj kruĉoj da vino. Malgraŭ tio, se via armeo mortigus iliajn patrojn kaj fratojn, kaptus iliajn filojn, detruus ilian prapatran maŭzoleon, forprenus de ili gravajn trezorojn, kion do ili povus fari? La mondo ja timas la fortecon de Qi-regno. Se nun Qi duobligas la teritorion kaj ne faras bonvolecan politikon, tio instigas la mondon mobilizi la armeojn kontraŭ Qi. Via Moŝto, tuj ordonu al via armeo redoni iliajn oldulojn kaj infanojn, ĉesigi la forprenon de iliaj trezoroj, lasu al la popolo de Yan memdecidi pri si je la starigo de ilia regnestro kaj poste retiriĝu. Nur per tio haltigeblus la kontraŭatako." ①

19 [1B12]

邹与鲁哄。穆公问曰："吾有司死者三十三人，而民莫之死也。诛之，则不可胜诛；不诛，则疾视其长上之死而不救，如之何则可也？"

孟子对曰："凶年饥岁，君之民老弱转乎沟壑，壮者散而之四方者，几千人矣；而君之仓廪实，府库充，有司莫以告，是上慢而残下也。曾子曰：'戒之戒之！出乎尔者，反乎尔者也。'夫民今而后得反之也。君无尤焉！君行仁政，斯民亲其上，死其长矣。"

Okazis konflikto inter Zou-lando kaj Lu-regno.② Duko Mu de Zou demandis, dirante: "Dum 33 miaj oficistoj mortis, inter popolanoj-soldatoj tamen ne estis mortintoj. Mi volus akuzi ilin, sed neakuzeblas pro la multeco. Se mi ne akuzi, ili malatentos la morton de siaj supruloj kaj ne savos ilin. Kion mi devas fari? "

Mengzi respondis: "En la jaroj de sterilego kaj malsatego, olduloj kaj malfortuloj inter via popolo mortis survoje en fosaĵoj aŭ kloakoj, kelkmiloj da plenaĝuloj dispelis sin en kvar direktojn. Sed plenaj estis la grenejo kaj la tenejo de Via Moŝto, neniu el oficistoj raportis al vi pri tio. Tiel do la supro estis aroganta kaj kruela al la subo. Zengzi diris: ' Estu singarda, estu singarda! Kio eliras de vi, tio returnos al vi.' ③ La popolanoj estas nun returnantaj por repagi. Ne riproĉu, Via Lorda Moŝto! Se vi farus bonvolecan politikon, la popolo iĝus intima al la supro kaj preta je sia morto por siaj estroj."

---

① Yoshida Shoin rimarkis al tiu teksto jene: "Nunaj regnestroj devus honti pri si, kiam ili atingis tiun ĉapitron ĉe la legado de Mengzi." [讲孟余话 63]

② Zou-lando estas hejmloko de Mengzi. Antaŭa nomo estis Zhu 邾, poste en la epoko de Milit-landoj la nomo ŝanĝiĝis al Zou.

③ Zengzi estas unu el la disĉiploj de Konfuceo kaj ankaŭ Mengzi apartenas al lia skolo.

20 [1B13]

滕文公问曰："滕，小国也，间于齐、楚。事齐乎？事楚乎？"

孟子对曰："是谋非吾所能及也。无已，则有一焉：凿斯池也，筑斯城也，与民守之，效死而民弗去，则是可为也。"

Duko Wen de Teng-lando demandis, dirante: "Teng estas malgranda lando, situanta inter Qi kaj Chu regnoj. Al kiu regno ĝi devas servi, Qi aŭ Chu? " ①

Mengzi respondis: "Tio estas ja demando, pri kiu mi ne estas kompetenta respondi. Se neeviteble, mi havus nur unu respondon - konstrui ĉirkaŭfoson, munti remparon, gardi ilin kune kun la popolo. Ke la popolo ne foriru de vi eĉ se mortus, jen tio farendas al vi."

21 [1B14]

滕文公问曰："齐人将筑薛，吾甚恐，如之何则可？"

孟子对曰："昔者大王居邠，狄人侵之，去之岐山之下居焉。非择而取之，不得已也。苟为善，后世子孙必有王者矣。君子创业垂统，为可继也。若夫成功，则天也。君如彼何哉？强为善而已矣。"

Duko Wen de Teng demandis, dirante: "Qi-regnanoj ĝuste konstruis urbon Xue, mi ege timas. Kion mi devas fari? " ②

Mengzi respondis: "Antikve la granda reĝo loĝis en Bin. Kiam la tribo Di invadis tien, la reĝo translokiĝis al la piedo de la monto Zhi neeviteble sen alia alternativo. Kiu faras bonon, el ties posteuloj nepre aperos imperiestro.③ Noblulo komencas la aferon kaj heredigas la tradicion por daŭrigi. La sukceso dependas de la Ĉielo. Kio al vi estas farebla rilate Qi? Nur strebu forte fari la bonon."

① Teng estas nuna Tengzhou de la urbo Zaozhuang en Shangdong provinco. La unua feŭdita landestro Cuo Shuxiu 错叔绣 estis unu el la filoj de reĝo Wen, fondinto de Zhou-dinastio. En 414 a. K. ĝi estis unufoje pereigita de Yue, kaj baldaŭ revivis, sed poste pereigita de Song-regno.

② Xue situas en nuna Zaozhuang. Fama Meng Cangjun 孟尝君 posedis la urbon Xue, kie kolektiĝis multaj talentuloj.

③ La historio de Zhou-dinastio estis bona modelo por malgrandaj landoj. Eĉ se ĝi perdis unufoje la teritorion pro la invado de barbaroj, ĝi kreskis poste kiel la granda imperio. Mengzi montras idealan tipon de granda reĝo kiel konduti en malfavora kondiĉo.

22 [1B15]

滕文公问曰："滕，小国也；竭力以事大国，则不得免焉，如之何则可？"

孟子对曰："昔者大王居邠，狄人侵之。事之以皮币，不得免焉；事之以犬马，不得免焉；事之以珠玉，不得免焉。乃属其耆老而告之曰：'狄人之所欲者，吾土地也。吾闻之也：君子不以其所以养人者害人。二三子何患乎无君？我将去之。'去邠，逾梁山，邑于岐山之下居焉。邠人曰：'仁人也，不可失也。'从之者如归市。

"或曰：'世守也，非身之所能为也，效死勿去'"

"君请择于斯二者。"

Duko Wen de Teng demandis, dirante: "Teng estas malgranda lando. Kvankam ĝi servas tutforte al grandaj regnoj, estas vane. Kion mi devas fari? "

Mengzi respondis: "Antikve la granda reĝo loĝis en Bin, la tribo Di invadis tien. Li servintus al Di per donaco de peltoj kaj ŝtofoj, sed vane; li provis donaci hundojn kaj ĉevalojn, sed vane; provis donaci perlojn kaj jadojn, sed vane. Li kunvokis siajn patriarkojn kaj diris: 'Di-anoj deziras havigi al si nian landon. Mi aŭdis, ke reĝo ne devas viktimigi siajn homojn pro sia alteniĝo al nutrilo de homoj.[①] Kio do ĝenos min eĉ se mi ne estus reĝo? Mi nun foriros de ĉi-tie.' Forlasinte la urbon Bin, li transiris monton Liang, kaj translokiĝis ĉe la piedo de la monto Zhi. Homoj de Bin diris: 'Li estas bonvolemulo, do ni ne devas perdi lin,' kaj ili sekvis lin grandnombre kvazaŭ ili turnus sin kure al foiro. Aŭ troviĝas iu, kiu diras: 'La landon, heredatan de generacioj, mi mem ne povas perdi, eĉ se mi mortus, mi ne devas forlasi ĝin.' Jen la alternativo, Via Moŝto, elektu unu el tiuj du."

23 [1B16]

鲁平公将出，嬖人臧仓者请曰："他日君出，则必命有司所之。今乘舆已驾矣，有司未知所之，敢请。"

公曰："将见孟子。"

曰："何哉，君所为轻身以先于匹夫者？以为贤乎？礼义由贤者出；而孟子之后丧逾前丧。君无见焉！"

公曰："诺。"

乐正子入见，曰："君奚为不见孟轲也？"

① Nutrilo de homoj signifas ĉi tie la teron.

曰："或告寡人曰：'孟子之后丧逾前丧'，是以不往见也。"

君无见焉！公曰："诺。"

乐正子入见，曰："君奚为不见孟轲也？"

曰："或告寡人曰：'孟子之后丧逾前丧'，是以不往见也。"

曰："何哉，君所谓逾者？前以士，后以大夫；前以三鼎，而后以五鼎与？"

曰："否。谓棺椁衣衾之美也。"

曰："非所谓逾也，贫富不同也。"

乐正子见孟子，曰："克告于君，君为来见也。嬖人有臧仓者沮君，君是以不果来也。"

曰："行，或使之；止，或尼之。行止，非人所能也。吾之不遇鲁侯，天也。臧氏之子焉能使予不遇哉？"

Duko Ping de Lu-regno estis eliranta.① Iu favorato, nomata Zang Cang, dece demandis, dirante: "Via Moŝto, pri via elirado en pasinteco nepre estis antaŭsciate al oficistoj, sed nun vi ekiras per kaleŝo kien ne sciate al la oficistoj. Ĉu mi rajtus demandi kien?" ②

La duko diris: "Mi iras nun vidi Mengzi."

Zang diris: "Kial do? Via Moŝto degnus tiel facile turni vin al iu nura simplulo, ĉu tio estas saĝa? De saĝeco venas decreguloj kaj justo. Mengzi okazigis la lastan funebron por sia patrino multe pli lukse ol la antaŭan por sia patro. Via Moŝto, ne vidu lin?"

La duko diris: "Konsentite."

Yuezheng-zi eniris, vidante la dukon, diris: "Via Moŝto, kial vi ne vidas Meng Ke?" ③

La duko diris: "Iu diris al mi, ke Mengzi okazigis la lastan funebron pli lukse ol la antaŭan kontraŭ decreguloj, do mi ne iris vidi lin."

Li diris: "Kial vi konsideris tion devojiĝa? Li funebris la antaŭan, kiel nura oficisto, sed la lastan, kiel grandoficisto antaŭe kun tri pladoj, poste kun kvin pladoj por oferado, ĉu ne?" ④

---

① Duko Ping estis surtrone 316-297 a. K.

② Biren 嬖人 – favorata konkubino aŭ eŭnuko.

③ Yuezheng-zi estas unu el la disĉiploj de Mengzi. Ke 克 estas lia nomo.

④ Plado estas por oferaĵoj de dombestoj, kiel porkoj kaj ŝafoj. Laŭ rangoj de funebrantoj diversas nombroj de pladoj–tri por oficisto, kvin por grandoficisto. Laŭ ĉi tiu teksto 前以士后以大夫 iuj esploristoj supozas, ke la patro mortis, kiam Mengzi estis plenkreskulo, ĉar kiel oficisto 士. Mi konjektas, ke lia patro mortis kiam Mengzi estis infano.

La duko diris: "Ne. Temas pri lukseco de interna kaj ekstera ĉerkoj kaj beleco de vestaĵoj."

Li diris: "Tio ne signifas la devojiĝon, sed signifas nur la malsamecon laŭ tempo, riĉa aŭ malriĉa."

Yuezheng-zi vidis Mengzi kaj diris: "Mi persvadis la regnestron, ke li renkontu vin. Sed la favorato, nomata Zang Cang, malhelpis, tial do li ne sukcesis alveni."

Mengzi diris: "Kio iras, tion lasu iri; kio haltas, tion lasu halti. Iri aŭ halti – tio ne dependas de homa kapablo. Ke mi ne renkontis la markizon Lu, tio dependis de la Ĉielo.① Kiel do iu filo de Zang-klano povus igi nin ne renkontiĝi? "

---

① Laŭ Yoshida Shoin, tiu frazo estas ĵuro de Mengzi al la Ĉielo, ke homoj devas fari tion, kio estas komisiita al ili. Homo proponas, Dio disponas. Jen en tio kuŝas la signifo de la ĉiela ordono. Ke Shoin lekcias pri Mengzi en la malliberejo, tio estas la praktiko de justo por li. [讲孟余话 :70-71]

公孙丑（上）

GONGSUN CHOU (I)

1 [2A1]

公孙丑问曰："夫子当路于齐，管仲、晏子之功，可复许乎？"

孟子曰："子诚齐人也，知管仲、晏子而已矣。或问乎曾西曰：'吾子与子路孰贤？'曾西蹵然曰：'吾先子之所畏也。'曰：'然则吾子与管仲孰贤？'曾西艴然不悦，曰：'尔何曾比予于管仲？管仲得君，如彼其专也，行乎国政，如彼其久也，功烈，如彼其卑也；尔何曾比予于是？'曰：'管仲，曾西之所不为也，而子为我愿之乎？'"

曰："管仲以其君霸，晏子以其君显。管仲、晏子犹不足为与？"

曰："以齐王，由反手也。"

曰："若是，则弟子之惑滋甚。且以文王之德，百年而后崩，犹未洽于天下。武王、周公继之，然后大行。今言王若易然，则文王不足法与？"

曰："文王何可当也？由汤至于武丁，贤圣之君六七作，天下归殷久矣！久则难变也。武丁朝诸侯，有天下，犹运之掌也。纣之去武丁未久也，其故家遗俗，流风善政，犹有存者；又有微子、微仲、王子比干、箕子、胶鬲皆贤人也。相与辅相之，故久而后失之也。尺地，莫非其有也；一民，莫非其臣也；然而文王犹方百里起，是以难也。齐人有言曰：'虽有智慧，不如乘势；虽有镃基，不如待时。'今时则易然也：夏后、殷、周之盛，地未有过千里者也，而齐有其地矣；鸡鸣狗吠相闻，而达乎四境，而齐有其民矣。地不改辟矣，民不改聚矣，行仁政而王，莫之能御也。且王者之不作，未有疏于此时者也；民之憔悴于虐政，未有甚于此时者也。饥者易为食，渴者易为饮。孔子曰：'德之流行，速于置邮而传命。'当今之时，万乘之国行仁政，民之悦之，犹解倒悬也。故事半古之人，功必倍之，惟此时为然。”

Gongsun Chou demandis, dirante: “Majstro, se vi okupus iun altan postenon en Qi-regno, ĉu tiuokaze vi povus restaŭri la meriton fare de Guan Zhong kaj Yanzi? ”

Mengzi diris: “Vi estas ja vere *Qi-regnano*, vi scias nur Guan Zhong kaj Yanzi. Iu demandis Zeng Xi, dirante: ‘El inter vi kaj Zilu, kiu do estas pli saĝa?’ Zeng Xi konsternite diris humile: ‘Eĉ mia patro profunde respektis Zilu.’ Li demandis plu: ‘Tiel do, inter vi kaj Guan Zhong, kiu do estas pli saĝa?’ Zeng Xi kun vizaĝkoloro ŝanĝita malagrablis, dirante: ‘Kial vi komparas min kun Guan Zhong? Ricevinte reĝan konfidon, Guan Zhong okupis sin je la ŝtataferoj kiel la unuaulo, administris dumlonge la regnan politikon, hastis por merito kiel maldeca avidulo. Kial vi komparas min kun li?’ Mengzi diris plue: “Guan Zhong estas tia figuro, kiun Zeng Xi ne estimis. Ĉu vi dezirus, ke mi fariĝu tia? ” ①

Gongsun Chou diris: “Guan Zhong faris la reĝon hegemonia, Yanzi faris la reĝon brile elstara. Ĉu al Guan Zhong kaj al Yanzi mankas io? ”

Mengzi diris: “Fari Qi-regnon monda reĝo estas ja tiel facile kiel turni la manon.”

Gongsun Chou diris: “Se tiel, mi kiel via disĉiplo, sentas grandan perplekson. Ĉar eĉ kun virto de reĝo Wen, mortinta je la aĝo de cent jaroj, ankoraŭ ne regeblis la tuta mondo, – nur post kiam reĝo Wu kune kun Duko Zhou heredis lin, la granda afero estis efektivigita. Vi nun diras, ke fariĝi la monda reĝo estas facile, ĉu tio signifas, ke reĝo Wen ne estas sufiĉa kiel modelo? ” ②

Mengzi diris: “Kiel estus adaptebla la kazo de reĝo Wen? De Tang ĝis Zhou tra Wu Ding estis surtrone ses-sep reĝoj saĝaj kaj sanktaj. Dume longe la mondo estis regata de Yin-dinastio, kaj estis malfacile ŝanĝiĝi dum longe. Wu Ding tributigis landestrojn kaj posedis la mondon, manipulante ĝin kvazaŭ sur sia manplato. Post Wu Ding pasis ne longe, ĝiskiam venis Zhou-tirano kaj foriris. Ankoraŭ restis malnova familio, bona moro, bona komunikado de la supro-subo, kaj kutimoj de bona administrado③. Aldone estis personoj, kiel Weizi, Wei Zhong, Princo Bigan, Jizi, Jiao Ge – ĉiuj estis

---

① Gongsun Chou estas unu el disĉiploj de Mengzi. Guang Zhong estas fama ĉefministro ĉe Duko Huan de Qi-regno. Yanzi estas fama ĉefministro ĉe Duko Jing de Qi-regno. Zeng Xi estas filo de Zeng Shen 曾参 .

② reĝo Wen estas patro de la reĝo Wu, fondinto de Zhou-dinastio. Duko Zhou 周公 estas juna frato de reĝo Wu.

③ 故家遗俗，流风善政 Yoshida Shoin taksis tiujn 4 elementojn kiel plej fidindajn por konservi la stabilan regnon. [讲孟余话 76-77] Laŭ Shoin, 流风 signifas komunikadon de supro al subo.

saĝuloj, kune asistantaj longe al Zhou, kiu poste perdis ilin.① Estis neniu terpeco, kiu ne apartenis al tiu Zhou, estis neniu popolano, kiu ne submetiĝis al li. reĝo Wen komencis leviĝi kun sia teritorio je cent lioj kvadrate, do estis malfacile rivali. Inter Qi-regnanoj oni parolas: ' Eĉ se al inteligento, ne eblas oponi sin kontraŭ la fluo; eĉ se kun bonaj kultiviloj, ne eblas ne atendi la tempon.' En nuna tempo estas pli facile. Ĉe dinastioj de Xia, Yin kaj Zhou, eĉ la plej granda teritorio estis nur pli ol mil lioj kvadrate. Nun Qi-regno jam posedas la tioman teritorion. Estas dirite, ke krioj de kortobirdoj kaj bojoj de hundoj, bredataj de popolo, atingas senĉese landlimojn de kvar direktoj. Nun unu Qi-regno jam regas la tioman popolon. Sen ekspluati denove terojn, sen kolekti denove popolojn, kiu ajn faras bonvolecan politikon, tiu fariĝos imperiestro, kaj nenio povos deteni tion. Plie, tia epoko, kiam mankas imperiestro kiel nun, troviĝas en la historio malofte, kaj tia epoko, kiam popoloj laĉiĝis pro kruela politiko kiel nun, troviĝas malofte en la historio. Kiu malsatas, povas esti facile tentata per manĝaĵo; kiu soifas, povas esti facile tentata per trinkaĵo. Konfuceo diris: ' Virto propagiĝas tiel rapide, kiel poŝta kuriero.' Aparte nuntempe, se unu granda regno kun dek mil militĉaroj farus bonvolan politikon, popolanoj ekĝojegus je tio, kvazaŭ liberigite el de la pendigilo kun kapo malsupren. Eĉ se la afero estus plenumata nur duone kompare kun antikvuloj, tamen la merito nepre duobliĝus, farate en la nuna tempo."

2 [2A2]

公孙丑问曰："夫子加齐之卿相，得行道焉，虽由此霸王，不异矣。如此，则动心否乎？"

孟子曰："否。我四十不动心。"

曰："若是，则夫子过孟贲远矣。"

曰："是不难，告子先我不动心。"

曰："不动心有道乎？"

曰："有。北宫黝之养勇也；不肤挠，不目逃，思以一豪挫于人，若挞之于市朝，不受于褐宽博，亦不受于万乘之君；视刺万乘之君，若刺褐夫；无严诸侯，恶声至，必反之。孟施舍之所养勇也，曰：'视不胜犹胜也；量敌而后进，虑胜而后会，是畏三军者也。舍岂能为必胜哉？能无惧而已矣。'孟施舍似曾子，北宫黝似子夏。夫二子之勇，未知其孰贤，然而孟施舍守约也。昔者

---

① Tang estas la fondinto de Yin-dinastio, kies lasta reĝo estas tirano Zhou. Wu Ding, alinome Gaozong 高宗, estas filo de Xiao Yi 小乙, juna frato de Pan Geng 盤庚. Weizi estas pli aĝa frato de Zhou, Wei Zhong estas juna frato de Weizi. Bigan estas onklo de Zhou, ankaŭ Jizi estas onklo de Zhou. Jiao Ge estas ministro ĉe Zhou.

曾子谓子襄曰：‘子好勇乎？吾尝闻大勇于夫子矣：自反而不缩，虽褐宽博，吾不惴焉；自反而缩，虽千万人，吾往矣。’孟施舍之守气，又不如曾子之守约也。”

曰：“敢问夫子之不动心与告子之不动心，可得闻与？”

“告子曰：‘不得于言，勿求于心；不得于心，勿求于气。’不得于心，勿求于气，可；不得于言，勿求于心，不可。夫志，气之帅也；气，体之充也。夫志至焉，气次焉。故曰：‘持其志，无暴其气。’”

“既曰‘志至焉，气次焉’，又曰‘持其志，无暴其气’，何也？”

曰：“志壹则动气，气壹则动志也，今夫蹶者趋者，是气也，而反动其心。”

“敢问夫子恶乎长？”

曰：“我知言，我善养吾浩然之气。”

“敢问何谓浩然之气？”

曰：“难言也。其为气也，至大至刚，以直养而无害，则塞于天地之间。其为气也，配义与道；无是，馁也。是集义所生者，非义袭而取之也。行有不慊于心，则馁矣。我故曰，告子未尝知义，以其外之也。必有事焉，而勿正，心勿忘，勿助长也。无若宋人然：宋人有闵其苗之不长而揠之者，芒芒然归，谓其人曰：‘今日病矣！予助苗长矣！’其子趋而往视之，苗则槁矣。天下之不助苗长者寡矣。以为无益而舍之者，不耘苗者也；助之长者，揠苗者也非徒无益，而又害之。”

“何谓知言？”

曰：“诐辞知其所蔽，淫辞知其所陷，邪辞知其所离，遁辞知其所穷。生于其心，害于其政；发于其政，害于其事。圣人复起，必从吾言矣。”

“宰我、子贡善为说辞，冉牛、闵子、颜渊善言德行。孔子兼之，曰：‘我于辞命，则不能也。’然则夫子既圣矣乎？”

曰：“恶！是何言也？昔者子贡问于孔子曰：‘夫子圣矣乎？’孔子曰：‘圣则吾不能，我学不厌而教不倦也。’子贡曰：‘学不厌，智也；教不倦，仁也。仁且智，夫子既圣矣。’夫圣，孔子不居，是何言也？”

“昔者窃闻之：子夏、子游、子张皆有圣人之一体，冉牛、闵子、颜渊则具体而微，敢问所安。”

曰：“姑舍是。”

曰："伯夷、伊尹何如？"

曰："不同道。非其君不事，非其民不使；治则进，乱则退，伯夷也。何事非君，何使非民；治亦进，乱亦进，伊尹也。可以仕则仕，可以止则止，可以久则久，可以速则速，孔子也。皆古圣人也，吾未能有行焉；乃所愿，则学孔子也。"

"伯夷、伊尹于孔子，若是班乎？"

曰："否；自有生民以来，未有孔子也。"

曰："然则有同与？"

曰："有。得百里之地而君之，皆能以朝诸侯，有天下；行一不义，杀一不辜，而得天下，皆不为也。是则同。"

曰："敢问其所以异。"

曰："宰我、子贡、有若，智足以知圣人，污不至阿其所好。宰我曰：'以予观于夫子，贤于尧舜远矣。'子贡曰：'见其体而知其政，闻其乐而知其德，由百世之后，等百世之王，莫之能违也。自生民以来，未有夫子也。'有若曰：'岂惟民哉？麒麟之于走兽，凤凰之于飞鸟，太山之于丘垤，河海之于行潦，类也。圣人之于民，亦类也。出于其类，拔乎其萃，自生民以来，未有盛于孔子也。'"

Gongsun Chou demandis, dirante: "Se vi, Majstro, nomumite kiel ĉefministro, povus praktiki la Vojon, tiam ne strange estus, ke via reĝo povu fariĝi majesta hegemono. Se tiel, ĉu vi estus emociota je via koro aŭ ne?"

Mengzi diris: "Ne. Mi tenas mian koron senmova ekde la aĝo de kvardek."

Gongsun Chou diris: "Tiuokaze, vi, Majstro, multe superis herkulon Meng Ben."

Mengzi diris: "Tio ne malfacilas. Gaozi atingis la senmovan koron pli frue ol mi."

Gongsun Chou diris: "Ĉu estas ia rimedo por atingi la senmovan koron?" ①

Mengzi diris: "Jes, estas. Beigong You havigis al si tian sen-timan kuraĝon ne ektremi batate nek palpebrumi fiksrigardate. Li prenis la tiradon de sia unu hareto fare de la alia homo kiel la punskurĝon sur merkato. Li ne ŝatis ricevi ian ajn ofendon ĉu de ĉifona vulgarulo, ĉu de reĝo kun dek mil militĉaroj. Li

① Meng Ben estis bravulo de Wei 卫. Gaozi [不害] estis lernanto de Mozi kaj samtempulo de Mengzi.

same fiksrigardis tute egale ĉu reĝon kun dek mil militĉaroj aŭ nuran ĉifonulon.[1] Li ne timis landestrojn. Al ĉiu, kiu ajn ofendis lin, li nepre kontraŭatakis. Mengshi She havigis al si la alian kuraĝon, esprimitan en jena frazo: ' Mi observas malvenkon samkiel venkon. T. e. nur post kiam mi kalkulas fortecon de malamiko, mi ekmovas min; konvinkite tamen je la certa venko, mi ekbatalas. Tio estas pro la timo alfronti rekte tri armeojn. Kiel mi povas nepre venki? Ĉar mi nur povas neniigi la kaŭzon de timo.' Mengshi She similas al Zengzi, Beigong You similas al Zi Xia[2]. Mi ne scias, kiu el tiuj du tipoj estus supera je kuraĝo. Sed firme tenebla estas tio de Mengshi She. Iam antaŭe Zengzi parolis al Zi Xiang, dirante: ' Ĉu vi ŝatas kuraĝon? Mi aŭdis la Majstron diranta pri la granda kuraĝo, ke tio estas – <Se memobservante introspekte mi malpravas, mi devus time tremeti eĉ antaŭ ĉifonulo, sed memobservante introspekte mi vere pravas, mi antaŭeniros eĉ kontraŭ milojn da homoj.>' Mengshi She tenis Ĉjion[3] grava, sed tio ankoraŭ ne superas pli ol Zengzi tenis la konvinkon firma."

Gongsun Chou diris: " Permesu al mi demandi vin pri ' senmova koro' , kia diferenco estas inter via kaj tiu de Gaozi? Ĉu mi povus aŭdi? "

(Mengzi diris): " Gaozi diris, ke ne serĉu al koro tion, kio ne akireblas per vortoj; ne serĉu al Ĉjio tion, kio ne akireblas al koro." Laŭ mia opinio, kvankam estas bone ne serĉi al Ĉjio tion, kio ne akireblas al koro, tamen estas malbone ne serĉi al koro tion, kio ne akireblas per vortoj. La aspiro de koro estas mastro de Ĉjio, kaj la Ĉjio pleniĝas en la korpo. La kora aspiro estas la plej grava, kaj la Ĉjio estas la dua. Do estas dirite: ' Tenu la koran aspiron, ne lasu Ĉjion arbitra."

Gongsun Chou diris: " Vi diras, ke la kora aspiro estas la plej grava, kaj la Ĉjio estas la dua, kaj diras, ke tenu la koran aspiron sed ne lasu Ĉjion arbitra. Kion tio signifas? "

Mengzi diris: " La kora aspiro, farate la unua, movas la Ĉjion, sed la Ĉjio, farate la unua, movas la koran aspiron. Kiu igas onin stumbli kaj hasti, tiu estas Ĉjio. Ĝi kontraŭe ja movas la koron."

Gongsun Chou diris: " Permesu al mi demandi vin, Majstro, kion fari estas pli bone? "

Mengzi diris: " Al mi gravas scii vortojn kaj al mi bone estas ebligi al ni nutri Ĉjion, vastaniman kaj grandampleksan."

---

① La vorton 视刺 multaj esploristoj prenas kiel 'mortigi' , sed mi prenas tiun vorton kiel 'rigardi kvazaŭ pikante' .

② Pri Beigong You kaj Mengshi She estis sciate malmulte. La unua estis Qi-regnano. Zengzi kaj Zi Xia estis disĉiploj de Konfuceo. La unua estis supozata la verkisto de la Sutro de fila pietato 孝经 , la dua rigardis la formon de decreguloj grava. Zi Xiang estas disĉiplo de Zengzi.

③ Animenergion.

Gongsun Chou diris: "Bonvolu diri al mi, kio estas la vasta kaj vastanima Ĉjio? "

Mengzi diris: "Estas malfacile esprimi ĝin per unu vorto. Ĝi faras Ĉjion plej granda kaj plej firma, kaj nutras rekte sen ajna damaĝo, kaj plenigas spacon inter la Ĉielo kaj la tero. Ĝi faras la Ĉjion konforma kun la justo laŭ la Vojo. Sen ĉi tiu oni laciĝas vane. Ĝi estiĝas ĉe la interne akumulita justo, ne per la akirado de ekstere. Kiu sentas ion misharmonian je sia konduto en la koro, tiu laciĝas vane.[1] Do mi diras, ke Gaozi ankoraŭ ne scias juston, konsiderante ĝin io ekstera[2]. Kiam ekstaras iu afero, ne atendu tujan sukceson, ne forgesu nepre en la koro, por ke vi ne helpu kreskigi ĝin haste. Ne estu tia, samkiel Song-landano en la jena epizodo. Iu Song-landano sentis sin maltrankvila, ke plantido ne kreskas, kaj li pli streĉis la plantidon supren. Reveninte hejmen tute laca, li diris: 'Hodiaŭ mi ege laciĝis, ke mi helpis al la plantido kreski.' Lia filo haste ekiris tien, kaj vidis la plantidon tute velkinta. En la mondo troviĝas ne malmulte da helpantaj al plantido kreski, aŭ tiu, kiu konsideras tion senutila kaj lasas spontane kreski, tute ne sarkante herbaĉon nek erpante. Eltiri la plantidon, dezirante helpi ties kreskigon, – estas ne nur senutile, sed malutile por ĝi."

Gongsun Chou demandis: "Kion signifas tio, ke vi scias vortojn? "

Mengzi diris: "Tio estas scii ion kaŝitan en senekvilibraj vortoj, scii faltruon en malĉastaj vortoj, scii disocion en maljustaj vortoj, scii seneliron en elturniĝemaj ĉikanaj vortoj. Naskiĝinte en la koro, tiuj vortoj malhelpas al la politiko. Aperante en la sfero de politiko, ili damaĝas la aferojn. Se sanktuloj releviĝus, ili nepre sekvos tion, kion mi parolas."

Gongsun Chou diris: "Zaiwo, Zi Gong estis lertaj je bona konduto kaj parolado, Ranniu, Minzi, Yanyuan estis lertaj je bonaj vortoj kaj je virta konduto. Al Konfuceo apartenis ambaŭ bonaĵoj, sed li diris: 'Mi ne kapablas je la parolado de vortoj.' Majstro, kun scio de vortoj, vi jam estas sankta, ĉu ne? "

Mengzi diris: "Tute ne! Kion vi diras? Antaŭe iam Zi Gong demandis Konfuceon, dirante: 'Vi, Majstro, estas sankta, ĉu ne?' – Konfuceo diris: 'Mi ne kapablas fariĝi sankta, mi nur lernas sen-enue kaj instruas sen-lace.' – Zi Gong diris: 'Lerni sen-enue estas ja intelekto, instrui sen-lace estas ja bonvolo. Kun bonvolo kaj intelekto, vi, Majstro, estas jam sankta!' Koncernante nomi sin sankta, ne jesis eĉ

---

① Ĉjio – laŭ Ĉina-Esperanta Vortaro de Wang Chongfang, abstrakta koncepto rilatanta al la homa subjektiva spirito aŭ la plej elementa substanco en la universo, (laŭ ĉina medicino) vitala energio [forto]; vitala spiro. Mengzi uzas la terminon en la senco de la unua parto 'subjektiva spirito'. Vastanima Ĉjio 浩然之气 estas la termino speciala por esprimi la animstaton, movantan personon libere kaj aktive al alta celo.

② Vidu la saman argumenton en la sesa ĉapitro 6A4. Gaozi rigardas juston estanta ekstere de koro.

Konfuceo, ĉu mi havas ion diri por mi mem? ”

Gongsun Chou diris: “ Mi aŭdis iam, ke Zi Xia, Zi You, Zi Zhang, ĉiu el ili havis unu parton de sankteco, kaj Ranniu, Minzi, Yanyuan havigis al si tuton de sankteco po malmulte. Permesu min demandi, al kiu vi similas? ”

Mengzi diris: “ Lasu tiun temon flanken.”

Gongsun Chou demandis: “ Pri Boyi kaj Yiyin, kian opinion vi havas? ”

Mengzi diris: “ Ilia vojo malsamas ol mia. Kiu ne servas al la estro, ne identas kun sia idealo, ne uzas la popolon, ne identan kun sia idealo, antaŭen iras se en ordo, retiriĝas se en malordo – tiu estas Boyi. Kiu servas ajnan estron, eĉ malbonan, uzas ajnan popolon, eĉ malbonan, antaŭen iras ajnokaze, ĉu en ordo ĉu en malrodo – tiu estas Yiyin. Kiu servas, se servenda, haltas, se haltenda, daŭrigas, se daŭrigenda, rapidas, se rapidenda je decido retiriĝi – tiu estas Konfuceo. Ĉiuj estas antikvaj sanktuloj, mi ankoraŭ ne kapablas konduti tiel, sed mi esperas lerni Konfuceon.”

Gongsun Chou diris: “ Ĉu Boyi kaj Yiyin egalas al Konfuceo je la klasifiko? ”

Mengzi diris: “ Ne. El inter naskiĝintaj ĝis nun popolanoj, neniu estas komparebla kun Konfuceo.”

Gongsun Chou demandis: “ Ĉu troviĝas iu sameco inter la menciitoj? ”

Mengzi diris: “ Jes. Ili, estante nur en la teritorio je cent lioj kvadrate, servis la estron, kaj ĉiuj povis venigi landestrojn tributi al sia reĝo kaj regis la mondon. Sen fari eĉ unu maljuston, sen mortigi eĉ unu nekulpan, ili ĉiuj prenis la mondon – jen tio estas la sameco.”

Gongsun Chou demandis: “ Ĉu mi povus demandi pri la malsameco? ”

Mengzi diris: “ Zaiwo, Zi Gong, Youruo estis sufiĉe saĝaj por rekoni la sanktecon, almenaŭ ili ne povis flati al sia ŝatato. Zaiwo diris: ‘ Mi observas la Majstron kaj trovis lin multe pli saĝa ol Yao-Shun.’ Zi Gong diris: ‘ Vidante liajn decregulojn, sciante lian politikon, aŭdante lian muzikon, sciante lian virton, mi povas diri sen-erare, ke ekde naskiĝo de popolanoj ĝis cent generaciojn poste de nun, kaj post cent generacioj da reĝoj, ne aperos tia persono, egala al la Majstro.’ Youruo diris: ‘ Ĉu li estus nura popolano? Al sama klasifiko apartenus unukornulo kaj kurantaj bestoj, fenikso kaj flugantaj birdoj, Taishan kaj montetoj, maro kaj riveretoj, kaj al sama klasifiko apartenus sanktuloj kaj popoloj, sed tamen je la sama klasifiko estas iu eminenta el eminentaj, elstaranta el elstaraj, kiun neniu el naskiĝintaj popoloj pli superas – tiu estas Konfuceo.’ ”

3 [2A3]

孟子曰："以力假仁者霸，霸必有大国；以德行仁者王，王不待大。汤以七十里，文王以百里。以力服人者，非心服也，力不赡也；以德服人者，中心悦而诚服也，如七十子之服孔子也。《诗》云：'自西自东，自南自北，无思不服。'此之谓也。"

Mengzi diris: "Pere de forto li ŝajnigas sin bonvolema – tiu estas superreganto, hegemoniulo. La hegemoniulo nepre posedas la grandan regnon. Pere de virto li faras bonvolecan regadon – tiu estas vera reĝo. Povas esti la vera reĝo sen granda teritorio, Tang ekregis sepdek liojn kvadrate, reĝo Wen – cent liojn kvadrate. Kiu obeigas homojn pere de forto, ne povas igi ilin obei elkore, ĉar ne sufiĉas la forto. Kiu obeigas homojn pere de virto, al tiu oni obeas kun ĝojo elkore kaj sincere, samkiel sepdek disĉiploj, sekvantaj al Konfuceo. En *Poezio* estas dirite: 'El okcidento, el oriento, el sudo, el nordo, troviĝas neniu, kiu ne volas obei.' [1] Tio signifas la supre menciitan."

4 [2A4]

孟子曰："仁则荣，不仁则辱；今恶辱而居不仁，是犹恶湿而居下也。如恶之，莫如贵德而尊士，贤者在位，能者在职；国家闲暇，及是时，明其政刑。虽大国，必畏之矣。《诗》云：'迨天之未阴雨，彻彼桑土，绸缪牖户。今此下民，或敢侮予？'孔子曰：'为此诗者，其知道乎！能治其国家，谁敢侮之？'今国家闲暇，及是时，般乐怠敖，是自求祸也。祸福无不自己求之者。《诗》云：'永言配命，自求多福。'《太甲》曰：'天作孽，犹可违；自作孽，不可活。'此之谓也。"

Mengzi diris: "Kun bonvolo oni prosperas, sen bonvolo oni estas hontigita. Kiu, kvankam hontigite, vivas tamen senbonvole, similas al tiu, kiu, abomenante malsekecon, loĝas sube. Se tio ne plaĉus, estas preferinde estimi virton kaj respekti kleran personon, postenigi saĝulon kaj doni oficon al kompetentulo. Tiel do la ŝtato ĝuos la liberan tempon, dume estos bontenate klare je la politiko kaj la leĝaro. Tiun ŝtaton nepre respekte timas eĉ grandaj regnoj. Estas dirite en *Poezio*: 'Dum ankoraŭ ne ekas pluvsezono en la Ĉielo, mi, kolektinte ŝelojn de morusarboj, plektas ilin por pretigi la neston likrezista. Kiu el suba popolo

---

① Citaĵo el 诗经 · 大雅 · 文王有声 .

ĉi tie aŭdacus malestimi min?' [①] Konfuceo diris: ' Versis la poemon ja tiu, kiu konas la Vojon! Kiu, kapabla je la ŝtatregado, aŭdacus malestimi tion?' Se nun, dum la ŝtato havas liberan tempon, oni dronus en fia plezuro aŭ en pigreco, oni mem altiras al si la plagon. Ĉu plagon, ĉu feliĉon, senescepte oni mem altiras al si. Estas dirite en *Poezio*: ' La eterna estas la vorto, asignita de la Ĉielo – <Kiom iu mem serĉas, tiom da feliĉo tiu ricevas.>' [②] Ankaŭ en *Tai Jia* estas dirite: ' Malfeliĉo donita de la Ĉielo ankoraŭ estas evitebla, sed malfeliĉo memfarata ne estas travivebla.' [③] Tio signifas la supre menciitan."

5 [2A5]

孟子曰："尊贤使能，俊杰在位，则天下之士皆悦，而愿立于其朝矣；市，廛而不征，法而不廛，则天下之商皆悦，而愿藏于其市矣；关，讥而不征，则天下之旅皆悦，而愿出于其路矣；耕者，助而不税，则天下之农皆悦，而愿耕于其野矣；廛，无夫里之布，则天下之民皆悦，而愿为之氓矣。信能行此五者，则邻国之民仰之若父母矣，率其子弟，攻其父母，自生民以来未有能济者也。如此，则无敌于天下。无敌于天下者，天吏也。然而不王者，未之有也。"

Mengzi diris: "Kie oni respektas la saĝan, uzas la kapablan, enoficigas la elstaran – tien ĉiuj kleraj personoj de la mondo ĝojege dezirus direkti sin kaj turni sin. Kie sur merkato oni imputas al vendejo nur renton sed ne impostas al komercaĵoj, tie ĉiuj negocistoj de la mondo ĝojege dezirus malfermi komercejojn sur la merkato.[④] Kie ĉe la gardejo de landlimo oni inspektas sed ne impostas, tie ĉiuj turistoj de la mondo ĝojege dezirus vojaĝi laŭ la stratoj. Kie oni terkulturas helpe de la komuna terpeco por imposta devo sed ne bezonas pagi kroman imposton, tie ĉiuj kamparanoj ĝojege dezirus terkulturi sur la kampoj. Kie ne ekzistus impostoj, kiel rento, kapimposto, servuto, tien popoloj de la mondo ĝojege dezirus enmigri. Kiu povos efektivigi ĉi tiujn kvin politikojn, tiun la popoloj de najbaraj landoj rigardos kvazaŭ siajn gepatrojn. Post la apero de homoj neniu gvidanto ankoraŭ sukcesis igi gefilojn ataki gepatrojn. Tial do li estos senrivala en la mondo. Kiu estas senrivala en la mondo, estas la ĉiela servanto. Li ne povas ne fariĝi la vera reĝo."

---

① Citaĵo el 诗经・幽风・鴟鴞 .

② Citaĵo el 诗经・大雅・文王 .

③ Tai Jia 太甲 estas titolo de unu el la ĉapitroj en *Dokumentoj* 尚书 . Sama citaĵo en 离娄（上）4.

④ 廛 Chan estas domgrundo difinita al nenobelo en urbo en la antikveco, aŭ domo de nenobelo.[Laŭ Wang Chongfang] Do mi prenas ĝin kiel renton al la grundo.

6 [2A6]

孟子曰："人皆有不忍人之心。先王有不忍人之心，斯有不忍人之政矣。以不忍人之心，行不忍人之政，治天下可运之掌上。所以谓人皆有不忍人之心者，今人乍见孺子将入于井，皆有怵惕恻隐之心。非所以内交于孺子之父母也，非所以要誉于乡党朋友也，非恶其声而然也。

"由是观之，无恻隐之心，非人也；无羞恶之心，非人也；无辞让之心，非人也；无是非之心，非人也。恻隐之心，仁之端也；羞恶之心，义之端也；辞让之心，礼之端也；是非之心，智之端也。人之有是四端也，犹其有四体也。有是四端而自谓不能者，自贼者也；谓其君不能者，贼其君者也。凡有四端于我者，知皆扩而充之矣，若火之始然，泉之始达。苟能充之，足以保四海；苟不充之，不足以事父母。"

Mengzi diris: "Ĉiu homo havas la koron kompateman, ke al li estas neelteneble vidi la alian suferanta. Antaŭaj reĝoj, havante la koron neelteneble vidi alies suferon, okupis sin je la kompatema politiko neelteneble vidi homon suferanta. Se kun kompatema koro fari la kompateman politikon, tiam la mondo estus regata kvazaŭ ĝi glate turniĝus surmane. Ĉar ĉiu homo havas al si la koron, ke neelteneblas vidi la alian suferanta, – vidante infaneton nun falonta en puton, ĉiu ajn ekavertas por savi ĝin kun la pura koro kompatema, ne pro tio, ke tiu havus la rilaton kun gepatroj de la infaneto, nek pro tio, ke li volus esti laŭdota de samvilaĝanoj aŭ amikoj, nek pro tio, ke li timus malbonan voĉon el sia societo. Laŭ tia vidpunkto, kiu ne havus ĉe si koron de kompatemo, tiu ne estas homo. Kiu ne havas koron de honto je malbono, tiu ne estas homo. Kiu ne havas koron de humileco kaj cedemo, tiu ne estas homo. Kiu ne havas koron por distingi pravecon kaj malpravecon, tiu ne estas homo. La kompatema koro estas la komenco de bonvolo, la koro de honto al malbono estas la komenco de justo, la humila koro de cedemo estas la komenco de decreguloj, la koro de distingo je praveco kaj malpraveco estas la komenco de intelekto. Persono havas ĉe si tiujn kvar fontojn same, kiel kvar membrojn de korpo. Se iu, havante la kvar fontojn, dirus, ke li mem ne povas konduti laŭ ili, tiu degradas sin mem kanajlo. Kiu diras, ke sia estro ne kapablas konduti laŭ ili, tiu damaĝas la estron. Kiu nur se rekonus, ke ĉiuj havas ĉe si la kvar fontojn, ĉiu povus vastigi kaj kreskigi ilin por igi la kvaropon plena, kvazaŭ fajro, ekbrulanta, kaj akvofonto, ekŝprucanta. Se oni povas plene etendi tiujn fontojn al la mondo, tiam teneblas la tuta mondo kun la kvar maroj en paco; se ne, ne eblas eĉ por servadi sufiĉe proprajn gepatrojn."

7 [2A7]

孟子曰："矢人岂不仁于函人哉？矢人唯恐不伤人，函人唯恐伤人。巫匠亦然。故术不可不慎也。孔子曰：'里仁为美。择不处仁，焉得智？'夫仁，天之尊爵也，人之安宅也。莫之御而不仁，是不智也。不仁、不智，无礼、无义，人役也。人役而耻为役，由弓人而耻为弓，矢人而耻为矢也。如耻之，莫如为仁。仁者如射：射者正己而后发；发而不中，不怨胜己者，反求诸己而已矣。"

Mengzi diris: " Ĉu sagofaristo estas malpli bonvoleca ol kirasofaristo? Sagofaristo timas nur, ke la fabrikaĵo ne povos vundi aliajn homojn, sed kirasofaristo timas nur, ke pro la fabrikaĵo povos vundiĝi la homoj, uzantaj ĝin. Same, kiel ili, diferencas la pensmaniero inter kuracisto kaj ĉerkofaristo. Do oni ne devas ne esti skrupula je la elektado de sia profesio. Konfuceo diris: ' Estas bele vivi en bonvoleco. Estas saĝe elekti loĝlokon bonvolecan.' ① Bonvoleco estas la honora posteno dotita de la Ĉielo, jen en kio estas la paca loĝejo por homoj. Nenio gardas nin bone krom bonvoleco kaj saĝo. Havante ne bonvolecon, nek saĝon, nek decregulojn, nek juston, homo restas sklavo. La sklavo hontas je sia laboro, samkiel arkofaristo hontas je sia fabriko de pafarkoj kaj sagofaristo hontas je sia fabriko de sagoj. Se iu tiel hontas, al li estas fari nenion pli bone ol fari ion bonvolecan. Bonvolulo similas al la pafarkisto, kiu, tenante sin rekta je la pozicio, ekpafas. Eĉ se li ne trafus la pafitan de li, li ne malbenas la venkinton, sed nur introspekte serĉas la kaŭzon en si mem."

8 [2A8]

孟子曰："子路，人告之以有过，则喜。禹闻善言，则拜。大舜有大焉，善与人同，舍己从人，乐取于人以为善，自耕稼、陶、渔以至为帝，无非取于人者。取诸人以为善，是与人为善者也。故君子莫大乎与人为善。"

Mengzi diris: " Zilu tre ĝojis, kiam oni avertis lin pri lia eraro. Yu respekte klinis sin, kiam li aŭdis ion bonan. Shun, la Granda, estis pli granda – li dividis bonon kune kun aliaj homoj, fordonante sin mem sekvis la aliajn, li ĝojis lernadi ĉe la aliaj kiel fari bonon, li mem terkulturis, plantis, faris argilaĵojn,

---

① Vd. Analektoj 4:1.

fiŝkaptis, kaj finfine surtroniĝis kiel imperiestro, tiel do li lernadis ion ajn ĉe la aliaj homoj. Kiu lernas ĉe la aliaj kiel fari bonon, tiu ankaŭ lasas la aliajn fari bonon. Neniu noblulo estas pli granda ol tiu, kiu lasas la aliajn fari bonon."

9 [2A9]

孟子曰："伯夷，非其君，不事；非其友，不友。不立于恶人之朝，不与恶人言；立于恶人之朝，与恶人言，如以朝衣朝冠坐于涂炭。推恶恶之心，思与乡人立，其冠不正，望望然去之，若将浼焉。是故诸侯虽有善其辞命而至者，不受也。不受也者，是亦不屑就已。柳下惠不羞污君，不卑小官；进不隐贤，必以其道；遗佚而不怨，阨穷而不悯。故曰：'尔为尔，我为我，虽袒裼裸裎于我侧，尔焉能浼我哉？'故由由然与之偕而不自失焉，援而止之而止。援而止之而止者，是亦不屑去已。"孟子曰："伯夷隘，柳下惠不恭。隘与不恭，君子不由也。"

Mengzi diris: "Boyi ne ekservis al tiu, kiun li ne estimis kiel reĝon, li nek amikiĝis kun tiu, kiun li ne estimis kiel amikon. Li ne turnis sin al kortego de malbonuloj, nek interparolis kun malbonuloj. Se oni servus en kortego de malbonuloj, oni devus interparoli kun malbonuloj, tio estas ja grandega ĝeno de hidaĵo, eĉ se ornamite en kortega vestaĵo kaj en kortega ĉapo. La koro forŝovi malbonon estas tiom granda, ke li, starante ĉe samvilaĝanoj kun ĉapo metita malĝuste, ekdezirus forlasi ĉi tiun honteme, kvazaŭ li sentus sin malpurigita. Tial do, malgraŭ ke landestroj iam proponis al li bonan kondiĉon de lia postenigo, li ne akceptis. Li ne akceptis, ĉar li ne konsideris tion pura. Interalie, Liuxia Hui ne hontis servi al malpura estro, nek malŝatis malgrandan oficon. Promociite je rango, li ne kaŝis sian saĝon, nepre plenumis sian taskon laŭ la Vojo. Kiam ajn preterlasite aŭ forlasite, li ne rankoris; eĉ malbonsorta aŭ mizera, li ne ĉagreniĝis. Li diris: 'Vi estas vi, mi estas mi. Kia ajn, eĉ nuda estu vi, vi ne povus senhonorigi min." Tiel do li aplombe kunvivis kun iu ajn ĉie ajn, ne perdinte sin mem. Se oni lasas al li halti, li haltas. Lasate halti, haltas – ankaŭ tio estas unu maniero de foriro por ke li ne malpuriĝu."

Mengzi plue diris: "Boyi estas tro strikta, kaj Liuxia Hui – tro sendigna. Noblulo ne sekvas ambaŭ ekstremojn." ①

---

① 伯夷 Boyi – la unua reĝido de Guzhu-lando, kontraŭis al la mortigo de tirano Zhou fare de de reĝo Wu, retiriĝis kune kun sia frato Shuqi en la monto Shouyang, mortis. 柳下惠 Liuxia Hui estis grandoficisto de Lu-regno en la epoko de Printempo kaj Aŭtono, aperas en Zhuangzi kiel pliaĝa frato de rabisto Zhi.

公孙丑（下）
GONGSUN CHOU (II)

10 [2B1]

孟子曰："天时不如地利，地利不如人和。三里之城，七里之郭，环而攻之而不胜。夫环而攻之，必有得天时者矣；然而不胜者，是天时不如地利也。城非不高也，池非不深也，兵革非不坚利也，米粟非不多也，委而去之，是地利不如人和也。故曰：域民不以封疆之界，固国不以山溪之险，威天下不以兵革之利。得道者多助，失道者寡助。寡助之至，亲戚畔之；多助之至，天下顺之。以天下之所顺，攻亲戚之所畔，故君子有不战，战必胜矣。"

Mengzi diris: "La ĉiela ŝanco estas malpli decida ol tera avantaĝo, la tera avantaĝo estas malpli decida ol homa akordo. Okazas, ke kastelo je tri lioj da cirkonferenco kun muro je 7 lioj da cirkonferenco, kvankam ĉirkaŭsieĝite, ne povas esti venkita. Por sieĝi ĉirkaŭen nepre necesas la ĉiela ŝanco, sed eĉ ĉe tio ne eblas venki, ĉar la ĉiela ŝanco estas malpli decida ol la tera avantaĝo. Sed ankaŭ estas okazo, kiam oni devas forlasi la teron, ne pro tio, ke la kastelo ne estas malalta, nek pro tio, ke la fosaĵo ne estas malprofunda, nek pro tio, ke armiloj kaj kirasoj ne estas malfortaj aŭ malakraj, nek pro tio, ke da rizo kaj setario estas malmulte. Ĉar la tera avantaĝo estas malpli decida ol la homa akordo. Do estas dirite: ' La popolanoj en la teritorio estas sekure gardataj ne nur pere de landlimoj, la lando estas gardata ne nur pere de krutaj montoj kaj valoj, la majesteco en la mondo estas akirita ne nur pere de avantaĝo je armiloj, sed pere de diversaj asistadoj. Al atinginto de la Vojo estas donate je plimulte da asistoj; al perdinto de la Vojo estas donate je malmulte da asistadoj. Ĉe plej malmulte da asistadoj, eĉ parencoj spitas. Ĉe plej multe da asistadoj, la tuta mondo omaĝas. Estas evidente je la rezulto, se tiu, kiun omaĝas la mondo, atakus tiun, kiun spitas eĉ parencoj. Do noblulo okaze ne aŭdacus militadi, se li tamen unufoje ekmilitas, nepre venkas." ①

11 [2B2]

孟子将朝王，王使人来曰："寡人如就见者也，有寒疾，不可以风。朝，将视朝，不识可使寡人得见乎？"

对曰："不幸而有疾，不能造朝。"

明日，出吊于东郭氏。公孙丑曰："昔者辞以病，今日吊，或者不可乎？"

曰："昔者疾，今日愈，如之何不吊？"

王使人问疾，医来。

孟仲子对曰："昔者有王命，有采薪之忧，不能造朝。今病小愈，趋造于朝，我不识能至否乎？"

使数人要于路，曰："请必无归，而造于朝！"

不得已而之景丑氏宿焉。景子曰："内则父子，外则君臣，人之大伦也。父子主恩，君臣主敬。丑见王之敬子也，未见所以敬王也。"

曰："恶！是何言也！齐人无以仁义与王言者，岂以仁义为不美也？其心曰：'是何足与言仁义也'云尔，则不敬莫大乎是。我非尧舜之道，不敢以陈于王前，故齐人莫如我敬王也。"

景子曰："否，非此之谓也。礼曰：'父召，无诺；君命召，不俟驾。'固将朝也，闻王命而遂不果，宜与夫礼若不相似然。"

曰："岂谓是与？曾子曰：'晋楚之富，不可及也；彼以其富，我以吾仁；彼以其爵，我以吾义，吾何慊乎哉？'夫岂不义而曾子言之？是或一道也。天下有达尊三：爵一，齿一，德一。朝廷莫如爵，乡党莫如齿，辅世长民莫如德。恶得有其一以慢其二哉？故将大有为之君，必有所不召之臣；欲有谋焉，则就之。其尊德乐道，不如是，不足与有为也。故汤之于伊尹，学焉而后臣之，故不劳而王；桓公之于管仲，学焉而后臣之，故不劳而霸。今天下地丑德齐，莫能相尚，无他，好臣其所教，而不好臣其所受教。汤之于伊尹，桓公之于管仲，则不敢召。管仲且犹不可召，

---

① Yoshida Shoin rimarkis al 'la homa akordo', ke "ĝi signifas, kiel nestas sentoj de fila pietato kaj lojaleco en la homa koro. Nur se havante tiujn sentojn, oni devas lerni sciencon, ekzerciĝi je batalartoj, rezervi armilojn, kaj tiel eblos ricevi kaj la ĉielan ŝancon kaj la teran avantaĝon. Sen la sentoj de fila pietato kaj lojaleco, se iu lernas sciencon. ekzerciĝas je batalartoj kaj rezervas armilojn, tiu malhelpos aferon des pli kaj ne povos bonteni plene eĉ sin mem." [讲孟余话 97]

而况不为管仲者乎？”

Mengzi ĝuste estis ekironta al reĝo en kortego, sed la reĝo alsendis homon anonci: ‘ Mi devintus vidi vin, sed ekmalvarmumis kaj evitas venton. Ĉu al mi eblus vidi vin morgaŭ matene en la kortego?

Mengzi respondis: “ Bedaŭrinde, mi estas malsana, do mi ne povos turni min al la kortego.”

En la alia tago, Mengzi eliris al s-ro Dong Guo por kondolenci lin. Gongsun Chou diris: “ Hieraŭ rifuzi pro la malsano, hodiaŭ eliri kondolenci, ĉu estas allaseble? ”

Mengzi diris: “ Hieraŭ mi estis malsana, hodiaŭ mi resaniĝis, kial ne eblus iri kondolenci? ”

La reĝo alsendis al li subulon por demandi, kaj ankaŭ kuracisto alvenis. Meng Zhongzi paliative respondis: “ Hieraŭ li ricevis la reĝan ordonon, li tamen, havante la malsanon pro laciĝo, ne povis iri la kortegon. Hodiaŭ li iomete resaniĝis kaj elkuris al la kortego, sed mi ne scias, ĉu li povis jam atingi tien aŭ ne” , kaj sendis dume kelke da homoj al stratoj por serĉi Mengzi, dirante: “ Mi petas, nepre ne revenu hejmen, tuj iru la kortegon!” ①

Mengzi ne devas ne turni sin al s-ro Jing Chou krom resti ĉe li. S-ro Jing diris: “ Interne gravas la rilato de patro kaj filo, ekstere – la rilato de estro kaj subulo, tio estas la granda moralo por homoj. Por la filo ĉefe gravas ŝuldosento al la patro, por la subuloj ĉefe gravas respekto al la estro. Mi vidis la reĝon respektanta vin, sed mi ankoraŭ ne vidas vin respektanta la reĝon.”

Mengzi diris: “ Ho ve! Kion vi diras? Se el inter Qi-regnanoj neniu parolus al la reĝo pri bonvoleco kaj justo, ĉu tio ne signifas, ke ili konsiderus la bonvolecon kaj la juston malpli belaj?② En sia koro ili dirus: ‘ Ne indas paroli kun li pri la bonvoleco kaj la justo.’ Nenio estas ja grandega malrespekto pli ol tio. Se ne pri la Vojo de Yao kaj Shun, mi ne aŭdacus prediki antaŭ la reĝo. Tial do Qi-regnanoj respektas la reĝon malpli ol mi.”

S-ro Jing diris: “ Ne, mi diras ne tion. En *Decreguloj* estas skribite: ‘ Kiam la patro alvokas, respondu tuj per la deca jesado sen pripensi; kiam la estro alvokas, tuj ekiru per la kaleŝo.’ Endas tuj haste ekiri la kortegon. Aŭdinte la ordonon de la reĝo, ne plenumi ĝin estas malsimile al la decreguloj.” ③

Mengzi diris: “ Kial vi prenas tiel? Zengzi diris: ‘ Riĉeco de regnoj Jin kaj Chu estas nekontestebla,

---

① Dong Guo estas grandoficisto de Qi-regno. Meng Zhongzi povas esti unu el disĉiploj de Mengzi kaj lia parenco.

② Laŭ tia dirmaniero povas esti supozeble, ke en tiama Qi-regno, eĉ en la fama akademio Jixia 稷下 , troviĝus da fortaj konfuceanoj tro malmulte krom Mengzi mem.

③ Jing Chou estas grandoficisto de Qi-regno.

lasu ilin posedi tiom da riĉaĵo, sed mi havas la ideon pri nia bonvoleco; ili havas rangon, mi havas la ideon pri nia justo. Kial do ni devus malkontenti je la diverseco?' Ĉu troviĝas io maljusta en la opinio de Zengzi? La Vojo estas unu. En la mondo estas tri estimindaj – unu estas rango, la alia estas pliaĝeco, la tria estas virto. En kortego plej estiminda estas la rango, en vilaĝoj kaj societoj – la pliaĝeco, en la asistado al la mondo kaj en la kreskado de la popolo – la virto. Kial do estimi nur unu el ili, ignorante la du aliajn? Do kiu bezonas esti granda por la estro, tiu ne devas esti nura subulo alvokata, sed devas esti ja kompetenta por ke la estro konsultu lin. Povante estimi la virton kaj ĝoji je la Vojo, la estro sufiĉe povas kune fari la aferojn. Tang, rilate al Yiyin, lernis ĉe li kaj poste faris lin ministro, tiel do senpene fariĝis la reĝo. Duko Huan, rilate al Guan Zhong, lernis ĉe li kaj poste faris lin ministro, tiel do senpene fariĝis unu el superegaj hegemoniuloj. Nun teroj de la mondo estas malbelaj kun egalaj je virta nivelo, samaj unu kun la alia je senkapableco. La kaŭzo estas nenio alia ol tio, ke oni ŝatas subulon, kiu povas esti instruata, sed oni ne ŝatas tian subulon, de kiu eblas ricevi instruon. Rilate al Yiyin ĉe Tang kaj al Guan Zhong ĉe Duko Huan, la reĝoj ne aŭdacis de supre alvoki ilin. Eĉ Guan Zhong-on oni ne povis alvoki, des pli min, kiu ne konsideras Guan Zhong modela, ĉu ne? ”

12 [2B3]

陈臻问曰：“前日于齐，王馈兼金一百，而不受；于宋，馈七十镒而受；于薛，馈五十镒而受。前日之不受是，则今日之受非也；今日之受是，则前日之不受非也。夫子必居一于此矣。”

孟子曰：“皆是也。当在宋也，予将有远行，行者必以赆；辞曰：‘馈赆。’予何为不受？当在薛也，予有戒心；辞曰：‘闻戒，故为兵馈之。’予何为不受？若于齐，则未有处也。无处而馈之，是货之也。焉有君子而可以货取乎？”

Chen Zhen demandis, dirante: “Hieraŭ en Qi-regno la reĝo donintus al vi cent yi da oroj, sed vi ne akceptis. En Song-regno vi ricevis sepdek yi da oroj, en Xie-lando vi ricevis kvindek yi da oroj.① Se pravas la hieraŭa malakceptado, tiam ankaŭ la hodiaŭa akceptado ne pravas; se pravas la hodiaŭa akceptado, tiam ankaŭ la hieraŭa malakceptado ne pravas. Koncernante tion, sur kia unuopa pozicio vi staras? ”

① Chen Zhen estis unu el disĉiploj de Mengzi.

Mengzi diris: "En ĉiu kazo mi pravas. Kiam mi estis en Song-regno, mi ĝuste estis ironta foren. Vojaĝonto nepre bezonas adiaŭan donacon, ĉar oni diris ĉe la adiaŭo, ke tio estas 'la donaco por la adiaŭo'. Kial do mi ne devus ricevi? Kiam mi estis en Xie, mi havis antaŭzorgon. Ĉe la adiaŭo oni diris: 'Ni aŭdis pri via antaŭzorgo'. Do tio estas por provizi la vojaĝon. Kial do mi ne ricevu ĝin? Okaze de Qi-regno, ankoraŭ neniu kialo troviĝas por ricevi. Sen ajna kialo, tio estas nura mono. Kial do la noblulo povus preni nuran monon? "

13 [2B4]

孟子之平陆，谓其大夫曰："子之持戟之士，一日而三失伍，则去之否乎？"

曰："不待三。"

"然则子之失伍也亦多矣。凶年饥岁，子之民，老羸转于沟壑，壮者散而之四方者，几千人矣。"

曰："此非距心之所得为也。"

曰："今有受人之牛羊而为之牧之者，则必为之求牧与刍矣。求牧与刍而不得，则反诸其人乎？抑亦立而视其死与？"

曰："此则距心之罪也。"

他日，见于王曰："王之为都者，臣知五人焉。知其罪者，惟孔距心。"为王诵之。

王曰："此则寡人之罪也。"

Mengzi, irante iam en Pinglu, demandis al la ĉi-tiea grandoficisto, (nomata Kong Juxin): "Ĉe vi estas soldatoj kun armiloj, okaze iu el ili faris tri erarojn de la malplenumado en unu tago, ĉu vi maldungos lin? " ①

Juxin respondis: "Ne atendante ĝis la tria fojo, mi maldungos lin."

Mengzi demandis: "Vi mem multfoje eraris je la administrado. En la jaro de katastrofa rikolto el viaj popolanoj estiĝis miloj da viktimoj:maljunuloj kaj malfortuloj rulfaladis en fosojn aŭ tranĉeojn kaj plenaĝuloj forfuĝis, disirinte en kvar direktojn."

Juxin diris: "Tiu problemo superas mian kapablon."

Mengzi diris: "Nun, supozu, estas komisiite al iu paŝti bovojn kaj ŝafojn, tiuokaze li nepre devas rezervi paŝtejon kun furaĝo. Se li ne povus rezervadi paŝtejon kun furaĝo, ĉu li devus redoni ilin al la alia,

① Pinglu, landlima urbeto de Qi-regno, situis en nuna norda parto de Wenshang 汶上北 norde en Shandong-provinco.

aŭ li devas starante pretervidi ilin mortantaj? ”

Juxin diris: “Je tio mi kulpas.”

En alia tago, Mengzi vidis la reĝon kaj diris: “Mi renkontiĝis kun kvin urbestroj en via regno. El ili konfesis sin kulpa nur unu – s-ro Kong Juxin. Por Via Reĝa Moŝto mi rakontas pri li.”

La reĝo diris: “Je tio kulpas mi mem.”

14 [2B5]

孟子谓蚳鼃曰：“子之辞灵丘而请士师，似也，为其可以言也。今既数月矣，未可以言与？”

蚳鼃谏于王而不用，致为臣而去。

齐人曰：“所以为蚳鼃则善矣；所以自为，则吾不知也。”

公都子以告。

曰：“吾闻之也：有官守者，不得其职则去；有言责者，不得其言则去。我无官守，我无言责也，则吾进退，岂不绰绰然有余裕哉？”

Mengzi parolis al Chi Wa, dirante: “Ŝajnas, ke vi retiriĝis de la okupo en Lingqiu kaj petis la oficon de tribunalestro. Vi eble havis iun opinion por paroli supren per tio. Jam pasis kelke da monatoj, ĉu ankoraŭ vi ne povas konsili al la reĝo? ” ①

Chi Wa admonis la reĝon, sed lia admono ne estas akceptita, do li devis foriri de la posteno.

Iu Qi-regnano diris: “Estus bone diri tiel rilate al Chi Wa, sed koncerne de Mengzi mem al ni ne estas sciate, kiel li kondutus en tia situacio.” Gong Douzi raportis pri tio al Mengzi②.

Mengzi diris: “Mi aŭdis, ke oficisto devas eksiĝi, se li ne plenumas la oficdevon, kaj konsilanto devas eksiĝi, se ne kapablas diri la opinion. Mi havas nenian ofican rangon, nek respondecon por la konsilado. Do mi estas tute libera je mia konduto resti aŭ eksiĝi, ĉu ne? ”

---

① Chi Wa estas grandoficisto de Qi-regno. Lingqiu estis periferia lokonomo de Qi-regno.

② Gong Douzi estis unu el disĉiploj de Mengzi.

15 [2B6]

孟子为卿于齐，出吊于滕，王使盖大夫王驩为辅行。王驩朝暮见，反齐、滕之路，未尝与之言行事也。

公孙丑曰："齐卿之位，不为小矣；齐、滕之路，不为近矣，反之而未尝与言行事，何也？"

曰："夫既或治之，予何言哉？"

Mengzi fariĝis ministro de Qi-regno. Iam li estis sendita al Teng-lando por esprimi kondolencon. La reĝo igis Wang Huan, grandoficiston de Ge-provinco, akompani kiel vicsendito por asisti Mengzi. Kvankam Wang Huan ĉiutage de mateno ĝis vespero vidis lin, tamen ili nenion parolis kune pri la evento dum tuta vojo tien kaj reen inter Qi-regno kaj Teng.

Gongsun Chou diris: "La posteno de ministro de Qi-regno ne estas malgranda, la vojo inter Qi kaj Teng ne estas proksima. Malgraŭ tio, vi nenion kune parolis pri la evento. Kial? "

Mengzi diris: "Je ĉio estis jam antaŭdecidite. Kion mi povus paroli? " ①

16 [2B7]

孟子自齐葬于鲁，反于齐，止于嬴。

充虞请曰："前日不知虞之不肖，使虞敦匠事。严，虞不敢请。今愿窃有请也：木若以美然。"

曰："古者棺椁无度，中古棺七寸，椁称之。自天子达于庶人，非直为观美也，然后尽于人心。不得，不可以为悦；无财，不可以为悦。得之为，有财，古之人皆用之，吾何为独不然？且比化者，无使土亲肤，于人心独无恔乎？吾闻之也：君子不以天下俭其亲。"

Mengzi iris de Qi-regno al Lu-regno por funebri sian patrinon, kaj sur la revena vojo al Qi li pasloĝis en Ying②.

Chong Yu demandis, dirante: "Antaŭe, spite mian maltaŭgecon, vi igis min observi la ĉerkofaradon, tiam en la solena tasko mi ne aŭdacis demandi, sed nun mi volus demandi vin, ĉu la lignaĵo estus tro

---

① Wang Huan estis favorata asiduulo de la reĝo. Sed al Mengzi ne plaĉas lia flatema personeco, do al li Mengzi tenis sin rigore. Eble, ankaŭ tio faris la medion de kortego kontraŭa al Mengzi.

② Ying estis lokonomo, situanta nord-okcidente de nuna Laiwu 莱芜 de Shandong provinco. Chong Yu estas unu el la disĉiploj de Mengzi.

bela? ”

Mengzi diris: “En praantikvo ne estis reguloj por ĉerkoj interna kaj ekstera, poste en meza antikvo supre por la ĉiela filo kaj sube eĉ por popolanoj iĝis normale, ke estu la interna ĉerko el ligna tabulo dika je 7 cunoj kun la proporcia ekstera ĉerko. Tio estas ne pro laŭaspekta beleco, sed pro pleja sincereco de la homa koro. Se ne permesate, oni ne povas tiel fari; sen riĉeco oni ne povas tiel fari. Eblas fari tiel, kun permeso kaj mono. Ĉiuj antikvuloj faris tion, kiel do mi sola ne devus? Dum la korpa transformiĝo, ne lasu teron tuŝi la haŭton de la amata. Ĉu ne estas ja kontentige al la homa koro? Mi aŭdis, ke noblulo, estu io ajn en la mondo, ne ŝparas, se por la gepatroj.” ①

17 [2B8]

沈同以其私问曰："燕可伐与？"

孟子曰："可。子哙不得与人燕，子之不得受燕于子哙。有仕于此，而子悦之，不告于王而私与之吾子之禄爵；夫士也，亦无王命而私受之于子，则可乎？何以异于是？"

齐人伐燕。

或问曰："劝齐伐燕，有诸？"

曰："未也。沈同问'燕可伐与？'，吾应之曰：'可'。彼然而伐之也。彼如曰：'孰可以伐之？'则将应之曰：'为天吏，则可以伐之。'今有杀人者，或问之曰：'人可杀与？'则将应之曰：'可'。彼如曰：'孰可以杀之？'则将应之曰：'为士师，则可以杀之。'今以燕伐燕，何为劝之哉？"

Shen Tong demandis private al Mengzi, dirante: “Ĉu oni devas ataki por puni Yan-regnon? ”

Mengzi diris: “Jes. Zikuai ne devus transdoni Yan-regnon al la alia, Zizhi ne devus ricevi de Zikuai la tronon de Yan. Supozu, ke estu iu persono, plaĉa al vi, kaj vi laŭvole transdonu vian salajron kaj rangon al tiu sen peti permeson de la reĝo, kaj supozu, ke la persono, sen ajna reĝa ordono, donus al sia filo ion ricevitan private. Ĉu tio estus allasebla? Tie okazis nenio alia ol tio.”

Qi-regnanoj atakis Yan-regnon. Iu demandis al Mengzi: “Estas vi, kiu persvadis, ke Qi ataku

---

① Mengzi defias la ŝpareman funebron de Mozi. Eĉ lernanto kaj samtempuloj de Mengzi konsterniĝis je la lukseco de funebro por lia patrino, ke tio fariĝis ja la rekta kaŭzo de nerenkontiĝo kun la reĝo de Lu-regno.[vd.1B16] Sed la opinio de Mengzi pri la funebro havis tre fortan influon kaj estis longe reganta la societon de Ĉinio en postaj generacioj.

Yan, ĉu ne? ”

Mengzi diris: “Ne, ne eblus diri tiel. Shen Tong demandis, ĉu atakendus Yan, mi respondis, ke endas. Li per si mem atakis ĝin. Se li demandus, kiu do devas ataki ĝin, tiuokaze mi tuj respondus, ke la sendito de la Ĉielo devas ataki ĝin.” Supozu nun, ke okazis homomortigo, kaj iu demandus, ĉu iu povus mortigi la krimulon. Mi tuj respondus, ke eblas. Se tiu demandus plu, kiu do povus mortigi lin. Tiam mi ĝuste respondus: ‘ Iu ekzekuciisto de la juĝisto povas mortigi lin.’ Tial nun, se lasus al Yan-regnanoj puni Yanregnanojn, kion do devus persvadi mi? ” ①

18 [2B9]

燕人畔。王曰：“吾甚惭于孟子。”

陈贾曰：“王无患焉。王自以为与周公孰仁且智？”

王曰：“恶！是何言也！”

曰：“周公使管叔监殷，管叔以殷畔；知而使之，是不仁也；不知而使之，是不智也。仁智，周公未之尽也，而况于王乎？贾请见而解之。”

见孟子，问曰：“周公何人也？”

曰：“古圣人也。”

曰：“使管叔监殷，管叔以殷畔也，有诸？”

曰：“然。”

曰：“周公知其将畔而使之与？”

曰：“不知也。”

“然则圣人且有过与？”

曰：“周公，弟也；管叔，兄也。周公之过，不亦宜乎？且古之君子，过则改之；今之君子，过则顺之。古之君子，其过也，如日月之食，民皆见之；及其更也，民皆仰之。今之君子，岂徒顺之，又从为之辞。”

---

① Multaj esploristoj komprenas la frazon ‘以燕伐燕’, ke “regno sama, kiel Yan (t. e. Qi), punas la regnon Yan.” El la kunteksto estas kompreneble per laŭlitera traduko, kiu donas pli ampleksan signifon – la atakanto de Yan estas ne sendito de la Ĉielo, nek de la juĝisto. Chen Tong estas ministro de Qi-regno. Zi Kuai de Yan-regno estis surtrone en 320-314 a. K. Li transdonis la tronon al Zi Zhi kaj la regno malordiĝis, kaj ekis la batalo inter Zi Zhi kaj reĝido Ping (poste reĝo Zhao 昭王) dum kelke da monatoj. Laŭ Shiji de Sima Qian, Mengzi persvadis la reĝon de Qi 湣王 (surtrone 300-284; aŭ 323-284 a. K.) ataki Yan-regnon. [燕召公世家]. Zhao konfidis al sia instruisto Guo Kui 郭隗 , kiu invitis Yue Yi 乐毅 . Qi-regno estis venkita de Yue Yi.

Yan-regnanoj ekribelis. La reĝo de Qi diris: "Mi ege hontas antaŭ Mengzi."

Chen Jia diris: "Ne ĉagreniĝu, Via Moŝto. Inter vi mem kaj Duko Zhou, kiu estas pli bonvoleca kaj intelekta?"

La reĝo diris: "Ho! Kion signifas tiu demando?"

Chen Jia diris: "Spite ke Duko Zhou igis Guan Shu vokti Yin-regnon, tiu Guan Shu ekribelis poste kune kun Yin-regnanoj. Se li igis lin, sciante – tio ne estus bonvoleca. Se li igis lin, ne sciante – tio ne estus intelekta. Eĉ Duko Zhou ne povis konduti sufiĉe bonvolece kaj intelekte, ĉu Via Moŝto povus perfekte? Permesu min kompreni la problemon tiel."

Chen Jia vidis Mengzi kaj demandis lin, dirante: "Kia estis Duko Zhou?"

Mengzi respondis: "Li estis la antikva sanktulo."

Chen Jia diris: "Ĉu okazis, ke li igis Guan Shu vokti Yin kaj Guan Shu ekribelis kune kun Yin-regnanoj?"

Mengzi diris: "Jes."

Chen Jia diris: "Ĉu Duko Zhou sendis lin, antaŭsciante, ke li iam ribelos?"

Mengzi diris: "Li ne sciis."

Chen Jia demandis: "Se tiel, ĉu eĉ sanktulo povas iam erari?"

Mengzi diris: "Duko Zhou estas plijuna frato, Guan Shu – pliaĝa frato. Ĉu estus ne allasebla la eraro de Duko Zhou? Antikvaj nobluloj, se ili eraris, tiam korektis la eraron. Nunaj nobluloj, se ili eraris, obstine sekvas la eraron. La eraro fare de la antikvaj nobluloj estas sama, kiel eklipso de suno kaj luno, do ĉiuj popolanoj vidas ĝin kaj poste ĉiuj popolanoj revidas supren pli. Nunaj nobluloj ne nur lasas sin persiste sekvi la eraron, sed serĉas senkulpigi sin." ①

19 [2B10]

孟子致为臣而归。王就见孟子，曰："前日愿见而不可得，得侍同朝，甚喜；今又弃寡人而归，不识可以继此而得见乎？"

对曰："不敢请耳，固所愿也。"

---

① En 312 a. K. Yan kun ĝia alianco (Zhao-regno) ribelis kontraŭ Qi-regno. Reĝo Xuan de Qi (319-301 a. K.) ne sekvis la proponon de Mengzi. Chen Jia estas grandoficisto de Qi. Duko Zhou estas idealo por konfuceanoj. Guan Shu lasis al Wu Geng 武庚 de Yin ekribeli kontraŭ Zhou.

他日，王谓时子曰："我欲中国而授孟子室，养弟子以万钟，使诸大夫国人皆有所矜式。子盍为我言之！"

时子因陈子而以告孟子，陈子以时子之言告孟子。

孟子曰："然。夫时子恶知其不可也？如使予欲富，辞十万而受万，是为欲富乎？季孙曰：'异哉子叔疑！使己为政，不用，则亦已矣，又使其子弟为卿。人亦孰不欲富贵？而独于富贵之中有私龙断焉。'古之为市也，以其所有易其所无者，有司者治之耳。有贱丈夫焉，必求龙断而登之，以左右望，而罔市利。人皆以为贱，故从而征之。征商自此贱丈夫始矣。"

Mengzi estis forironta hejmen, rezignante la oficon de ministro. La reĝo, apenaŭ vidante Mengzi, diris: "Mi dezirus vidi vin antaŭe, sed ne povis. Ne vane atendinte vian alvenon, mi tre ĝojas revidi vin en la kortego. Nun vi forlasas min kaj revenas hejmen, sed ĉu al mi eblus daŭre vidi vin? "

Mengzi respondis: "Mi ne aŭdacus peti vin, sed tio ja estas tio, kion mi firme deziras."

Alian tagon, la reĝo parolis al Shizi, dirante: "Mi volus doni al Mengzi la halon en metropolo, kie li povu instrui lernantojn per salajro je dek mil zhong, por ke ĉiuj el grandoficistoj kaj ŝtatoficistoj povu lerni ĉe li la respektadon de decreguloj. Ĉu vi, anstataŭ mi, povos transdoni al li mian proponon? " ①

Shizi transdonis tion tra Chenzi al Mengzi. Kiam Chenzi sciigis al Mengzi la vorton de Shizi, Mengzi diris: "Nu, kial s-ro Shizi ne komprenas tion malebla? Li rigardus min deziranta je riĉaĵoj, sed vane. Kiu rezignis centmil, ĉu tiu akceptus dekmil? Ji Sun diris: 'Kiel stranga kaj dubinda estas Zi Shu! Li ekokupis sin per la administrado, kaj kiam lia konsilo montriĝis sentaŭga, tiam restis al li nur eksiĝi. Sed li postenigis eĉ siajn filon kaj fraton ministroj. Tiele homoj ne povus ne avari monopole riĉaĵon kaj rangon nur por proprigi profiton, sole alteniĝante al la riĉaĵo kaj la rango, kvazaŭ hundo en la kripo.' Antikve la merkato ekzistis por ke oni interŝanĝu varojn inter posedantoj kaj neposedantoj, kaj la peranto nur okupiĝis je la administrado. Iam aperis iu malnobla ulo, deziranta proprigi profiton, kaj ascendis supren sur la kripo. Li, gvatante de supre dekstren kaj maldekstren por ricevi tributon, proprigis al si la profiton de la merkato. Ĉiuj homoj rigardis tion malnobla, do sekve oni enkondukis la impostan sistemon. La komerca imposto ekis de tia malnobla fiulo." ②

---

① Unu zhong estas mezurunuo de grenoj, egala al 6 dan 石 4 dou 斗 (100 litroj laŭ Wang Chongfang). Dek mil estas 64 mil danoj (6.400.000 litroj). Shizi estas ministro de Qi.

② Chenzi estas Chen Zhen 陈臻 , disĉiplo de Mengzi. Laŭ la metaforo, Mengzi ne volis okupi daŭre la altan postenon, sentante ke lia konsilo estis ne akceptata. Se li restus en la posteno, li monopolus la privilegion.

20 [2B11]

孟子去齐，宿于昼。有欲为王留行者，坐而言不应，隐几而卧。

客不悦曰："弟子齐宿而后敢言，夫子卧而不听，请勿复敢见矣。"

曰："坐！我明语子。昔者鲁缪公无人乎子思之侧，则不能安子思；泄柳、申详无人乎缪公之侧，则不能安其身。子为长者虑，而不及子思；子绝长者乎？长者绝子乎？"

Mengzi forlasis Qi-regnon, kaj estis tranoktanta en Zhou.① Iu persono volus reteni lin komisiite je la nomo de la reĝo de Qi, kaj sidante surgenue alparolis lin. Mengzi ne respondis, apogante sin sur la brakseĝo dormetis.

La gasto malkontente diris: "Mi alvenis ĉi tien sen manĝi kaj poste aŭdacas alparoli vin, sed vi, kuŝante, ne aŭskultas min. Mi ne povos plu vin plu."

Mengzi diris: "Sidu plu! Mi klarigas al vi. Antaŭnelonge Duko Mu de Lu-regno zorgis, ĉu por Zi Si estus neniu servisto, klopodanta, ke Zi Si sentu sin trankvila. Xie Liu kaj Shen Xiang zorgis, ĉu ĉe Duko Mu estus neniu persono, klopodanta, ke la duko sentu sin trankvila. Vi zorgas pri mi malpli ol Duko Mu pri Zi Si. Kiu forlasis kiun, ĉu vi min, aŭ ĉu mi vin?" ②

21 [2B12]

孟子去齐。尹士语人曰："不识王之不可以为汤武，则是不明也；识其不可，然且至，则是干泽也。千里而见王，不遇故去，三宿而后出昼，是何濡滞也？士则兹不悦。"

高子以告。

曰："夫尹士恶知予哉？千里而见王，是予所欲也；不遇故去，岂予所欲哉？予不得已也。予三宿而出昼，于予心犹以为速，王庶几改之！王如改诸，则必反予。夫出昼，而王不予追也，予然后浩然有归志。予虽然，岂舍王哉！王由足用为善；王如用予，则岂徒齐民安，天下之民举安。王庶几改之！予日望之！予岂若是小丈夫然哉？谏于其君而不受，则怒，悻悻然见于其面，去则穷日之力而后宿哉？"

尹士闻之，曰："士诚小人也。"

---

① Zhou estas lokonomo, sude-okcidente de la ĉefurbo Linzi.

② Duko Mu estas 穆 (surtrone 407-377 a. K.) kaj Zi Si estas nepo de Konfuceo, supozata, ke verkis la libron 中庸 Modereco. Xie Liu aperas en la ĉapitro Gaozi 2 告子（下）kiel 子柳 kaj Shen Xiang estas filo de Zi Zhang 子张, bofilo de Zi You 子游.

Mengzi forlasis Qi-regnon. Yin Shi parolis al iu, dirante: " Ne komprenite, ke la reĝo ne povus fari tian aferon, kiun faris Tang kaj Wu, estas malsaĝe. Sciante, ke la reĝo ne kapablas, tamen ekservi lin – tio estas nur kun la celo por salajro. Alveninte mil liojn por vidi la reĝon, li forlasis ne akceptate. Kaj post tri tagoj da loĝado en la apuda tranoktejo li eliris de Zhou, kial do li restis hezite dumlonge? Mi estas desapontita de li."

Gaozi sciigis tion al Mengzi.

Mengzi diris: " Kiel do Yin Shi povus kompreni min? Mi venis mil liojn por vidi la reĝon, ĉar mi havis la deziron. Forlasi ne akceptate, ĉu mi dezirus tion? Mi ne devis ne konduti tiel. Post tri noktoj da restado mi eliris de Zhou, spite ke mi volus en mia koro foriri laŭeble plej rapide, ĉar mi dume esperis, ke la reĝo ŝanĝos sian koron, kaj se li ŝanĝos, li nepre revokos min. Sed ĝis mia eliro de Zhou la reĝo ne hastis post min, do mi poste ekiris hejmen laŭ la revena vojo kun aspiro plena de libera animo. Ĉu direblus, ke mi forlasis la reĝon? La reĝo estas ankoraŭ sufiĉe utila por fari bonon. Se la reĝo utiligus min, tiam estiĝus paco ne nur al la popolo de Qi, sed ankaŭ al la popolo de la mondo. Ke la reĝo ĝustigu sin, tion mi ĉiutage deziras. Ĉu mi ŝajnus tia malgrandulo, kiu provis admoni, sed ne akceptate de la estro, ekkoleris? Kaj mienis laciĝinta kaj forirante tranoktis kun forto elĉerpita en apuda gastejo? "

Yin Shi aŭdis tion kaj diris: " Vera malgrandulo estas ja mi." ①

22 [2B13]

孟子去齐，充虞路问曰：“夫子若不豫色然。前日虞闻诸夫子曰：‘君子不怨天，不尤人。’”

曰：“彼一时，此一时也。五百年必有王者兴，其间必有名世者。由周而来，七百有余岁矣。以其数，则过矣；以其时考之，则可矣。夫天未欲平治天下也；如欲平治天下，当今之世，舍我其谁也？吾何为不豫哉？”

Mengzi foriris de Qi-regno. Chong Yu survoje demandis, dirante: " Vi mienas malĝoja. Antaŭnelonge mi aŭdis Majstrojn dirantaj: ' Noblulo ne rankoras la Ĉielon, nek riproĉas la homon.' "

Mengzi diris: " En unu tempo tiel, en la alia aliel. Dum 500 jaroj nepre aperas la vera reĝo kaj tiam nepre estiĝas iu renoma elstarulo en la mondo. Tamen ekde Zhou-dinastio pasis pli ol 700 jaroj, do

① Ne sciate pli detale pri figuroj, ĉu Yiyin estas Qi-regnano kaj Gaozi estas unu el lernantoj de Mengzi. Laŭ tiu teksto la reĝo de Qi-regno, kiun Mengzi servis, estas unu, t. e. probable Xuan.

pli multe da jaroj ol la atenditaj. Se kalkuli la tempon, jam estus efektivigeble. Ĉu la Ĉielo ankoraŭ ne dezirus, ke la mondo estu regata en paco? Se ĝi dezirus la pacan regadon al la mondo, al kiu en nuntempa mondo ĝi komisios la taskon krom al mi? Kial do mi devus malĝoji? ”

23 [2B14]

孟子去齐，居休。

公孙丑问曰：“仕而不受禄，古之道乎？”

曰：“非也。于崇，吾得见王，退而有去志；不欲变，故不受也。继而有师命，不可以请。久于齐，非我志也。”

Mengzi, foririnte de Qi-regno, ekloĝis en Xiu.

Gongsun Chou demandis, dirante: “Servante en oficejo, ne ricevi la salajron por grandoficisto, ĉu estas konforme al la antikva Vojo? ”

Mengzi diris: “Ne. En la urbo Chong mi unuafoje havis aŭdiencon de la reĝo. Sed mi ne volis ŝanĝi la intencon, ke mi iam retiriĝu kaj foriru, do mi ne ricevis la salajron. Poste estis proklamita la milito, ne eblis peti la eksiĝon, tiel do mi restis longe en Qi-regno. Tio ne estis mia intenco.” ①

① Xiu estas lokonomo, proksima al la hejmo de Mengzi, norde de Tengzhou je 15 lioj. Chong estas lokonomo, nun ne sciate kie. 禄 Lu povas esti tradukita kiel ‘salajro’, ‘lukro’, Mengzi povus ricevi centmil zhong da salajro, sed rezignis [2B10].

滕文公（上）
DUKO WEN DE TENG-LANDO (I)

1 [3A1]

滕文公为世子，将之楚，过宋而见孟子。孟子道性善，言必称尧舜。

世子自楚反，复见孟子。孟子曰：“世子疑吾言乎？夫道一而已矣。成覸齐景公曰：‘彼，丈夫也；我，丈夫也；吾何畏彼哉。’颜渊曰：‘舜，何人也？予，何人也？有为者亦若是。’公明仪曰：‘文王，我师也；周公岂欺我哉？’今滕，绝长补短，将五十里也，犹可以为善国。书曰：‘若药不瞑眩，厥疾不瘳。’”

Kiam Duko Wen de Teng estis ankoraŭ kronprinco, li estis veturanta al Chu-regno tra Song-regno, kie li renkontiĝis kun Mengzi. Mengzi predikis al li pri boneco de la denaska homa naturo, nepre laŭdante Yao kaj Shun.

La kronprinco ankaŭ sur la revena vojo de Chu denove renkontis Mengzi. Mengzi diris: “Ĉu Via Kronprinca Moŝto dubas mian eldiron? La Vojo estas unu, nur unu. Cheng Jian iam diris al Duko Jing de Qi-regno: ‘Ili estas homoj, kaj mi estas homo. Kial do mi devus timi ilin?’ Yan Yuan diris: ‘Kio estis Shun? Kio estas mi? Kiuj havas la aferon por fari, tiuj estas samaj.’ Gongming Yi diris: ‘Reĝo Wen estas mia majstro, kaj ankaŭ Duko Zhou neniam povus trompi min.’ Kvankam nun la lando de Teng havas teritorion pli-malpli nur je 50 lioj kvadrate, tamen eblas fari la landon plibona. Estas skribite en *Dokumentoj*: ‘Medikamento, se ne maldolĉega, ne povas kuraci malsanon.’” ①

---

① Cheng Jian estas ministro de Qi-regno, fama je la braveco. Gongming Yi estas lernanto de Zeng Cen 曾参 . La lasta citaĵo estas el 尚书・说命 (上). Teng-lando situis en nuna Tengzhou en Zaozhuang.

2 [3A2]

滕定公薨，世子谓然友曰："昔者孟子尝与我言于宋，于心终不忘。今也不幸至于大故，吾欲使子问于孟子，然后行事。"

然友之邹问于孟子。

孟子曰："不亦善乎！亲丧，固所自尽也。曾子曰：'生，事之以礼；死，葬之以礼，祭之以礼，可谓孝矣。'诸侯之礼，吾未之学也；虽然，吾尝闻之矣。三年之丧，齐疏之服，飦粥之食，自天子达于庶人，三代共之。"

然友反命，定为三年之丧。父兄百官皆不欲也，故曰："吾宗国鲁先君莫之行，吾先君亦莫之行也，至于子之身而反之，不可。且《志》曰：'丧祭从先祖。'曰：'吾有所受之也。'"

谓然友曰："吾他日未尝学问，好驰马试剑。今也父兄百官不我足也，恐其不能尽于大事，子为我问孟子！"

然友复之邹问孟子。

孟子曰："然。不可以他求者也。孔子曰：'君薨，听于冢宰，歠粥，面深墨，即位而哭，百官有司莫敢不哀，先之也。'上有好者，下必有甚焉者矣。君子之德，风也；小人之德，草也。草尚之风，必偃。是在世子。"

然友反命。

世子曰："然。是诚在我。"

五月居庐，未有命戒。百官族人可，谓曰知。及至葬，四方来观之，颜色之戚，哭泣之哀，吊者大悦。

Duko Ding de Teng mortis. La kronprinco parolis al sia mentoro, Ran You, dirante: "Antaŭ longe Mengzi diris al mi en Song-regno ion neforgeseblan por ĉiam en mia koro. Nun okazis la malfeliĉo la plej granda, do mi volus sendi iun al Mengzi por demandi ai li, kaj poste plenumi la funebron."

Ran You ekiris al Zou por demandi al Mengzi.

Mengzi diris: "Estas tre bone, ke oni faras sian plej bonan por funebri gepatrojn. Zengzi diris: 'Dum vivas gepatroj, oni servas ilin kun decreguloj; ĉe la morto oni funebras kun decreguloj; ĉe la festo oni festas kun decreguloj–jen kio estas nomata fila pietato.' [①] Koncernante decregulojn de landestroj,

① Pri la samo estas skribite en Analektoj, en la ĉap 为政 .

mi ankoraŭ ne lernis, sed mi aŭdis iam pri tio–funebra servo daŭras ĝis la tria jaro post la morto, ĉeffunebranto vestas sin per kruda vestaĵo, manĝas kaĉon aŭ poriĝon, – jen tiel faradis en tri dinastioj kaj supre la ĉiela filo kaj sube simplaj popolanoj."

Ran You revenis kaj proponis funebri por Duko Ding per la tri-jara funebrado. Sed el pliaĝaj parencoj kaj cent oficistoj, ĉiuj ne deziris, diris: "Ne estis farataj tiel la funebroj por antaŭaj reĝoj de nia prapatra regno Lu, nek por niaj antaŭaj landestroj. Estas ne allaseble al la kronprinco mem kontraŭi, ĉar estas skribite en *Rekordoj* 'Koncerne de funebro kaj festo sekvu prapatrojn', do jen tio, kion ankaŭ ni devas akcepti." ①

La kronprinco diris al Ran You: "Mi antaŭe ne lernis sciencon, sed mia ŝatokupo estis ĉevalorajdo kaj skermado. Nun pliaĝaj parencoj kaj cent oficistoj malkontentas je mi. Mi timas, ke estos ne plenumebla la granda afero. Mi petas vin demandi al Mengzi por mi."

Ran You denove iris al Zou demandi Mengzi. Mengzi diris: "Ha! Devas serĉi solvon neniu alia ol li mem. Konfuceo diris: 'Kiam la estro mortis, lasu al intendantoj la ŝtatadministradon, la heredanto mem, prenante nur kaĉon por manĝi, kun vizaĝo nigriĝanta, surtroniĝu kaj plorkriadu. Cent oficistoj, okupante sin je oficoj, ne povas ne droni en malĝojo tiel same, kiel la ĉefo iniciante montras ekzemplon.' Kion la supro ŝatas, tion la subo nepre ŝategas. La virto de noblulo estas simila al vento, kiun sekvas la virto de malgrandaj homoj, kvazaŭ herboj. Herboj nepre turnas sin al la direkto, kien blovas la vento, t. e. la heredanto-kronprinco."

Ran You reveninte raportis. La kronprinco diris: "Jes. Vere, tio dependas de mi." Li loĝis en ŝedo kvin monatojn, nenion ordonante nek dekretante je la ŝtatregado. Cent oficistoj kaj parencoj de la sama klano aprobis kaj komprenis. En la fino de la funebro ili alvenis observi lin el kvar direktoj, kaj vidis lin paliĝinta je mieno, plorkrianta pro malĝojo, tiel do estis ege emociitaj la vizitantoj de kondolenco.

3 [3A3]

滕文公问为国。

孟子曰："民事不可缓也。《诗》云：'昼尔于茅，宵尔索绹；亟其乘屋，其始播百谷。'民之为道也，有恒产者有恒心，无恒产者无恒心。苟无恒心，放辟邪侈，无不为已。及陷乎罪，然后

---

① Regnoj Lu kaj Teng havas la saman fondinton, la dukon Zhou 周公旦. Do Teng konsideris Lu-regnon prapatra. La citaĵo montras, ke la longdaŭra funebro je tri jaroj ne estis kutimo ĝis tiam.

从而刑之。是罔民也。焉有仁人在位罔民而可为也？是故贤君必恭俭礼下，取于民有制。阳虎曰：‘为富不仁矣，为仁不富矣。’

“夏后氏五十而贡，殷人七十而助，周人百亩而彻，其实皆什一也。彻者，彻也；助者，藉也。龙子曰：‘治地莫善于助，莫不善于贡。’贡者，挍数岁之中以为常。乐岁，粒米狼戾，多取之而不为虐，则寡取之；凶年，粪其田而不足，则必取盈焉。为民父母，使民盻盻然，将终岁勤动，不得以养其父母，又称贷而益之，使老稚转乎沟壑，恶在其为民父母也？夫世禄，滕固行之矣。《诗》云：‘雨我公田，遂及我私。’惟助为有公田。由此观之，虽周亦助也。

“设为庠序学校以教之。庠者，养也；校者，教也；序者，射也。夏曰校，殷曰序，周曰庠；学则三代共之，皆所以明人伦也。人伦明于上，小民亲于下。有王者起，必来取法，是为王者师也。

“《诗》云：‘周虽旧邦，其命惟新。’文王之谓也。子力行之，亦以新子之国！”

使毕战问井地。

孟子曰：“子之君将行仁政，选择而使子，子必勉之！夫仁政，必自经界始。经界不正，井地不钧，谷禄不平，是故暴君污吏必慢其经界。经界既正，分田制禄可坐而定也。”

“夫滕，壤地褊小，将为君子焉，将为野人焉。无君子，莫治野人；无野人，莫养君子。请野九一而助，国中什一使自赋。卿以下必有圭田，圭田五十亩；余夫二十五亩。死徙无出乡，乡田同井，出入相友，守望相助，疾病相扶持，则百姓亲睦。方里而井，井九百亩，其中为公田。八家皆私百亩，同养公田；公事毕，然后敢治私事，所以别野人也。此其大略也；若夫润泽之，则在君与子矣。”

Duko Wen de Teng demandis pri la ŝtatregado kaj Mengzi respondis: “La afero por la popolo ne devas esti loza. Estas dirite en *Poezio*: ‘Tage vi sarkas herbojn, vespere plektas ŝnurojn, haste riparas tegmentojn de domoj, kaj komencas semi kaj planti cent grenojn.’ ① Koncernante la popolan aferon estas la principo – kun konstanta proprietaĵo haveblas konstanta koro, sen konstanta proprietaĵo ne haveblas konstanta koro; se mankas konstanta koro, popolanoj lasas sin konduti senbride kaj malĉaste, farante ĉion ajn senescepte. Kaj finfine ili falas en krimon, kaj poste estos punitaj – tio estas same, kiel faligi la popolon en reton. Kial do bonvolema persono en sia ofico povus kapti tiel la popolon en tia maŝkaptilo? Saĝa estro nepre tenas sin humila kun decreguloj laŭ ekonomio je la traktado de la popolo, kaj prenas

① Citaĵo el 诗经 · 豳风 · 七月 .

de la popolo per laŭleĝa reguligo. Yang Hu diris: ' Kiu serĉas riĉon, tiu ne estas bonvoleca; kiu serĉas bonvolecon, tiu ne estas riĉa.' ① Se temas pri la imposta sistemo, en la taksa unuo de *Xia-dinastio* estis asignite je 50 mu al ĉiu unu familio laŭ gong sistemo, en Yin-dinastio – 70 mu laŭ zhu sistemo, en Zhou-dinastio – 100 mu laŭ che sistemo.② Efektive, ĉiuj sistemoj baziĝis sur la imposto de unu dekono. La sistemo che estis unueca imposto, tute sama je kvanto por ĉiu devanto de impostpago, zhu estas la impostpago per reciproka helpo de komuna terkulturado en unu naŭono de la asignita kampo.③ Longzi diris: ' Por la regado de la tero nenio estas pli bona ol la zhu sistemo, nenio estas malpli bona ol la gong sistemo. La konstanta impostpago laŭ la sistemo gong estas decidita surbaze de la meza averaĝo dum kelkaj jaroj. En la jaro de superabunda rikolto oni forĵetas grenojn kaj rizojn vane, do eĉ se estus pliigita la imposto, oni ne turmentiĝus. Malgraŭ tio, la impostpago restas same, t. e. tro malmulte. En la jaro de malabunda rikolto, kontraŭe, eĉ la sterko mankas por kampoj, tamen la imposton gong endas pagi plene, t. e. tro multe. Estroj, kiuj devas esti gepatroj de la popolo, lasas la popolon furioze malkontenta. La popolanoj, ĉiel ajn diligentus tutan jaron, ne povas nutri siajn gepatrojn, dum uzuristoj, pruntedonante, nutras sian monujon. Kiuj lasas maljunulojn kaj infanojn rulfali en kloakon aŭ fosaĵon, ĉu tiuj povus esti gepatroj de la popoloj?' Rilate al imposto, en Teng-lando estas tiom sekure, ke estas tenata la sistemo de hereda salajro por oficistoj. En *Poezio* estas dirite: ' Pluvu sur nian publikan komunan kampon, kaj ankaŭ sur nian privatan.' ④ La sistemo zhu estas aplikebla al la publika komuna kampo. Estas vidate, ke ankaŭ en Zhou-dinastio estis la sistemo zhu. Starigu lernejojn, nomatajn xiang, xu, xue, xiao, kaj instruu tie. Xiang estas kie oni vartas, xiao estas kie oni instruas. Xu estas kie oni instruas pafarkon.⑤ En la epoko de Xia-dinastio oni nomis la lernejon xiao, en la epoko de Yin-dinastio oni nomis ĝin xu, en la epoko de Zhou-dinastio oni nomis ĝin xiang. Ĉiuj tri dinastioj havis la lernejojn, kie estis instruate pri homa moralo. Kie pri la homa moralo estas klarigite de la supro, tie en la subo etaj popolanoj kutimiĝas al tio kaj proksimiĝas unu al la alia. Kiam iu reĝo estiĝos, tiam li nepre venos al vi preni vian ekzemplon de la regadmaniero, kaj faros vin instruisto de la reĝo. Estas dirite en *Poezio*: ' Kvankam Zhou estas malnova

---

① Yang Hu estas Yang Huo 阳货, servis al Ji 季氏, la grandoficisto de Lu-regno. Pri lia rilato al Konfuceo estas skribite en Analektoj 17:2.

② mu, mezurunuo de areo; dum la tempo de Mengzi 1 mu egalis al ĉ. 225 kvadrataj metroj; nuntempe 625 kv. m (1 ha = 16 muoj).

③ Laŭ gong sistemo ĉiu familio pagas ankaŭ unu dekonon de rikoltaĵo, sed imposton, deciditan per meza averaĝo de kelkaj jaroj. Laŭ che, surbaze de la unu-dekona sistemo, ĉiu jara imposto ŝanĝiĝas depende de rikolto. Laŭ zhu, kamparanoj pagas imposton, kultivante la komunan parcelon je la unu-naŭa kampo.

④ Citaĵo el 诗经・小雅・大田 .

⑤ La sama propono videblas en [1A3]. La konkreta enhavo de tiuj lernejoj estas nesciigebla, sed la propono mem havis grandan influon al Japanio (vd. Yoshida Shoin, p. 40-41).

regno, sed ĝia ordono estas nova.' [1] Tio mencias la aferon de reĝo Wen. Vi forte praktiku tion por konstrui vian ŝtaton nova."

La duko sendis iun Bi Zhan al Mengzi demandi pri la 'naŭonaĵa sistemo'.

Mengzi diris: "Via estro ĝuste nun estas praktikonta la politikon de bonvoleco, kaj elektis vin kiel senditon al mi. Do vi nepre diligente lernu tion! La bonvoleca politiko ekas de ter-apartigo per limoj. Se la ter-apartigo estas maljusta, la naŭonaĵa sistemo ne iĝas justa je terpeco, la salajro de grenoj ne iĝas egala. Tiam tiranecaj estroj kaj koruptemaj pedeloj nepre ekspluatas la difekton de ter-apartigaj limoj. Apenaŭ kun la limoj ĝustigitaj oni povas facile establi la sistemon de kampodivido kaj de salajro. Kvankam la fekunda tero en Teng estas malgranda, tamen tie loĝas kaj nobluloj kaj kamparanoj. Sen la nobluloj ne eblas regi la kamparanojn, sen la kamparanoj ne eblas nutri la noblulojn. Donu al la periferiaj kamparanoj la naŭonaĵan sistemon por pagi la imposton zhu, kaj en la centro de lando lasu pagi la imposton de unu dekono. Al ĉiu el ministroj kaj el la pli subaj altranguloj krom salajro nepre necesas la kampo por ritoj, nomata gui, je 50 muoj. Al ĉiu el la ceteraj viroj necesas kampo je 25 muoj. Eĉ ĉe la morto de familiestro kaj ĉe lia transloĝiĝo oni ne forlasas la vilaĝon, kie kampo estas uzata komune laŭ la naŭonaĵa sistemo. Oni amike interrilatas unu al la alia, defendas, gardas kun reciproka helpo, kaj helpas unu la alian je malsaniĝo, tiel do la popolanoj vivas intime kaj harmonie. La tuta kampo konsistas el unu lio kvadrate, havas naŭcent muojn, dividite en naŭ kvadratajn partojn, kaj la publika kampo situas en la centro. Ĉiu el ok familioj private posedas cent muojn kaj komune kulturas la publikan parton. Oni antaŭ ĉio terkulturas unue la publikan, poste povas mastrumadi la privatan aferon. Tiel estas distingite ĉe kamparanoj. Jen tia estas la skizo. La plenumado dependas de Lia Moŝto kaj vi.

4 [3A4]

有为神农之言者许行，自楚之滕，踵门而告文公曰："远方之人闻君行仁政，愿受一廛而为氓。"

文公与之处。

其徒数十人，皆衣褐，捆屦、织席以为食。

---

① Citaĵo el 诗经·大雅·文王. La frazo 为王者师 fariĝis la alta celo de malgranda lando por provi idealan regadon. Yoshida Shoin diris: "Ne por unu lando faras la noblulo sian regadon, sed por ke la regado estu la leĝo de postaj generacioj de la mondo." [讲孟 127]

陈良之徒陈相与其弟辛，负耒耜而自宋之滕，曰："闻君行圣人之政，是亦圣人也，愿为圣人氓。"

陈相见许行而大悦，尽弃其学而学焉。

陈相见孟子，道许行之言曰："滕君则诚贤君也，虽然，未闻道也。贤者与民并耕而食，饔飧而治。今也滕有仓廪府库，则是厉民而以自养也，恶得贤？"

孟子曰："许子必种粟而后食乎？"

曰："然。"

"许子必织布而后衣乎？"

曰："否！许子衣褐。"

"许子冠乎？"

曰："冠。"

曰："奚冠？"

曰："冠素。"

曰："自织之与？"

曰："否，以粟易之。"

曰："许子奚为不自织？"

曰："害于耕。"

曰："许子以釜甑爨，以铁耕乎？"

曰："然。"

"自为之与？"

曰："否！以粟易之。"

"以粟易械器者，不为厉陶冶；陶冶亦以其械器易粟者，岂为厉农夫哉？且许子何不为陶冶，舍皆取诸其宫中而用之？何为纷纷然与百工交易？何许子之不惮烦？"

曰："百工之事固不可耕且为也。"

"然则治天下独可耕且为与？有大人之事，有小人之事。且一人之身，而百工之所为备，如必自为而后用之，是率天下而路也。故曰，或劳心，或劳力；劳心者治人，劳力者治于人；治于人者食人，治人者食于人，天下之通义也。

"当尧之时，天下犹未平，洪水横流，泛滥于天下，草木畅茂，禽兽繁殖，五谷不登，禽兽偪人，兽蹄鸟迹之道交于中国。尧独忧之，举舜而敷治焉。舜使益掌火，益烈山泽而焚之，禽兽逃匿。禹疏九河，瀹济漯而注诸海，决汝汉，排淮泗而注之江，然后中国可得而食也。当是时也，禹八年于外，三过其门而不入，虽欲耕，得乎？

“后稷教民稼穑，树艺五谷；五谷熟而民人育。人之有道也。饱食、暖衣、逸居而无教，则近于禽兽。圣人有忧之，使契为司徒，教以人伦，父子有亲，君臣有义，夫妇有别，长幼有叙，朋友有信。放勋曰：‘劳之来之，匡之直之，辅之翼之，使自得之，又从而振德之。’圣人之忧民如此，而暇耕乎？

“尧以不得舜为己忧，舜以不得禹、皋陶为己忧。夫以百亩之不易为己忧者，农夫也。分人以财谓之惠，教人以善谓之忠，为天下得人者谓之仁。是故以天下与人易，为天下得人难。孔子曰：‘大哉尧之为君！惟天为大，惟尧则之，荡荡乎民无能名焉！君哉舜也！巍巍乎有天下而不与焉！’尧舜之治天下，岂无所用其心哉？亦不用于耕耳。

“吾闻用夏变夷者，未闻变于夷者也。陈良，楚产也，悦周公、仲尼之道，北学于中国。北方之学者，未能或之先也。彼所谓豪杰之士也。子之兄弟事之数十年，师死而遂倍之！昔者孔子没，三年之外，门人治任将归，入揖于子贡，相向而哭，皆失声，然后归。子贡反，筑室于场，独居三年，然后归。他日，子夏、子张、子游以有若似圣人，欲以所事孔子事之，强曾子。曾子曰：‘不可；江汉以濯之，秋阳以暴之，皜皜乎不可尚已。’今也南蛮鴃舌之人，非先王之道，子倍子之师而学之，亦异于曾子矣。吾闻出于幽谷迁于乔木者，未闻下乔木而入于幽谷者。《鲁颂》曰：‘戎狄是膺，荆舒是惩。’周公方且膺之，子是之学，亦为不善变矣。”

“从许子之道，则市贾不贰，国中无伪；虽使五尺之童适市，莫之或欺。布帛长短同，则贾相若；麻缕丝絮轻重同，则贾相若；五谷多寡同，则贾相若；屦大小同，则贾相若。”

曰：“夫物之不齐，物之情也；或相倍蓰，或相什百，或相千万。子比而同之，是乱天下也。巨屦小屦同贾，人岂为之哉？从许子之道，相率而为伪者也，恶能治国家？”

Iu Xu Xing, adepto de la vortoj de Shennong, dio de agronomo, alvenis de Chu-regno al Teng, atingis la pordon kaj anoncis al Duko Wen, dirante: “Ni venis demalproksime, aŭdinte ke vi faras bonvolecan politikon, ni petas vin doni al ni parcelon por enmigri.”

Duko Wen donis al ili parcelon, da ili estas kelkdek, ĉiuj vestis sin per kruda kanabo, vivtenas sin,fabrikante sandalojn kaj plektante pajlmatojn.

Chen Xiang kaj lia juna frato, lernantoj de konfuceano Chen Lian, venis de Song-regno al Teng, portante surdorse ŝpatojn, kaj diris: "Ni aŭdis, ke Via reĝa Moŝto faras la politikon de sanktuloj kaj mem estas sanktulo. Permesu nin enmigri por fariĝi subuloj de la sanktulo."

Vidante Xu Xing, Chen Xiang tre ĝojis, kaj forlasinte sian antaŭan lernitaĵon, eklernis ĉe Xu Xing. Chen Xiang renkontis Mengzi kaj sciigis al li jenan komenton de Xu Xing, dirante: "Lia Moŝto, la duko de Teng, estas vere saĝa reĝo, sed tamen li ankoraŭ ne atingis la Vojon-Taon. Saĝulo estas tiu, kiu terkulturas kaj manĝas kune kun la popolo, kaj li mem kuiras maten- kaj vesper-manĝon kaj samtempe okupiĝas pri la regado. Nun, en Teng estas grenejoj kaj trezorejoj, kiuj por la popolo estas peza ŝarĝo, kvankam jam estas sufiĉe da rezervo por nutri la regnon mem. Kial oni povus nomi lin saĝa? "

Mengzi diris: "Ĉu s-ro Xu semas mem kaj manĝas grenon? "

Respondis: "Jes."

"Ĉu s-ro Xu teksas mem ŝtofon kaj vestiĝas? "

"Ne. S-ro Xu nur vestas sin per kruda lano."

"Ĉu s-ro Xu metas sur sin kronon? "

"Metas."

"Kian kronon? "

"Silkan kronon"

"Ĉu li mem teksas ĝin? "

"Ne. Li ricevis ĝin interŝanĝe por greno."

"Kial s-ro Xu mem ne teksas ĝin? "

"Ĉar tio malhelpas al li terkulturi."

"Ĉu s-ro Xu kuiras per argila kaldrono? Plugas per fera soko? "

"Jes."

"Ĉu li mem fabrikis ilin"

"Ne, li ricevis ilin kontraŭ greno."

"Ĉu ricevi instrumentojn kontraŭ greno ne estas subpremi per peza ŝarĝo potistojn kaj forĝistojn? Ĉu, male, ricevi grenon kontraŭ iloj ne estas subpremi per peza ŝarĝo agrikulturistojn? Se tiel, kial s-ro Xu ne fariĝus potisto kaj forĝisto? Kial ne preni ĉion ĉi tion sur sin por uzi hejme? Kial li tiom ĝenplene interŝanĝas aĵojn kun cent metiistoj? Kial s-ro Xu ne evitas tian ĝenon? "

“ Aferojn de cent metiistoj oni ne povas fari samtempe, okupante sin per la terkulturado.”

“ Se tiel, ĉu oni povas regi la mondon, samtempe terkulturante? Estas ja la afero de grandulo, kaj estas la afero de malgrandulo. Unu homo estas ekipita per aĵoj faritaj de cent metiistoj. Se oni devus fari mem ĉion, kion mem poste uzos, laciĝus la mondo. Do estas dirite:iuj laboras per menso, la aliaj laboras per korpa forto; personoj de mensa laboro regas homojn, homoj de korpa laboro estas regataj; la regato proviziĝas per manĝaĵoj, la reganto manĝas danke al homoj – tio estas la komuna justo de la mondo.”

En la tempo de la reĝo Yao, la mondo ankoraŭ ne estis paca, superakvego fluadis flanken kaj okazadis inundoj en la mondo. Herboj kaj arboj kreskadis libervole, rabobirdoj kaj bestoj pululadis, kvin cerealoj ne estis sufiĉe rikoltataj. Rabobirdoj kaj bestoj minacadis homojn. Padoj de animaloj kaj birdoj intermiksiĝis en la centra lando. Yao sola malĝojis je tio, promociis Shun por establi la regadon. Shun igis Yi porti fajran torĉon, ke Yi bruligu montojn kaj marĉojn por elpeli rabobirdojn kaj bestojn. Yu bontenadis naŭ riverojn, ĝustigis la fluon de riveroj Qi kaj Ta, por ke ili enfluu marojn; elboris riverojn Ru kaj Han, ŝovis riverojn Huai kaj Su en la riveron Jangzio. Kaj poste en la centra lando iĝis eble manĝi al homoj. En tiu tempo, Yu agadis ekstere ok jarojn, ne revenante hejmen, spite ke li preterpasadis sian domon tri fojojn. Kiel ajn li mem dezirus terkulturi, ĉu al li eblus? Hou Ji instruis la popolon kiel semadi kaj rikoltadi, plantadi kvin cerealojn, kaj, sukcesinte fari kvincerealojn maturaj, la popolo ekkreskis kiel plenaj homoj. Sed estas la Vojo-Tao por homoj. Kvankam ili satmanĝas, vestiĝas varme, loĝas pace, tamen se ili ne estus edukataj, ili restus similaj al birdoj kaj bestoj. Tio kaŭzis al sanktuloj zorgojn, do Shun asignis al Xie ministron pri edukaj aferoj, kaj igis lin instrui pri morala rilato de homoj, t. e. – intimeco inter gepatroj kaj gefiloj, justeco inter estroj kaj subuloj, distingo inter edzo kaj edzino, ordo inter pliaĝulo kaj malpliaĝulo, fido inter amikoj.

Fangxun (la reĝo Yao) diris: ‘ Rilate al lernantoj, kuraĝigu, stimulu kaj konduku ilin, korektu kaj rektigu ilin, asistu kaj donu al ili flugilojn, lasu ilin mem akiri la celatan, tiam ili sekvos, disvolvante la virton.’ Tiel do la sanktuloj prizorgadis la popolon, ĉu ili havus la tempon por terkulturadi?

Kio igis Yao maltrankvila, estas, ĉu li povus akiri Shun kiel heredanto aŭ ne. Ankaŭ Shun zorgis, ĉu eblus akiri Yu kaj Gao Yao aŭ ne. Se kamparanoj, ili nur zorgadas, ĉu eblus mastrumi la kampon je cent muoj aŭ ne. Disdoni al homoj riĉaĵojn estas nomata la semado de ‘ favoro’ , instrui al homoj bonon estas nomata la semado de ‘ fideleco’ , akiri personojn por la mondo estas nomata la semado de ‘ bonvoleco’ .

Estas facile transdoni al iu ajn homo la mondon, sed estas malfacile akiri la personon taŭgan por la mondo.

Konfuceo diris: ' Kiel granda estis Yao kiel la reĝo! Vere, li rigardis nur la Ĉielon granda, kaj nur sekvis la Ĉielon. Li estis tiel vasta kaj ampleksa, ke la popolo ne povis doni al li la nomon! Kia reĝo estis ja Shun! Li estis tiel alta kaj supera, ke li regis la mondon, kvazaŭ mem ne tuŝus ĝin!' Dum Yao kaj Shun regis la mondon, ĉu ili ne dediĉis sin al tio elkore? Nur ili mem ne okupis sin propramane per la laboro de terkulturado.

Mi aŭdas, ke Xia-dinastio provis transformi barbarojn, sed mi ne aŭdas, ke ili estis transformitaj de la barbaroj. Chen Liang devenis de Chu-regno kaj li ĝojis je la Vojo de Duko Zhou kaj Konfuceo. Li venis norden por lerni en la centra regno. Nordaj sciencistoj ne kapablis superi lin. Li estis t. n. la persono elstara. Vi kaj viaj fratoj lernis ĉe li kelkdek jarojn, kaj post lia morto vi finfine forlasis lin kaj turnis sin al Xu Xing.

Antaŭlonge, post kiam Konfuceo forpasis, liaj lernantoj revenis hejmen post la plenumado de trijara funebro. Ĉe la adiaŭo ili turnis sin al Zi Gong, ploris unu kun la alia tiom, kiom ili perdis la voĉon, kaj poste ili foriris al sia hejmo. Zi Gong, male, konstruis la barakon apud la tombo kaj sola loĝis tie plie dum tri jaroj, kaj poste foriris hejmen. En la alia tago, Zi Xia, Zi Zhang, Zi You, rigardante Youruo-n simila al sanktulo, volus servi al li kiel al Konfuceo. Ili provis persvadi ankaŭ Zengzi aliĝi, sed Zengzi diris: ' Ne eblas. Kiom ajn lavadu lin per grandaj riveroj kiel Jangzio kaj Han, kiom ajn turnadi lin al aŭtuna suno, neniam eblas pure plialtigi lin.' ①

Kiel vi diferencas de tiu Zengzi, perfidinte vian instruiston, kaj lernante nun ĉe iu suda barbaro, laniosimila babilemulo sen la vojo de antaŭaj reĝoj! Mi aŭdas, ke estas iu, kiu, elirinte de malhela valo, transiras al la alta arbo, sed mi ne aŭdas iun iranta de alta arbo suben al malhela valo. Estas dirite en '*Lu Kantoj*' : ' Barbarojn en nordo kaj okcidento, Rong kaj Di, li atakis, sudajn barbarojn Jing kaj Shu li punis.' Kion ĉiam atakadis Duko Zhou, tion vi prenas kiel lernindan. Tio estas ja malbona ŝanĝiĝo."

Chen Xiang diris: "Laŭ la vojo de s-ro Xu, la merkata prezo de varoj ne disduiĝas, kaj ne estiĝas falso en la tuta mondo. Kiam knabo malgranda je 5 chioj estos sendata al bazaro, li ne estos trompata.

① Multaj esploristoj prenas la objekton 之 por Konfuceo kaj interpretas: "Kio estas lavita per la granda rivero kaj elmetita al aŭtuna suno, tion neniu povas superi je pura alteco."

Ŝtofoj de sama kvanto estos vendataj je la sama prezo, kanabo kaj silko, se kun difina kvanto, estos vendataj je fiksaj prezoj; kvin cerealoj, se kun difina kvanto, estos vendataj je fiksaj prezoj. Ŝuoj, se samaj je grandeco, estos vendataj je la fiksaj prezoj."

Mengzi diris: "La diverseco de aĵoj estas la natura karaktero de aĵoj. Iu kostas duoble-kvinoble, la alia – dekoble-centoble, la tria – miloble-dekmiloble. Se vi egaligus ilin por fari ilin samaj, tiam malordiĝus la mondo. Se ŝuoj fajnaj kaj ŝuoj malfajnaj estus vendataj kontraŭ la sama prezo, kion farus homoj? La vojo de s-ro Xu kondukas homojn al falsado. Kiel regeblus la ŝtato per tiu maniero? "

5 [3A5]

墨者夷之因徐辟而求见孟子。孟子曰："吾固愿见，今吾尚病，病愈，我且往见，夷子不来。"

他日，又求见孟子。孟子曰："吾今则可以见矣。不直，则道不见；我且直之。吾闻夷子墨者，墨之治丧也，以薄为其道也；夷子思以易天下，岂以为非是而不贵也；然而夷子葬其亲厚，则是以所贱事亲也。"

徐子以告夷子。

夷子曰："儒者之道，古之人若保赤子，此言何谓也？之则以为爱无差等，施由亲始。"

徐子以告孟子。

孟子曰："夫夷子信以为人之亲其兄之子为若亲其邻之赤子乎？彼有取尔也。赤子匍匐将入井，非赤子之罪也。且天之生物也，使之一本，而夷子二本故也。盖上世尝有不葬其亲者，其亲死，则举而委之于壑。他日过之，狐狸食之，蝇蚋姑嘬之。其颡有泚，睨而不视。夫泚也，非为人泚，中心达于面目，盖归反蘽梩而掩之。掩之诚是也，则孝子仁人之掩其亲，亦必有道矣。"

徐子以告夷子，夷子怃然为间曰："命之矣。"

Iu mohisto, Yi Zhi, deziris renkontiĝi kun Mengzi pere de Xu Bi. Mengzi diris: "Mi volus certe vidi lin, sed mi estas nun malsana. Post kiam mi resaniĝos, mi iros vidi lin. Ne venu s-ro Yi al mi nun!"

En alia tago Yi Zhi denove petis de Mengzi la renkontiĝon. Mengzi diris: "Mi devus vidi lin nun. Se mi ne korektus lin, la vera Vojo ne videblus. Do mi volas fari lin rekta. Mi aŭdis, ke s-ro Yi estas mohisto. Rilate al la plenumado de funebro, mohistoj konsideras la simplan konformanta al la Vojo. S-ro Yi pensas ŝanĝi la mondon laŭ la simpligo. Ĉu li ne rigardas tion malestiminda? Sed tamen li mem funebris siajn gepatrojn lukse – tio signifas, ke li konsideris la simpligon kiel malestimon je la servado al gepatroj."

S-ro Xu transdonis la vortojn al s-ro Yi. S-ro Yi diris: "Konfuceanoj tenas kiel principan vojon la frazon: 'antikvuloj zorgadis homojn, kvazaŭ vartus bebojn'. Kion signifas tiu frazo? Tio estas, ke oni devas ami homojn sendistinge komence de siaj intimaj."

S-ro Xu transdonis lian vortojn al Mengzi. Mengzi diris: "Ĉu s-ro Yi opinias, ke oni devas trakti bebojn de najbaro tiel intime, samkiel infanojn de sia pliaĝa frato? Li prenas la frazon por tia signifo. (La frazo signifas, ke) se iu bebo rampas al la puto, apenaŭ enfalante tien, la bebo mem ne kulpas je tio. Kiu estiĝas, tiun naskas la Ĉielo. Do estigas tion unu fonto. Sed s-ro Yi konsideras du fontojn kiel kaŭzon.①

Pratempe eĉ okazis, ke iuj ne entombigis gepatrojn. Kiam mortis la gepatroj, oni forĵetis kadavron en valon. Tagojn poste vulpoj k. c. manĝis ĝin, muŝoj kaj kuloj alsuĉis. Ekfluis glacia ŝvito al la filo sur la frunto kaj ne eblis rigardi la aspekton. Li ŝvitis ne pro timo de malbona reputacio inter aliuloj, sed la ŝvito elfluis sur la vizaĝon el la centro de koro. Li returnis sin hejmen, kunportis korbon kaj ŝovelilon, kaj kovris la kadavron per terpeco. La kovrado estas la esprimo de sincera konscienco. La gepatrojn kovris fila pietato kaj homa bonvoleco. En tio nepre troviĝas la Vojo."

S-ro Xu transdonis la mesaĝon al s-ro Yi. S-ro Yi spirĝeme paŭzis kaj diris: "Tio estas ja la ordono." ②

---

① La dirmaniero de Mengzi ŝajnas al mi tro lakona, do estus allaseble kompreni diverse la opinion. La citaĵo pri bebo el 尚书·康诰 estas komprenata diverse inter Mengzi kaj Yi. Mengzi diras: "bebo ne kulpas" en la signifo, ke kulpas ne popolo, sed reganto. Yi Zhi insistas, ke amo al bebo estas komuna, do kondukas al universala amo. La disputo ne estas sufiĉe disvolvita, ĉar tio ne estas farata per rekta konversacio, sed tra peranto.

② La lasta vorto de Yi Zhi 命 estis interpretata de multaj esploristoj, kiel 'instruo', sed mi tradukis ĝin kiel 'ordono (destino)' pro tio, ke ne estiĝis fruktodona diskuto per la rekta interparolo kun Mengzi.

滕文公（下）
DUKO WEN DE TENG-LANDO (II)

6 [3B1]

陈代曰："不见诸侯，宜若小然；今一见之，大则以王，小则以霸。且《志》曰：'枉尺而直寻。'宜若可为也。"

孟子曰："昔齐景公田，招虞人以旌不至，将杀之。志士不忘在沟壑，勇士不忘丧其元。孔子奚取焉？取非其招不往也。如不待其招而往，何哉？且夫枉尺而直寻者以利言也。如以利，则枉寻直尺而利，亦可为与？昔者赵简子使王良与嬖奚乘，终日而不获一禽。嬖奚反命曰：'天下之贱工也。'或以告王良。良曰：'请复之。'强而后可，一朝而获十禽。嬖奚反命曰：'天下之良工也。'简子曰：'我使掌与女乘。'谓王良。良不可，曰：'吾为之范我驰驱，终日不获一；为之诡遇，一朝而获十。《诗》云：'不失其驰，舍矢如破。'我不贯与小人乘，请辞。'御者且羞与射者比；比而得禽兽，虽若丘陵，弗为也。如枉道而从彼，何也？且子过矣，枉己者，未有能直人者也。"

Chen Dai diris: "Ne renkonti landestrojn ŝajnas iomete etanime; se vi unufojon renkontus ilin, iu pligranda el ili fariĝus reĝo, iu malpligranda iĝus almenaŭ hegemoniulo. Estas skribite en *Rekordoj*: 'Cedante unu chio-n kurban, anstataŭe rektigi ok chiojn'. Al vi endas provi tiel."

Mengzi diris: "Antaŭlonge Duko Jing de Qi-regno, ĉasante, alvokis iun gardiston de ĉasejo per signalo de flago, sed li ne venis, do la duko tuj volus mortigi lin.① Estas dirite, ke la alta persono estas

① Por alvoki estas necese uzi diversajn signalojn depende de klasoj, la flago estas uzata por alvoki grandoficistojn, sed por alvoki gardistojn estas uzata la fela ĉapo.

preta enfali fosaĵon aŭ valon, la bravulo estas preta je la morto per senkapigo. Kion ĉerpis Konfuceo el tiu epizodo? – Se la alvoko estas malprava, tiuokaze la persono ne iras. Se ne atendante la pravan alvokon, oni ne ekirus, kio ajn okazus. Kiu diras, ke cedu al la kurba parto unu chion por rektigi ok chiojn, tiu celas profiton. Se temas pri profito, eblus ankaŭ diri, ke restigu la kurban parton je ok chioj por fari unu chio-n rekta, ĉu ne? Iam Zhao Jianzi igis Wang Liang, ĉar-kondukisto, akompani lian favoraton Xi por la ĉasado. Tutan tagon ili ĉasis vane sen unu birdo. La favorato Xi diris reveninte: 'Li estas plej mallerta je la konduka tekniko.' Pri tio estas sciigite al Wang Liang. Li diris: 'Mi petegas denove provi.' Post lia persista petado estas permesite. Dum unu mateno dek birdoj estas kaptitaj. La favorato Xi raportis reveninte: 'Li estas plej lerta je la konduka tekniko.' Jianzi diris: 'Mi donas lin al vi konduki vian ĉaron.' Kaj pri tio estas sciigite al Wang Liang. Li ne povas konsenti, dirante: 'Kiam mi lasis ĉevalĉaron kuradi laŭ-norme, tutan tagon li ĉasis vane sen unu rezulto. Kiam mi faris ruzon kontraŭ la normo hazarde laŭ la nivelo de ĉasisto, dum unu mateno li gajnis dek. Estas dirite en *Poezio*: "Se la ĉaro estas kondukata senerare, la pafita sago trafas la celon." ① Mi ne alkutimiĝas kune rajdi kun malgrandulo. Permesu al mi rifuzi.' Eĉ ĉar-kondukisto hontas, komparate kun fuŝpafisto. Eĉ se gajnus da birdoj-bestoj multabunde kvazaŭ montoj, li ne konsentus. Cedante la vojaĉon kurban obei al aliuloj, kial necesus? Vi eraras. Kiu cedus sin al kurbiĝo, tiu ne povus rektigi homojn." ②

7 [3B2]

景春曰："公孙衍、张仪岂不诚大丈夫哉？一怒而诸侯惧，安居而天下熄。"

孟子曰："是焉得为大丈夫乎？子未学礼乎？丈夫之冠也，父命之；女子之嫁也，母命之，往送之门，戒之曰：'往之女家，必敬必戒，无违夫子！' 以顺为正者，妾妇之道也。居天下之广居，立天下之正位，行天下之大道；得志，与民由之；不得志，独行其道。富贵不能淫，贫贱不能移，威武不能屈，此之谓大丈夫。"

Jing Chun diris: "Gongsun Yan kaj Zhang Yi estas vere grandaj personoj, ĉu ne? Se ili unufojon

---

① Citaĵo el 诗经・小雅・车攻 .

② Chen Dai estas nomo de unu el disĉiploj de Mengzi. la Duko Jing de Qi-regno estis surtrone 547-490 a. K. Zhao Jianzi estas ministro de Jin-regno. Wang Liang estas fama je bona kondukisto. Pri Xi, iu konjektas tiun kiel vir-favoraton, la alia – kiel virinon, amoristinon.

ekkoleras, landestroj ektimas tremante; se ili sidas en paco, la mondo ripozas." ①

Mengzi diris: "Kial eblus konsideri ilin grandaj personoj? Ĉu vi ankoraŭ ne lernis pri decreguloj? Kiam iu viro ekestis kronata, lia patro donas al li ordonon;② kiam iu virino ekiras edziniĝi, ŝia patrino donas al ŝi ordonon akompanante ĉe ŝia eliro de la pordo, kaj avertas, dirante: 'Vi nun iros al via domo, nepre respektu kaj nepre prizorgu, ke vi ne kontraŭu vian edzon!" Konduti konforme al ĝusteco estas la vojo de edzinoj.

Kiam iu sidas sur granda loĝejo de la mondo kaj okupas la ĝustan postenon de la mondo, tiu devas iri laŭ la granda Vojo de la mondo. Se farebla estas via intenco, faru tion kun la popolo; se ne farebla, iru sola laŭ la Vojo. Kiun ne povas devojigi la riĉo kaj la alta rango, tiun nek povas ŝanĝi la malriĉo kaj la mizero, nek povas submeti la potenco kaj la forto, tiu estas nomata la granda persono.

8 [3B3]

周霄问曰："古之君子仕乎？"

孟子曰："仕。传曰：'孔子三月无君，则皇皇如也，出疆必载质。'公明仪曰：'古之人三月无君，则吊。'"

"三月无君则吊，不以急乎？"

曰："士之失位也，犹诸侯之失国家也。《礼》曰：'诸侯耕助，以供粢盛；夫人蚕缫，以为衣服。牺牲不成，粢盛不洁，衣服不备，不敢以祭。惟士无田，则亦不祭。'牲杀、器皿、衣服不备，不敢以祭，则不敢以宴，亦不足吊乎？"

"出疆必载质，何也？"

曰："士之仕也，犹农夫之耕也；农夫岂为出疆舍其耒耜哉？"

曰："晋国亦仕国也，未尝闻仕如此其急。仕如此其急也，君子之难仕，何也？"

曰："丈夫生而愿为之有室，女子生而愿为之有家；父母之心，人皆有之。不待父母之命、媒妁之言，钻穴隙相窥，逾墙相从，则父母国人皆贱之。古之人未尝不欲仕也，又恶不由其道。不由其道而往者，与钻穴隙之类也。"

---

① Zhang Yi kaj Gongsun Yan estas tre famaj politikistoj-diplomatoj. Gongsun Yan fariĝis cefministro de Qin-regno en 333 kaj 317 a. K. Pri Zhang Yi estas skribite en Shiji detale. Ankaŭ Jing Chun estis tia publicisto laŭ komentistoj. Laŭ la teksto Mengzi rigardis Zhang Yi k. a. kiel irantaj la vojon de virinoj. Estas notinde, ke Mengzi havas multe pli grandan influon al posteuloj ol tiuj famaj politikistoj, kiel Zhang Yi k. a.

② Antikve en Ĉinio por la 20-jara viro estis farata la ceremonio de la portado de krono, kiel maturiĝo.

Zhou Xiao demandis, dirante: "Ĉu ankaŭ antikvaj nobluloj servis al iu estro?"

Mengzi diris: "Servis. Estas dirite: 'Kiam Konfuceo havis dum tri monatoj neniun estron por servi, li ne sentis sin trankvila. Elirante landlimon, li nepre portis ĉe si la memordonacon por sia estonta estro.' Gong Mingyi diris: 'Antikvuloj, kiam ili ne havis estron por servi dum tri monatoj, kondolencis."

Zhou Xiao demandis: "Kondolenci se ne troviĝus estro dum tri monatoj, ĉu tio estas tro ekstreme?"

Mengzi diris: "Ke iu persono perdas la postenon, tio estas same, kiel por landestroj estas perdita la ŝtato. Estas dirite en *Decreguloj*: 'Landestro asistas la terkulturadon, oferante pleton plenan de milio, kaj lia edzino kulturas silkraŭpon, kokonon kaj teksas vestaĵon. Se la oferaĵo ne estus plena, la milio ne estus pura, la vestaĵo ne estus kompleta, tiam oni ne aŭdacas okazigi la feston. Ankaŭ iu ofic-persono sen kampo de oferaĵo ne povas okazigi la feston.' Se ne estas preta la ceremonia ujo de buĉoferaĵo nek la ceremonia vestaĵo, ne okazigeblas la festo, ĉu tio ne indas je kondolenco?"

Zhou Xiao demandis: "Ĉe eliro de landlimo nepre necesis la memordonaco, kial?"

Mengzi diris: "Por esti enoficigita. Samkiel kamparanoj terkulturas, ĉu ili ne portas kun si la hojon ĉe la elirado el landlimo?"

Zhou Xiao diris: "En Jin-regno, kie mi iam servis, mi ne aŭdis, ke la enoficiĝo estas tiel grava, strikte solena. Se tiel estas grava la enoficiĝo, kial vi, noblulo, ne servas?"

Mengzi diris: "Ke la viro, naskiĝinta, havigu al si edzinon, kaj la virino, naskiĝinta, havigu al si domon, – tion kore deziras gepatroj, kaj ĉiuj havas tian deziron. Sed gepatroj kaj ĉiuj landanoj malestimas, ke ilia filo aŭ filino, ne atendante la ordonon de gepatroj, sen vortoj de perantoj, ŝtelrigardante tra truoj unu la alian, kuniĝus memvole trans muron. Antikvuloj neniam ne deziris enoficiĝi, sed malamis ne laŭ la ĝusta vojo. Kiu iras ne laŭ la ĝusta vojo, tiu estas sama, kiel ŝtelrigardanto tra truo." ①

9 [3B4]

彭更问曰："后车数十乘，从者数百人，以传食于诸侯，不以泰乎？"

孟子曰："非其道，则一箪食不可受于人；如其道，则舜受尧之天下，不以为泰，子以为泰乎？"

曰："否。士无事而食，不可也。"

---

① Jin-regno estas Wei-regno 魏 tiutempe.

曰："子不通功易事，以羡补不足，则农有余粟，女有余布；子如通之，则梓匠轮舆皆得食于子。于此有人焉，入则孝，出则悌，守先王之道，以待后之学者，而不得食于子；子何尊梓匠轮舆而轻为仁义者哉？"

曰："梓匠轮舆，其志将以求食也；君子之为道也，其志亦将以求食与？"

曰："子何以其志为哉？其有功于子，可食而食之矣。且子食志乎？食功乎？"

曰："食志。"

曰："有人于此，毁瓦画墁，其志将以求食也，则子食之乎？"

曰："否。"

曰："然则子非食志也，食功也。"

Peng Geng demandis, dirante: "Kun kelkdeko da ĉaroj sekvataj, kun sekvantaro el kelkcento, nutrate de landestroj unu post la alia, ĉu vi ne konsideras tion ekstravaganca?"

Mengzi diris: "Se ne laŭ la Vojo, oni ne devas ricevi de homoj eĉ unu porcion de manĝaĵo, se laŭ la Vojo, Shun akceptis de Yao la mondon – ĉu tio ne estas ekstravaganca? Aŭ ĉu vi konsideras tion ekstravaganca?"

Peng Geng diris: "Ne. Sed ne allaseblas, ke nobla persono sen laboro manĝu."

Mengzi diris: "Vi ne komprenas meriton de reciproka interŝanĝo laŭ cirkulado, kompletigo de manko per superfluo, ekzemple, iam ĉe kamparanoj superfluas grenoj, ĉe vi superfluas toloj. Se vi povus cirkuligadi varojn, tiam lignometiistoj kaj ĉarmetiistoj, ĉiuj akiras de vi manĝaĵojn. Supozu, estas ĉi tie iu persono, kiu, estante kun fila pietato interne de familio, kun fideleco al pliaĝuloj ekstere de domo, sekvas la Vojon de antaŭaj reĝoj kaj poste fariĝis scienculo, sed ne povas akiri manĝaĵon ĉe vi. Vi respektas lignometiiston kaj ĉarmetiiston, sed preterrigardas personon de bonvoleco kaj justo, kial?"

Peng Geng diris: "Lignometiisto kaj ĉarmetiisto strebas de-komence al gajno de manĝaĵoj, noblulo – al la Vojo. Ĉu ankaŭ li strebas al la gajno de manĝaĵoj?"

Mengzi diris: "Kial vi rigardas la strebon grava? Kiam iu donas al vi meriton, se indas al tiu doni manĝaĵon, donu manĝaĵon. Ĉu vi donas al li manĝi pro la strebo? aŭ pro la merito?"

Peng Geng diris: "Pro la strebo."

Mengzi diris: "Por ekzemplo, troviĝas iu, kiu rompis tegolojn kaj petolskribis sur muron. Li strebis al la gajno de manĝaĵoj. Ĉu vi donos al li manĝaĵon? ”

Peng Geng diris: “Ne.”

Mengzi diris: “Tiuokaze vi donas al iu manĝaĵon ne pro la strebo, sed pro la merito.” ①

10 [3B5]

万章问曰：“宋，小国也；今将行王政，齐楚恶而伐之，则如之何？”

孟子曰：“汤居亳，与葛为邻，葛伯放而不祀。汤使人问之曰：‘何为不祀？’曰：‘无以供牺牲也。’汤使遗之牛羊。葛伯食之，又不以祀。汤又使人问之曰：‘何为不祀？’曰：‘无以供粢盛也。’汤使亳众往为之耕，老弱馈食。葛伯率其民，要其有酒食黍稻者夺之，不授者杀之。有童子以黍肉饷，杀而夺之。《书》曰：‘葛伯仇饷。’此之谓也。为其杀是童子而征之，四海之内皆曰：‘非富天下也，为匹夫匹妇复仇也。’‘汤始征，自葛载’，十一征而无敌于天下。东面而征，西夷怨；南面而征，北狄怨，曰：‘奚为后我？’民之望之，若大旱之望雨也。归市者弗止，芸者不变，诛其君，吊其民，如时雨降。民大悦。《书》曰：‘徯我后，后来其无罚！’‘有攸不惟臣，东征，绥厥士女，篚厥玄黄，绍我周王见休，惟臣附于大邑周。’其君子实玄黄于篚以迎其君子；其小人箪食壶浆以迎其小人。救民于水火之中，取其残而已矣。《太誓》曰：‘我武惟扬，侵于之疆，则取于残，杀伐用张，于汤有光。’不行王政云尔，苟行王政，四海之内皆举首而望之，欲以为君。齐楚虽大，何畏焉？”

Wang Zhang demandis, dirante: “Song estas malgranda regno, kie nun estas praktikota ia reĝa regado. Sed Qi-regno kaj Chu-regno estas atakontaj ĝin. Kiel iros tio? ”

Mengzi diris: “Kiam Tang la sankta reĝo loĝis en Bo②, najbare estis la lando Ge. Landestro de Ge estis diboĉema kaj ne faris la riton de oferaĵo. Tang sendis sian personon por demandi lin: ‘Kial vi ne faras oferaĵon?’ Li respondis: ‘Ni havas nenion por oferi.’ Tang sendis al li bovojn kaj ŝafojn. La estro de Ge formanĝis ilin, kaj ne oferis. Tang sendis sian personon por demandi: ‘Kial vi ne faras oferaĵon?’ Li respondis: ‘Ni ne havas grenon por oferi.’ Tang sendis siajn popolanojn de Bo por helpi terkulturadon, doni al maljunuloj kaj malfortuloj manĝaĵon. La estro de Ge, kondukante sian popolon, forrabis vinon,

---

① Rilate al la vorto 画 estas diversaj opinioj, iuj konsideras ĝin ‘pentri’, aliaj – ‘difekti’. En tiu teksto videblas ŝajna kontraŭdiro je la taksado fare de Mengzi pri merito 功. En la komenco de la 1-a ĉap. Mengzi malestimas la serĉadon de profito 利. Sed li estimas la ekonomian meriton de interŝanĝo. Li taksas diference la meriton kaj la profiton.

② Situis norde de nuna Shangqiu 商丘, Henan-provinco 河南省.

manĝaĵon, milion kaj rizon, kaj mortigis tiujn, kiuj ne cedis. Oni mortigis eĉ knabon, alportantan por lunĉo milion kaj viandon, kaj forrabis lin. Estas skribite en *Dokumentoj*: ' La estro de Ge forrabis eĉ lunĉon.' [1] Tio signifas la supre menciitan."

"Kiam la knabo estis mortigita, Tang komencis ekspedicii por puni Ge. Ĉiuj en la tuta mondo ene de kvar maroj diradis: ' Ne por akiri la riĉaĵon de la mondo, sed por venĝi siajn ordinarajn virojn kaj virinojn' , kaj ' Tang komencis kampanjon por Ge.' En dek unu militiroj li estis senrivala sub la ĉielo. Kiam li estis deplojanta oriente, la okcidentaj barbaroj plendis; kiam li estis deplojanta sude, la nordaj triboj plendis, dirante: ' Kial li flankenlasas nin?' Tiuj popoloj esperis lin, samkiel oni deziris pluvon dum granda sekeco. La popolanoj laŭkutime ne ĉesis iradi al merkatoj, kamparanoj senŝanĝe sarkadis herbojn, dum li estis punanta ilian estron, liberigante tamen la popolon. La popolanoj ĝojegis je tio, kvazaŭ je oportuna pluvo. Estas dirite [ankaŭ pri reĝo Wu de Zhou] en *Dokumentoj*: ' Ni atendas nian regonton, se vi venos, jam ne estos la punado al ni.' Kaj skribite, ' Sed estis ankoraŭ tiuj, kiuj ne submetiĝas tuj, do Wu militiris orienten kaj donis pacon al la soldatoj kaj virinoj. La popolanoj alportis keston de silko kolorigita per nigro kaj flavo, petis ricevi aŭdiencon de nia reĝo de Zhou, kaj vidante ripozon ĉe li, fariĝis subuloj-civitanoj en granda urbo de Zhou.' [2] La nobluloj de Yin bonvenigis la noblulojn de Zhou per kesto plena de silko kun koloroj nigra kaj flava, la simpluloj bonvenigis la soldatojn per taso da manĝaĵo kaj botelo da trinkaĵo. Estas savita la popolo el de akvo kaj fajro, kaj estas eliminitaj nur krueluloj. Estas skribite en Taishi: ' Mia gloro je la batalo iĝas alta, militiras profunden trans la limon, kaptas la restantojn el despotoj, mortigas kaj punas plenstreĉe – tiel mi lumas pli brile ol Tang.' [3] Ĉu la landestro de Song ne praktikas vere la reĝan politikon? Se li vere praktikus la reĝan politikon, ĉiuj ene de la kvar maroj atendus lin kun kolo streĉita, dezirante akcepti lin sia reĝo. Kvankam grandaj estas la regnoj Qi kaj Chu, kion li devus timi? "

11 [3B6]

孟子谓戴不胜曰："子欲子之王之善与？我明告子。有楚大夫于此，欲其子之齐语也，则使齐人傅诸。使楚人傅诸？"

---

① Citaĵo el 尚书・仲虺之诰 .

② Fragmentoj de citaĵo el 尚书・武成 .

③ Taishi estas la nomo de unu ĉapitro en 尚书・周书 .

曰："使齐人傅之。"

曰："一齐人傅之，众楚人咻之，虽日挞而求其齐也，不可得矣；引而置之庄岳之间数年，虽日挞而求其楚，亦不可得矣。子谓薛居州，善士也，使之居于王所。在于王所者，长幼卑尊皆薛居州也，王谁与为不善？在王所者，长幼卑尊皆非薛居州也，王谁与为善？一薛居州，独如宋王何？"

Mengzi parolis al Dai Busheng, dirante: "Ĉu vi deziras, ke via reĝo estu bona? Mi diras klare pri sekreto. Supozu, iu grandoficisto de Chu-regno dezirus, ke lia filo parolu lingvon de Qi. Kiun li donos al sia filo kiel instruiston, regnanon aŭ Chu-regnanon?"

Respondis: "Li donos Qi-anon kiel instruiston."

Mengzi diris: "Kiam unu Qi-regnano instruus vian filon, se li estus ĉirkaŭata de Chu-regnanoj, disbabilantaj dialekton de Chu, kvankam trejnate ĉiutage per la Qi-lingvo, li ne povus ellerni ĝin. Se vi lasus lin vivi inter Zhuang kaj Yue de Qi-regno kelkajn jarojn, eĉ se trejnate ĉiutage paroli Chu-dialekton, li ne povus paroli ĝin. Vi diras, ke s-ro Xue Juzhou estas bona persono. Lasu lin loĝi ĉe la reĝo. Se homoj, ĉirkaŭantaj la reĝon, maljunaj kaj junaj, malnobelaj kaj nobelaj, ĉiuj estus samaj, kiel Xue Juzhou, tiam kun kiu la reĝo farus malbonon? Se homoj, ĉirkaŭantaj la reĝon, maljunaj kaj junaj, malnobelaj kaj nobelaj, ĉiuj estus malbonaj, diference de Xue Juzhou, tiam kun kiu la reĝo farus bonon? Havante nur unu Xue Juzhou, kion la reĝo de Song sola povus fari?" ①

12 [3B7]

公孙丑问曰："不见诸侯何义？"

孟子曰："古者不为臣不见。段干木逾垣而避之，泄柳闭门而不纳，是皆已甚；迫，斯可以见矣。阳货欲见孔子而恶无礼，大夫有赐于士，不得受于其家，则往拜其门。阳货瞰孔子之亡也，而馈孔子蒸豚；孔子亦瞰其亡也，而往拜之。当是时，阳货先，岂得不见？曾子曰：'胁肩谄笑，病于夏畦。'子路曰：'未同而言，观其色赧赧然，非由之所知也。'由是观之，则君子之所养，可知已矣。"

---

① Dai Busheng estas ministro de Song-regno. Estas supozate, ke Zhuang kaj Yue estas en la ĉefurbo Linzi de Qi-regno. Ne estas bone sciate pri Xue Juzhou, ankaŭ li estis unu el la ministroj en Song-regno, posteulo de landestro de Xue-lando 薛.

Gongsun Chou demandis, dirante: "Vi memvole ne eliras renkontiĝi kun landestroj, kial? "

Mengzi diris: "Antikve, se ne ministro, oni ne renkontiĝis kun ili. Duan Ganmu kaŝis sin trans heĝo por eviti intervidiĝon kun landestro, Xie Liu fermis la pordon por ne lasi lin eniri internen. Sed ambaŭ ili sintenis tro skrupule. Laŭ mi, se necesigite per nepreco, oni devas renkontiĝi kun landestroj. Iam Yang Huo volis vidi Konfuceon, sed timis je maldeco kontraŭ decreguloj. Al li venis en la kapon la ideo, ke kiam grandoficisto donacis ion al iu oficisto, se tiu, kiu hazarde ne povis akcepti lin vid-al-vide en sia domo, devis viziti lian pordon por dankesprimo. Yang Huo, trovante Konfuceon ne estanta hejme, donacis al li vaporkuiritan porkon. Ankaŭ Konfuceo, trovante okazon dum la malesto de Yang Huo hejme, vizitis lin por dankesprimi. Tiuokaze, Yang Huo unue esprimis respekton, do kial Konfuceo ne devus viziti lin? Zengzi diris: 'Flate rideti ŝultrolevante estas multe pli lacige ol labori somere sur kamporando.' Zi Lu diris: 'Troviĝas tiuj, kiuj kapjesas kun kontraŭaj al si opinioj, gvatante alies mienon. Ilia vizaĝo ruĝiĝas. Al mi, You, ne eblas flati tiel.' El tia vidpunkto, oni povas scii kiel kultivi la kondutmanieron de nobluloj." ①

13 [3B8]

戴盈之曰："什一，去关市之征，今兹未能；请轻之，以待来年，然后已。何如？"

孟子曰："今有人日攘其邻之鸡者，或告之曰：'是非君子之道。'曰：'请损之，月攘一鸡，以待来年，然后已。'如知其非义，斯速已矣，何待来年？"

Dai Yingzhi diris: "Mi volus efektivigi la dekonaĵon je imposto, abolinte impostojn de dogano kaj merkato, sed nun ankoraŭ tio ne eblas. Dume mi malpezigos iomete tiujn impostojn kaj poste en la venonta jaro ili ĉesigos plene. Kion vi opinias? "

Mengzi diris: "Supozu, nun estas iu homo, kiu ŝteladas ĉiutage kokojn de najbaroj, la alia diris al li: 'Tio ne estas la vojo de nobluloj.' Tiam li diris: 'Lasu min redukti tion, ke dume ĉiumonate mi ŝtelos po unu, kaj poste en venonta jaro mi ĉesigos plene la ŝteladon.' Kion vi konsideras maljusta, tion vi devas ĉesigi plej rapide. Kial vi atendas la venontan jaron? "

---

① Duan Ganmu estas disĉiplo de Zi Xia 子夏 . Xie Liu estis ministro ĉe Duko Mu de Lu-regno. Yang Huo servis al Ji-familio, potenca grandoficisto de Lu-regno. Zi Lu estas disĉiplo de Konfuceo, alinome, You.

14 [3B9]

公都子曰："外人皆称夫子好辩，敢问何也？"

孟子曰："予岂好辩哉？予不得已也。天下之生久矣，一治一乱。当尧之时，水逆行，泛滥于中国，蛇龙居之，民无所定。下者为巢，上者为营窟。《书》曰：'洚水警余。'洚水者，洪水也。使禹治之。禹掘地而注之海，驱蛇龙而放之菹；水由地中行，江、淮、河、汉是也。险阻既远，鸟兽之害人者消，然后人得平土而居之。"

"尧舜既没，圣人之道衰，暴君代作，坏宫室以为污池，民无所安息；弃田以为园囿，使民不得衣食。邪说暴行又作，园囿、污池、沛泽多而禽兽至。及纣之身，天下又大乱。周公相武王诛纣，伐奄三年讨其君，驱飞廉于海隅而戮之，灭国者五十，驱虎、豹、犀、象而远之，天下大悦。《书》曰：'丕显哉，文王谟！丕承者，武王烈！佑启我后人，咸以正无缺。'"

"世衰道微，邪说暴行有作，臣弑其君者有之，子弑其父者有之。孔子惧，作《春秋》。《春秋》，天子之事也；是故孔子曰：'知我者其惟《春秋》乎！罪我者其惟《春秋》乎！'"

"圣王不作，诸侯放恣，处士横议，杨朱、墨翟之言盈天下。天下之言不归杨，则归墨。杨氏为我，是无君也；墨氏兼爱，是无父也。无父无君，是禽兽也。公明仪曰：'庖有肥肉，厩有肥马；民有饥色，野有饿莩，此率兽而食人也。'杨墨之道不息，孔子之道不着，是邪说诬民，充塞仁义也。仁义充塞，则率兽食人，人将相食。吾为此惧，闲先圣之道，距杨墨，放淫辞，邪说者不得作。作于其心，害于其事；作于其事，害于其政。圣人复起，不易吾言矣。"

"昔者禹抑洪水而天下平，周公兼夷狄，驱猛兽而百姓宁，孔子成《春秋》而乱臣贼子惧。《诗》云：'戎狄是膺，荆舒是惩，则莫我敢承。'无父无君，是周公所膺也。我亦欲正人心，息邪说，距詖行，放淫辞，以承三圣者；岂好辩哉？予不得已也。能言距杨墨者，圣人之徒也。"

Gong Duzi diris: "Ĉiuj Eksteruloj diras, ke vi, Majstro, estas disputema. Mi aŭdacas demandi, kial?"

Mengzi diris: "Kial mi ŝatas disputi? Pro neeviteblaj cirkonstancoj. Pasis multe da tempo post kiam la mondo estiĝis. Iam ĝi estadis en ordo, iam – en malordo. Kiam Yao estis surtrone, la akvo refluis kontraŭen, inundis en la centra lando, serpentoj kaj drakoj disrampadis ie ajn, la popolo ne havis loĝejojn konstantajn, tiel do sube iuj loĝis en nestoj sur arboj, aliaj supre loĝis en kavernoj. Estas skribite en *Dokumento*: 'Diluvo atentigas min.' Diluvo estas superakvego. La reĝo igis Yu preventi ĝin. Yu fosadis terojn kaj lasis akvon eniri en maron, forpelis serpentojn kaj drakojn en marĉojn. Akvo ekiris tra tero laŭ kanaloj en riverojn Jangzio, Huai, Huanghe, Han. Danĝeraj krutaĵoj estis jam forigitaj, malaperis damaĝo fare de rabobirdoj-bestoj al homoj, kaj poste al homoj iĝis loĝeble sur la ebena tero.

Yao kaj Shun jam forpasis, la Vojo de sanktuloj ŝrumpis. Anstataŭe tiranoj aperadis, detruis palacojn kaj ĉambrojn, konstruis marĉetojn kaj lagojn. Al la popolo eblis ripozi nenie. Kampoj forlasitaj fariĝis ĉasejoj aŭ ĝardenoj, al la popolo ne haveblis vestaĵoj nek manĝaĵoj. Aperadis unu post la alia falsaj teorioj kaj perfortoj, en ĉasejoj kaj ĝardenoj, marĉetoj kaj lagoj, ege pululadis rabobirdoj kaj bestoj. Kiam alvenis Zhou sur trono, la mondo ege malordiĝis. Duko Zhou asistis al reĝo Wu akuzi la tiranon Zhou kaj ataki landon Yan, tri jarojn poste venkobatis la landestron, forpelis subulon Feilian al rando de maro kaj mortigis lin. Nombro de landoj, kiujn li disbatis, estis kvindek. Forŝovitaj estis tigroj, leopardoj, rinoceroj, elefantoj. Do la tuta mondo ĝojegis. Estas skribite en *Dokumentoj*: ‘ Kiel granda estas la efektivigo de la intenco de reĝo Wen! Kiel granda estas la fervora daŭrigo de la aferoj fare de reĝo Wu! Ili nin helpas kaj gvidas posteulojn ĝuste kaj sendifekte.’ ①

Poste degeneris la generacioj kaj obskuriĝis la Vojo. Aperadis falsaj ideoj, perfortoj kaj okazadis, ke subuloj atencis siajn reĝojn kaj filoj mortigis siajn patrojn. Konfuceo ektimis je tio, kaj kompilis la historian libron ‘ *Printempo-Aŭtuno* (*Analoj de Printempoj-Aŭtunoj*)’ . ‘ *Printempo-Aŭtuno*’ traktas la aferojn de la ĉielaj filoj. Konfuceo diris: ‘ Pri mi estos sciate nur per *Printempo-Aŭtuno*! Pri mi estos kritikate nur pro *Printempo-Aŭtuno*!’ ②

Jam ne aperis sanktaj reĝoj, diboĉadis landestroj, disputaĉadis pedantoj. La mondo iĝis plenigite per vortoj de Yang Zhu kaj Mo Di. Amasopinioj de la mondo apartenas se ne al Yang, tiam al Mo. Yang pledas por egoismo, tio implicas neniigon de suvereno. Mo pledas por universala amo, tio implicas neniigon de patroj. Neniigi la patrojn kaj suverenon estas egale al rabobirdoj kaj bestoj. Gongming Yi diris: ‘ Malgraŭ ke en ies kuirejo estas grasaj viandoj kaj en alies stalo estas grasiĝintaj ĉevaloj, la popolo tamen havas mienon malsata, en kampoj troviĝas mortintoj pro malsato, t. e., montriĝas, ke tiel oni lasas bestojn manĝi homojn.’ Se ne ĉesas la Vojoj de Yang kaj Mo, ne elmontriĝas la Vojo de Konfuceo. Dum falsaj ideoj

---

① Citaĵo el 尚书 · 周书 · 君牙 .

② Konfuceo kompilis Printempo-Aŭtuno, historion de Lu-regno (722 – 481 a. K.). En la reĝim-ŝanĝoj okazadis multaj maljustoj, ke legantoj povas teruriĝi. Do la historio similas ekspozicion, plenan de modeloj, bonaj kaj malbonaj. En la konfeso de Konfuceo videblas la simileco al Shakespeare kaj Puŝkin.

trompas la popolon, estas ŝtopitaj la bonvoleco kaj la justo. Se ŝtopitaj la bonvoleco kaj la justo, tiam oni lasus la bestojn formanĝi homojn kaj homoj manĝus homojn unu la aliajn reciproke.① Mi timas tion kaj gardas la Vojon de antaŭaj sanktuloj, kontraŭante al Yang kaj Mo t. e., al arbitraj diboĉaj vortoj, por ke ne povu disvastiĝi falsaj ideoj. [Se fi-ideoj penetras la koron, tio malhelpas la aferojn. Se fi-ideoj penetras la aferojn, tio malhelpas la politikon. Eĉ sanktuloj, se releviĝus, ne ŝanĝos miajn vortojn.]

Antikve Yu reguligis superakvegon, do la mondo paciĝis, Duko Zhou bridis barbarojn kaj forpelis rabobestojn, do al popolanoj ekeblis vivi kviete. Konfuceo kompilis *Printempo-Aŭtuno*, do ektimis ribelemaj subuloj kaj perversaj fiuloj. En *Poezio* estas dirite: ' Estas batitaj la nord-okcidentaj triboj Rong kaj Di, estas punitaj la sudaj landoj Jing kaj Shu, do al ni aŭdacas kontraŭstari nun neniu.' ② Neglektantojn de gepatroj kaj neglektantojn de reĝo disbatis Duko Zhou. Ankaŭ mi volas ĝustigi al homoj la koron, haltigi falsajn fi-ideojn, obĵeti je ekstremaj kondutoj, forpeli malĉastajn vortojn, kaj heredi la tri sanktulojn. Ĉu mi estas disputema? Al mi estas devigate tiel fari per nepreco. Kiu povas kontraŭargumenti al Yang kaj Mo, tiu estas ja disĉiplo de la sanktuloj."

15 [3B10]

匡章曰："陈仲子岂不诚廉士哉？居於陵，三日不食，耳无闻，目无见也。井上有李，螬食实者过半矣，匍匐往，将食之；三咽，然后耳有闻，目有见。"

孟子曰："于齐国之士，吾必以仲子为巨擘焉。虽然，仲子恶能廉？充仲子之操，则蚓而后可者也。夫蚓，上食槁壤，下饮黄泉。仲子所居之室，伯夷之所筑与？抑亦盗跖之所筑与？所食之粟，伯夷之所树与？抑亦盗跖之所树与？是未可知也。"

曰："是何伤哉？彼身织屦，妻辟纑，以易之也。"

曰："仲子，齐之世家也。兄戴，盖禄万钟，以兄之禄为不义之禄而不食也，以兄之室为不义之室而不居也，辟兄离母，处于于陵。他日归，则有馈其兄生鹅者，己频顣曰：'恶用是鶂鶂者为哉？' 他日，其母杀是鹅也，与之食之。其兄自外至，曰：'是鶂鶂之肉也。' 出而哇之。以母则不食，以妻则食之；以兄之室则弗居，以于陵则居之，是尚为能充其类也乎？若仲子者，蚓而

---

① Tio, ke bestoj manĝas homojn, estas manko de bonvoleco kaj justo ĉe la supro kaj samtempe rezulto de homa fremdigo. Tio, ke homoj manĝas homojn, estas la rezulto de malhumaniĝo. Mengzi rigardas en universala makro-amo de Mozi la ignoradon de mikro-amo en la familio kaj detruon de rilato inter supro kaj subo. La kritiko fare de Mengzi estis tiel impona, ke la ideoj de Yang kaj Mo malaperis en Ĉinio ĝis 20-a j. c. Sed iliaj ideoj, similaj al nuntempaj novliberalismo kaj socialismo, devas esti studataj pli profunde. Tiel la kritiko fare de Mengzi iĝos pli signifoplena. Estas notinde, ke la ideoj de Yang kaj Mo estas komparataj de Mengzi kun inundo kaj rabobestoj.

② Citaĵo el 诗经・鲁颂・閟宫 .

后充其操者也。”

Kuang Zhang diris: “ S-ro Chen Zhongzi estas vere honesta kaj pura persono, ĉu ne? Kiam li loĝis en Wu Ling, li ne manĝis tri tagojn, kaj liaj oreloj ne aŭdis, okuloj ne vidis. Super la puto estis prunarbo, da kies fruktoj pli ol duonon formanĝis vermoj. Li alrampis tien kaj manĝis, kaj, glutinte ilin tri fojojn, poste li kapablis denove aŭdi per oreloj kaj vidi per okuloj.” ①

Mengzi diris: “ El inter kleraj personoj de Qi-regno, mi rigardas s-ron Zhongzi grandega, kiel polekso inter fingroj. Sed kiel li povus esti konsiderata pura? La ĉasteco de s-ro Zhongzi estus atingebla nur al tiu, kiu fariĝus tervermo. La tervermo manĝas supre sekan grundaĵon, trinkas sube flavan fonton de subtera mondo. Estas ne sciate, ĉu la ĉambro loĝata de s-ro Zhongzi estis konstruita de justulo, kiel Boyi? Aŭ konstruita de ŝtelisto kiel Zhi? Ne sciate, ĉu la grenoj manĝataj de li estis plantitaj de Boyi, aŭ plantitaj de ŝtelisto Zhi? ”

Kuang Zhang diris: “ Kio difektas lin? Li mem teksas kaj plektas sandalojn, kaj lia edzino faras kanaban tolon kaj interŝanĝas.”

Mengzi diris: “ S-ro Zhongzi devenis de prestiĝa familio de Qi-regno. Pliaĝa frato, s-ro Dai, ricevas salajron je dek mil zhong, sed s-ro Zhongzi, konsiderante la salajron maljusta, ne manĝas per la salajro de la frato. Konsiderante la ĉambron de la frato maljusta, li ne loĝas en la ĉambro de la domo. Kaj, evitante la fraton, disiĝinte de la patrino, li sola ekloĝis en Wu Ling. Iun tagon li revenis hejmen. Tiam iu donacis al la frato vivantan anseron, s-ro Zhongzi, kuntirinte brovojn, diris: ‘ Por kio necesus tiu gakanto?’ En la alia tago la patrino mortigis la anseron kaj donis al li manĝi ĝin. Lia frato de ekstere revenis hejmen, kaj diris: ‘ Tio estas ja viando de la gakinto.’ S-ro Zhongzi eliris eksteren kaj vomis ĝin. Li ne manĝas tion, kion la patrino donas, sed manĝas tion, kion la edzino donas. Li ne povas loĝi en la domo de la frato, kaj transloĝiĝis en Wu Ling. Ĉu tio povus esti laŭdata kiel la plenumado de la konduto sur la principo kohera? Tia persono kiel s-ro Zhongzi povus plenumi la ĉastecon, nur fariĝinte tervermo.” ②

---

① Kuang Zhang estis generalo de Qi-regno ĉe la reĝoj Wei kaj Xuan. Chen Zhongzi estas Qi-regnano, fama je alta moraleco, aperas ankaŭ en Han Feizi, Xunzi.

② Mengzi ankaŭ tenas sin purama, sed konsideras sian sintenon tute diferenca de tiu de Chen Zhongzi. La kritiko memorigas al ni la vorton de Aristotelo (384-322 a. K.): “Se troviĝus iu vivestaĵo, ne povanta vivi en la societo, aŭ ne bezonanta vivi en la societo pro sia mempleneco, tiam tiu fariĝus aŭ animalo aŭ dio. Li ne povus esti reala parto de la ŝtato.”

离娄（上）
LI LOU (I)

1 [4A1]

孟子曰："离娄之明、公输子之巧，不以规矩，不能成方圆；师旷之聪，不以六律，不能正五音；尧舜之道，不以仁政，不能平治天下。今有仁心仁闻而民不被其泽，不可法于后世者，不行先王之道也。

"故曰，徒善不足以为政，徒法不能以自行。《诗》云：'不愆不忘，率由旧章。'遵先王之法而过者，未之有也。圣人既竭目力焉，继之以规矩准绳，以为方圆平直，不可胜用也。既竭耳力焉，继之以六律正五音，不可胜用也；既竭心思焉，继之以不忍人之政，而仁覆天下矣。

"故曰，为高必因丘陵，为下必因川泽；为政不因先王之道，可谓智乎？是以惟仁者宜在高位。不仁而在高位，是播其恶于众也。上无道揆也，下无法守也，朝不信道，工不信度，君子犯义，小人犯刑，国之所存者，幸也。故曰，城郭不完，兵甲不多，非国之灾也；田野不辟，货财不聚，非国之害也。上无礼，下无学，贼民兴，丧无日矣。

"《诗》曰：'天之方蹶，无然泄泄。'泄泄，犹沓沓也。事君无义，进退无礼，言则非先王之道者，犹沓沓也。故曰：责难于君谓之恭，陈善闭邪谓之敬，吾君不能谓之贼。"

Mengzi diris: "Se iu ajn havus la vidkapablon de Li Lou aŭ la lertecon de Gong Shuzi, tiu sen cirkelo kaj ortilo ne povus fari kvadraton nek cirklon.① Se iu ajn havus la aŭdkapablon de la muzikisto

① Zhuang traktas la mezurilojn tute alie ol Mengzi, dirante: "Ĝustigi per kurbilo, rektilo, cirkelo kaj ortilo estas forskrapi la denaskecon. Ŝnuri kaj solidigi per gluaĵoj estas perforti la virton." [ĉap. 骈拇]

Majstro Kuang, tiu sen fluto-agordilo de ses tonoj ne povus fari gamon de kvin notoj ĝusta. Se iu ajn atingus la Vojon de Yao-Shun, tiu sen bonvoleca registaro ne povus regi la mondon en paco. Nun, eĉ se li, bonvolema je koro kaj fama je la bonvolemo, ne povus reale feliĉigi la popolon, ne povus fariĝi modelo por la postaj generacioj, sen praktiki la Vojon de la antaŭaj reĝoj. Do estas dirite: ' Nur la boneco ne sufiĉas por fari la politikon, nur per leĝaro ne efektivigeblas la memstareco.' Kaj estas dirite en *Poezio*: ' Ne eraras nek forgesas, kondukate laŭ malnova regularo.' ① Ankoraŭ ne estas tiu, kiu eraris, fidele sekvante la leĝaron de antaŭaj reĝoj. Sanktuloj, plejeble uzante la vidkapablon, daŭre utiligas plie la cirkelon, ortilon, nivelilon kaj tuĉŝnuron, por fari kvadraton, cirklon, horizontalon kaj vertikalon, ke ili estas nevenkeble utilaj. Muzikisto, plejeble uzante orelojn, agordas plie ses tonojn laŭ agordilo kaj faras gamon de kvin notoj ĝusta, do la muziko estas bonega. Regantoj, plejeble uzante koron kaj penson, plie faras politikon laŭ kompatplena koro, do la mondo estas kovrita plene de bonvoleco. Do estas dirite, ke por fari plialtan konstruon oni baziĝas sur montaro, por fari malplialtan oni baziĝas sur rivero kaj marĉo. Se por fari la politikon iu ne baziĝus sur la Vojo de antaŭaj reĝoj, ĉu eblus nomi lin saĝa? Do, estas bone, ke nur bonvolemuloj okupu la altan postenon. Ke ne bonvolemuloj okupas la altan postenon, tio signifas semi la malbonon sur popolamaso. Se supre estas ignorata la Vojo, sube ne estas observata la leĝaro. En kortego ne estas fidate je la Vojo, al metiistoj ne estas fidate je mezuriloj, kaj nobluloj rompas juston, malgranduloj faras krimon, – en tiu okazo estus bonsorte, se povus ekzistadi iu regno en tia stato. Ke kasteloj kaj muroj ne estas kompletaj aŭ armiloj ne estas multaj, tio ankoraŭ ne estas plago de la regno. Ke kampoj ne estas kultivataj aŭ da varoj kaj monoj ne estas amase, tio ankoraŭ ne estas damaĝo de la regno. Se supre mankas decreguloj kaj sube oni ne lernas ilin, tiam ekleviĝas la ribelema popolo kaj subite pereas la regno. Estas skribite en *Poezio*: ' Kiam per la Ĉielo via regno ekfalas impete, ne dronu, subuloj, en vegeto.' ② ' Droni en vegeto' signifas agi hezite kaj lante. Tia ago signifas maljustan servadon al sia reĝo, konduton sen decreguloj kaj ignoradon pri la Vojo de antaŭaj reĝoj. Do estas dirite: ' Humileco estas sincere kritiki la reĝon, kaj, respekto al reĝo estas eksplicite paroli la bonon por ŝtopi malbonon. Estas ja ribelo, se nur rigardi sian reĝon malkompetenta.' "

---

① Citaĵo el 诗经・大雅・假乐 . Li Lou, alinome Li Zhu 离朱 , havis akran vidkapablon, ke Huang Di 黄帝 igis lin serĉi perditan perlon, aperas ankaŭ en Zhuangzi, la ĉap. Tian Di. Gong Shuzi estas alinome Gong Shupan 公输般 aŭ Lu Ban 鲁般 , fama metiisto-teknikisto, aperas ankaŭ en Mozi. Kuang estas muzikisto, servanta al duko Ping de Jin-regno.

② Citaĵo el 诗经・大雅・板 .

2 [4A2]

孟子曰："规矩，方圆之至也；圣人，人伦之至也。欲为君，尽君道；欲为臣，尽臣道。二者皆法尧舜而已矣。不以舜之所以事尧事君，不敬其君者也；不以尧之所以治民治民，贼其民者也。孔子曰：'道二，仁与不仁而已矣。'暴其民甚则身弑国亡；不甚，则身危国削，名之曰'幽''厉'，虽孝子慈孙，百世不能改也。《诗》云：'殷鉴不远，在夏后之世。'此之谓也。"

Mengzi diris: "Cirkelo kaj ortilo faras la plej akuratan kvadraton kaj cirklon. Sanktuloj faris la plej altan je morala rilato de homoj. Se reĝo volus sekvi la reĝan vojon kaj la subulo volus sekvi la vojon de subuloj, tiam ambaŭ du devas ĉiuj preni la reĝojn Yao kaj Shun kiel la modelon. Ne servi al sia reĝo samkiel Shun servis al Yao estas ne respekti la reĝon. Ne regi sian popolon samkiel Yao regis la popolon estas turmenti la popolon. Konfuceo diris: 'Estas nur du Vojoj – bonvoleca kaj malbonvoleca.' Kiu ekstreme subpremas la popolon, tiu estos atencita kaj ties regno pereos; kiu ne tiel ekstreme sed subpremas la popolon, tiu mem estos endanĝerigita kaj ties regno estos reduktita. Kaj post lia morto estos nomate kiel You (Nebululo) aŭ Li (Rigorulo). Eĉ se li havus obeeman filon kaj ĝentilan nepon, lia nomo ne povas esti ŝanĝita dum cent generacioj. Estas dirite en *Poezio*: 'Spegulo de Yin-dianstio troviĝas ne malproksime, sed en la lasta epoko de Xia-dinastio.' ① Tio signifas la supre menciitan."

3 [4A3]

孟子曰："三代之得天下也以仁，其失天下也以不仁。国之所以废兴存亡者亦然。天子不仁，不保四海；诸侯不仁，不保社稷；卿大夫不仁，不保宗庙；士庶人不仁，不保四体。今恶死亡而乐不仁，是犹恶醉而强酒。"

Mengzi diris: "Tio, ke tri dinastioj povis konkeri la mondon, estas dank' al bonvoleco. Ke ili perdis la mondon, tio estas pro malbonvoleco. Prospero-malprospero kaj ekzisto- pereo de regnoj dependas de la samo. Se la ĉiela filo estas malbonvoleca, la mondo ene de kvar maroj ne povas esti konservata. Se la landestro ne estas malbonvoleca, ne povas esti konservata la lando kun la altaro de tero kaj grenoj. Se la grandoficistoj estas malbonvolecaj, ne povas esti konservataj la maŭzoleoj de prapatroj. Se oficistoj kaj

---

① Citaĵo el 诗经・大雅・蕩. Spegulo=ekzemplo de la tirano Zhou de Yin estas la tirano Jie de Xia. Xia-dinastio [1907?-1555? a. K.] estis venkita de la reĝo Tang, fondinto de Yin-dinastio.

simplaj popolanoj ne estas malbonvolecaj, ne povas esti bontenataj la kvar membroj de la korpoj. Kiu, malamante morton, ĝuas malbonvolecon, tiu egalas al tiu, kiu, malamante postebrion, ŝatas drinkegi fortan vinon."

4 [4A4]

孟子曰："爱人不亲，反其仁；治人不治，反其智；礼人不答，反其敬。行有不得者皆反求诸己，其身正而天下归之。《诗》云：'永言配命，自求多福。'"

Mengzi diris: "Se vi amas la aliajn, sed tamen la aliaj ne intimas kun vi, tiam retrorigardu vian bonvolecon. Se vi regas homojn, sed tamen ili ne estas bone regataj, tiam retrorigardu vian saĝon. Se vi traktas la aliajn respektoplene kun decreguloj, sed tamen ili ne respondas al vi reciproke, tiam retrorigardu vian manieron de respekto. Se via konduto ne sukcesas gajni la atenditan rezulton, ĉiam turnu vin internen al vi mem por retrorigardi kaj serĉi la kialon. Se vi mem estas ĝusta, tiam la mondo submetiĝos al vi. Estas dirite en *Poezio*: 'Por ĉiam sekvu la vortojn de la ĉiela ordono, kaj trovu por vi mem multe da feliĉo.'" ①

5 [4A5]

孟子曰："人有恒言，皆曰'天下国家'。天下之本在国，国之本在家，家之本在身。"

Mengzi diris: "Ĉiuj diradas ĉiam: 'La subĉielo konsistas el Mondo, Regno, Familio'. La mondo estas bazita sur la regnoj, la regno estas bazita sur la familioj, la familio estas bazita sur ĉiu individuo mem." ②

6 [4A6]

孟子曰："为政不难，不得罪于巨室。巨室之所慕，一国慕之；一国之所慕，天下慕之；故沛然德教溢乎四海。"

---

① Citaĵo el 诗经・大雅・文王.

② Fama devizo de konfuceanismo – Memkulturado, Ordigo de familio, Regado de la regno, Pacigo de la mondo. 修身、齐家、治国、平天下

Mengzi diris: "La regado ne estas malfacila. Ne ofendi komunumon de granduloj.① Kion la komunumo de granduloj admiras, tion ankaŭ unu regno admiras. Kion unu regno admiras, tion la mondo admiras. Tiel do la virta instruo spontanee kovras la tutan mondon ene de kvar maroj."

7 [4A7]

孟子曰："天下有道，小德役大德，小贤役大贤；天下无道，小役大，弱役强，斯二者，天也。顺天者存，逆天者亡。齐景公曰：'既不能令，又不受命，是绝物也。'涕出而女于吴。今也小国师大国而耻受命焉，是犹弟子而耻受命于先师也。如耻之，莫若师文王。师文王，大国五年，小国七年，必为政于天下矣。《诗》云：'商之孙子，其丽不亿。上帝既命，侯于周服。侯服于周，天命靡常。殷士肤敏，祼将于京。'孔子曰：'仁不可为众也。夫国君好仁，天下无敌。'今也欲无敌于天下而不以仁，是犹执热而不以濯也。《诗》云：'谁能执热，逝不以濯？'"

Mengzi diris: "Kiam estas la Vojo-Tao en la mondo, la virteto servas al la virtego, la saĝeto servas al la saĝego. Kiam ne estas la Vojo-Tao en la mondo, la malgranda servas al la granda, la malforta servas al la forta. Tiuj duopoj dependas de la Ĉielo. Kiu sekvas la Ĉielon, tiu ekzistas; kiu kontraŭas al la Ĉielo, tiu pereas. Duko Jing de Qi-regno diris: 'Se, ne povante jam komandi, ne akcepti la destinon – tio estas ja senelira situacio.' Kaj li kun larmoj sendis sian filinon al Wu-regno②. Nun malgrandaj landoj hontas akcepti la ordonon de la grandaj regnoj, kvankam ili prenas la lastajn por sia modelo. Tio estas same, kiel iu disĉiplo hontus akcepti ordonon de sia instruisto. Se iu konsideras tion hontinda, al tiu estas pli bone preni la reĝon Wen kiel la modelon. Sekvante la modelon de reĝo Wen, postaj reĝoj nepre povos ekregi la mondon, se la granda regno en kvin jaroj, se la malgranda en sep jaroj. Estas dirite en *Poezio*: 'Popolnombro de idoj ĉe Shang-dinastio ne malpli ol centmiloj. La supra Dio jam ordonis, ke la estroj submetu sin al Zhou-regno. Tiel do ili submetiĝis al Zhou, ĉar la ĉiela ordono ne ĉiam favoras al ili.

---

① Ne estas klare, kiu estas la subjekto en ĉi tiu frazo, reĝo aŭ saĝa persono kiel Mengzi mem. Multaj esploristoj prenas la vorton 巨室 kiel heredajn nobelojn, grandoficistojn. Yoshida Shoin, legante ripete la tekston, ploradas kun larmoj, ĉar estas ege malfacile al alte aspiranta persono aŭ reĝo ne ofendi komunumon de granduloj. Tial do li konsideras la tekston fanfarone skribita de Mengzi. [讲孟余话 p.173-174] Mi supozas, ke la kaŝita signifo devas esti – "la regado estas ege malfacila".

② Estas skribite en 说苑权谋篇："Duko Jing de Qi edzinigis sian filinon al Helv." La frazo 耻受命 estas grava por reĝoj. La tasko estas kiel ŝanĝi neeviteblan honton en la plibonigon de la regno per bonvoleca regado konforme al la ĉiela ordono. Modelo estas reĝo Wen de Zhou.

Oficiroj de Yin-regnanoj, komprenante tion sagace per haŭto, oferverŝis ĉe reĝimŝanĝo por la ĉefurbo.' ① Konfuceo diris: ' Al la bonvoleco ne povas montri sian superecon eĉ la majoritato. Kun regnestro, ŝatanta bonvolecon, povas rivali neniu sub la Ĉielo.' Nun, troviĝas tiu, kiu, dezirante fariĝi senrivala en la mondo, restas sen bonvoleco. Li similas al tiu, kiu prenas ion varmegan sen malvarmigi manojn per akvo anticipe. Estas dirite en *Poezio*: ' Kiu povus preni ion varmegan sen malvarmigi ĝin per akvo anticipe?' " ②

8 [4A8]

孟子曰："不仁者可与言哉？安其危而利其菑，乐其所以亡者。不仁而可与言，则何亡国败家之有？有孺子歌曰：'沧浪之水清兮，可以濯我缨；沧浪之水浊兮，可以濯我足。'孔子曰：'小子听之！清斯濯缨，浊斯濯足矣。自取之也。'夫人必自侮，然后人侮之；家必自毁，而后人毁之；国必自伐，而后人伐之。《太甲》曰：'天作孽，犹可违；自作孽，不可活。'此之谓也。"

Mengzi diris: " Ĉu eblus interparoli kun malbonvoleculo? Li misprenas danĝeron sendanĝera, plagon profitdona, ĝojas je tio, kio pereigas lin. Se, malgraŭ la malbonvoleco, li estus konsilebla per interparolo, ĉu ni lasus la ŝtaton perei kaj la familion detruiĝi? Iu knabo kantis, dirante: ' Se la akvo de la rivero Canglang estas pura, mi povas lavi ornamŝnureton de ĉapo, se la akvo de la rivero Canglang estas malpura, mi povas lavi piedojn.' Konfuceo diris: ' Aŭskultu, miaj disĉiploj! Se pura, lavi ornamŝnureton, se malpura, lavi piedojn – estas elektate per si mem.' Nepre okazas jen tiel, ke iu homo unue ekmalestimas sin mem, poste la aliuloj malestimos lin. Iu familio unue ekdetruas la sian familion, poste la aliuloj detruos ĝin. Iu ŝtato unue ekbatas sin mem, poste la aliaj batos ĝin. Estas dirite en *Tai Jia*: ' Malfeliĉo, sendita de la Ĉielo, ankoraŭ estus evitebla, sed malfeliĉo memfarata ne estas travivebla.' ③ Tio signifas la supre menciitan."

---

① Citaĵo el 诗经・大雅・文王 . Por detronigi sian dion oni oferverŝis vinon el nigra paniko kun tulipo 郁鬯 al la maŭzoleo.

② Citaĵo el 诗经・大雅・桑柔 .

③ 太甲 estas titolo de unu ĉapitro en 尚书 . Kiel pledanto por la homa denaska boneco, Mengzi ne povas permesi al homaĉo, malestimanta sin mem.

9 [4A9]

孟子曰："桀纣之失天下也，失其民也；失其民者，失其心也。得天下有道：得其民，斯得天下矣；得其民有道：得其心，斯得民矣；得其心有道：所欲与之聚之，所恶勿施，尔也。民之归仁也，犹水之就下、兽之走圹也。故为渊驱鱼者，獭也；为丛驱爵者，鹯也；为汤武驱民者，桀与纣也。

"今天下之君有好仁者，则诸侯皆为之驱矣。虽欲无王，不可得已。今之欲王者，犹七年之病求三年之艾也。苟为不畜，终身不得。苟不志于仁，终身忧辱，以陷于死亡。《诗》云：'其何能淑，载胥及溺。'此之谓也。"

Mengzi diris: "Tiranoj Jie kaj Zhou perdis la mondon, ĉar ili perdis la popolon. Perdinto de la popolo perdas ankaŭ la koron. Estas la Vojo por akiri la mondon – tio estas gajni la popolon, t. e., akiri la mondon. Estas la Vojo por gajni la popolon – se gajni la koron, tiam akireblas la popolo. Estas la Vojo por gajni ilian koron – oni povas kolekti ĝin, se oni faras tion, kion ili deziras, kaj ne faras tion, kion ili malamas. La popolo altiriĝas per bonvoleco kvazaŭ akvo fluas suben kaj bestoj kuras kampon. Forpelas fiŝojn en abismon – lutroj, forpelas paserojn en vepraron – falkoj. Forpelis la popolon al la reĝoj Tang kaj Wu – tiranoj Jie kaj Zhou. En nuntempa mondo, se troviĝus iu reĝo, ŝatanto de bonvoleco, tiam ĉiuj aliaj landestroj ludus rolon forpeli la popolojn al li. Do eĉ se li ne dezirus reĝan postenon, li ne devus ne fariĝi la reĝo de reĝoj. Sed nunaj dezirantoj fariĝi reĝo similas al tiu, kiu serĉas al si artemizian medikamenton nur por 3 jaroj, kvankam ties malsano daŭros dum 7 jaroj. Se ne estu akumulite je kuracilo, ne eblas pluvivi. Kiu ne strebas al bonvoleco, tiu finos en spleno la tutan vivon hontigite kaj mortos kaptite en enfalujo. Estas dirite en *Poezio*: 'Kiel ili povus pliboniĝi, kune dronante unu kun la alia?' ① Tio signifas la supre menciitan."

10 [4A10]

孟子曰："自暴者，不可与有言也；自弃者，不可与有为也。言非礼义，谓之自暴也；吾身不能居仁由义，谓之自弃也。仁，人之安宅也；义，人之正路也。旷安宅而弗居，舍正路而不由，哀哉！"

---

① Citaĵo el 诗经·大雅·桑柔 .

Mengzi diris: " Kun tiu, kiu violentas al si mem, ne eblas interparoli; kun tiu, kiu sinforĵetas en malesperon, ne eblas kune labori. Kiu paroladas sendece sen justo, tiu estas nomata la violenta al si mem. Kiu ne povas vivi kviete en bonvoleco laŭ justo, tiu estas nomata la sinforĵetinto. La bonvoleco estas paca domo por homo. La justo estas ĝusta strato por homo. Kiel domaĝe estas dezertigi la pacan domon kaj neniigi la loĝejon, forlasi la ĝustan straton kaj resti sen apogo!" ①

11 [4A11]

孟子曰："道在迩而求诸远，事在易而求诸难。人人亲其亲，长其长，而天下平。"

Mengzi diris: " La Vojo-Tao estas proksime, sed oni serĉas ĝin ie malproksime. La afero estas facila, sed oni serĉas ĝin en io malfacila. Ke homoj proksimiĝu unu kun la alia, kiel kun siaj gepatroj, homoj respektu la pliaĝulojn, kiel la siajn – jen de tio estiĝas la monda paco."

12 [4A12]

孟子曰："居下位而不获于上，民不可得而治也。获于上有道，不信于友，弗获于上矣。信于友有道，事亲弗悦，弗信于友矣。悦亲有道，反身不诚，不悦于亲矣。诚身有道，不明乎善，不诚其身矣。是故诚者，天之道也；思诚者，人之道也。至诚而不动，未之有也；不诚，未有能动者也。"

Mengzi diris: " Kiu, okupante suban rangon en oficejo, ne povas gajni konfidon de la supro, tiu ne povas administri la popolon. Por gajni konfidon de la supro estas la vojo. Kiu ne estas fidata de amikoj, tiu ne povas gajni fidon de la supro. Por esti fidata de amikoj estas la vojo. Kiu, servante al gepatroj, ne povas doni al ili ĝojon, tiu ne povas gajni fidon de amikoj. Por ĝojigi gepatrojn estas la vojo. Kiu, turnante sin internen al si mem, ne trovas sin honesta, tiu ne povas doni al gepatroj ĝojon. Por teni sin honesta estas la vojo. Kiu ne klaras je sia boneco, tiu ne povas teni sin honesta. Do honesteco estas la ĉiela vojo. Strebo al honesteco estas la homa vojo. Ankoraŭ neniam troviĝas iu ajn, kiu, estante honesta, ne povis movi homojn, aŭ, estante ne honesta, povis movi la homojn."

---

① Mengzi, kredanto je la boneco de denaska naturo, malamas tiun, kiu, facile perdante esperon, damaĝas sin mem– 自暴自弃 .

13 [4A13]

孟子曰："伯夷辟纣，居北海之滨，闻文王作，兴曰：'盍归乎来！吾闻西伯善养老者。'太公辟纣，居东海之滨，闻文王作，兴曰：'盍归乎来！吾闻西伯善养老者。'二老者，天下之大老也，而归之，是天下之父归之也。天下之父归之，其子焉往？诸侯有行文王之政者，七年之内，必为政于天下矣。"

Mengzi diris: "Boyi rifuĝis de tirano Zhou kaj loĝis ĉe la norda maro; aŭdinte, ke reĝo Wen eklevis sin, ankaŭ li ekmoviĝis, dirante: 'Mi revenos nun por sekvi lin! Mi aŭdis, ke Xibo, reĝo Wen, bone nutras maljunulojn.' Ankaŭ Tai Gong rifuĝis de tirano Zhou kaj loĝis ĉe la orienta maro; aŭdinte la reĝon Wen leviĝinta, ekmoviĝis, dirante: 'Nun mi revenos por sekvi lin! Mi aŭdis, ke Xibo bone nutras maljunulojn.' [1] Ambaŭ ili, du maljunaj, estis grandaj maljunuloj en la mondo. Ke ili sekvis lin, tio signifas, ke patroj de tuta mondo sekvas lin. Se la patroj de la mondo estas sekvantaj lin, kial ne iliaj filoj ankaŭ kune iros? Se nun estus iu el landestroj, kiu praktikus la regadon laŭ reĝo Wen, li nepre ekregus la mondon en sep jaroj."

14 [4A14]

孟子曰："求也为季氏宰，无能改于其德，而赋粟倍他日。孔子曰：'求非我徒也，小子鸣鼓而攻之可也。'由此观之，君不行仁政而富之，皆弃于孔子者也，况于为之强战？争地以战，杀人盈野；争城以战，杀人盈城，此所谓率土地而食人肉，罪不容于死。故善战者服上刑，连诸侯者次之，辟草莱、任土地者次之。"

Mengzi diris: "Ran Qiu fariĝis intendanto ĉe la klano Ji, sed ne povas korekti la virton de Ji, kaj faris la imposton de grenoj duobla antaŭ kelkaj tagoj. Konfuceo diris: 'Qiu jam ne estas mia lernanto, karaj miaj etuloj, vi devas kritiki lin kun tondrado de tamburo.' Se observi el tia vidpunkto, kiu riĉigas la estron, ne farantan politikon de bonvoleco, ĉiu estas forĵetita de Konfuceo. Des pli instiganto de militoj. Se batali por la teritorio per milito, kampo iĝas plen-plena de mortintoj. Se batali por la urbo per milito, en la urbo estas plenigita per mortintoj. Tio estas nomata verdire, ke la tero formanĝas la homan viandon.

① Boyi kun lia juna frato Shuqi 伯夷·叔齐. Tai Gong estas Taigong Wang 太公望吕尚. Wen estis feŭdita en okcidento, do nomata 西伯 Xibo.

La krimo estas multe pli granda ol ajna mortpuno. Do inter subuloj de malbonaj estroj, tiu, kiu lertas je milito, indas je la plej alta punado. Kiu manovras aliancojn de regnestroj, tiu devas esti punata pro krimo de sekva grado. Malpli peze devas esti punata sekve tiu, kiu malfermas virgan terenon kaj disdonas ĝin.①"

15 [4A15]

孟子曰："存乎人者，莫良于眸子。眸子不能掩其恶。胸中正，则眸子瞭焉；胸中不正，则眸子眊焉。听其言也，观其眸子，人焉廋哉？"

Mengzi diris: "Se temas pri la observado de homo, neniu parto estas pli bona ol pupiloj. La pupiloj ne povas kaŝi ion malbonan. Kiu estas ĝusta je sia interno, ties pupiloj estas klaraj. Kiu estas malĝusta je sia interno, ties pupiloj estas malhelaj. Se aŭskulti la vortojn kaj observi la pupilojn, nenio en la homo estas kaŝebla."

16 [4A16]

孟子曰："恭者不侮人，俭者不夺人。侮夺人之君，惟恐不顺焉，恶得为恭俭？恭俭岂可以声音笑貌为哉？"

Mengzi diris: "Kiu estas humila, tiu ne malestimas la aliajn; kiu estas ekonomie modesta, tiu ne rabas violente de la aliaj. Se troviĝas iu estro, malestimanta kaj prirabanta la aliajn, li nur timas, ke la aliaj ne estos obeemaj al li. Kiel do li povus fariĝi humila kaj modesta? Ĉu estus esprimebla la humileco kaj modesteco per mielaj voĉoj kaj ridetoj je mieno? "

17 [4A17]

淳于髡曰："男女授受不亲，礼与？"

孟子曰："礼也。"

曰："嫂溺，则援之以手乎？"

曰："嫂溺不援，是豺狼也。男女授受不亲，礼也；嫂溺援之以手者，权也。"

---

① Estas malfacile kompreni la frazon 辟草莱任土地者. La ideogramo 辟 havas diversajn signifojn:forigi, eviti, malfermi. Estas notinde, ke Mengzi kritikas severe eĉ subulojn, helpantajn al malbonaj estroj. Vorto de Konfuceo estas en ĉap, 'Xianjin' de Analektoj. Konfuceismo subtenas apartan amon al patrolando 别爱, sed deadmonas servi al nebonvolecaj estroj.

曰："今天下溺矣，夫子之不援，何也？"

曰："天下溺，援之以道；嫂溺，援之以手。子欲手援天下乎？"

Chunyu Kun diris: "Ĉu koncernas decregulojn tio, ke viro kaj virino ne tuŝas unu la alian ĉe la donacado kaj ricevado? " ①

Mengzi respondis: "Jes, la decregulojn."

Demandis: "Ĉu iu viro ne helpas per siaj manoj sian bopatrinon dronantan? "

Respondis: "Kiu ne helpas dronantan bofratinon, tiu estas ŝakalo aŭ lupo. Ke geviroj ne tuŝas unu la alian, tio koncernas la decregulojn. Helpi la dronantan bofratinon per manoj estas ja oportuna ago laŭcele."

Demandis: "Nun la mondo estas dronanta. Vi, Majstro, ne etendas manon por savi ĝin, kial? "

Respondis: "Helpi la dronantan mondon estas farate per la Vojo. Helpi la dronantan bofratinon estas farate per manoj. Ĉu vi dezirus helpi la mondon per manoj? "

18 [4A18]

公孙丑曰："君子之不教子，何也？"

孟子曰："势不行也。教者必以正；以正不行，继之以怒。继之以怒，则反夷矣。'夫子教我以正，夫子未出于正也。'则是父子相夷也。父子相夷，则恶矣。古者易子而教之，父子之间不责善。责善则离，离则不祥莫大焉。"

Gongsun Chou demandis: "Noblulo mem ne instruas sian propran filon, kial? "

Mengzi respondis: "Pro natura cirkonstanco ne iras bone la instruado. Instruanto penas nepre korekti instruaton. Se la korektado ne iras bone, tiuokaze sekvas kolero. Se instrui kun kolero, tiam estiĝas malbona retroefiko. La instruato vidas: 'Majstro instruas min ke mi estu ĝusta, sed tamen la majstro mem ankoraŭ ne montriĝas ĝusta.' Rezulte, patro kaj filo ofendas unu la alian reciproke. Estas malbone, ke patro kaj filo ofendu sin reciproke. Antikvuloj interŝanĝis filojn por instrui. Ne devas okazi ia ĉikanado pri la bono inter patro kaj filo. La ĉikanado pri la bono disigas ilin. Nenio estas pli malfeliĉa ol la disiĝo."

---

① Chunyu Kun estas fama diplomato, menciita en Shiji. Li servis al la reĝoj Wei kaj Xuan de Qi-regno kaj al Reĝo Hui de Liang. Li estis malaltastatura, sed drola kaj sprita. La respondo de Mengzi konformas al la argumento en [4A14].

19 [4A19]

孟子曰："事，孰为大？事亲为大；守，孰为大？守身为大。不失其身而能事其亲者，吾闻之矣；失其身而能事其亲者，吾未之闻也。孰不为事？事亲，事之本也；孰不为守？守身，守之本也。曾子养曾皙，必有酒肉；将彻，必请所与，问有余，必曰'有。'曾皙死，曾元养曾子，必有酒肉；将彻，不请所与；问有余，曰'亡矣。'将以复进也。此所谓养口体者也。若曾子，则可谓养志也。事亲若曾子者，可也。"

Mengzi diris: "Kio el la servado estas granda? La servado al gepatroj estas granda. Kion gardi estas grande? Gardi sin mem estas grande. Mi aŭdas, ke ne-perdinto de sia korpo povas servi al la gepatroj, sed mi ankoraŭ ne aŭdas, ke la perdinto de sia korpo povus servi al la gepatroj. La servado al siaj gepatroj estas la bazo. Kial ne gardi sin? Gardi sin mem estas ja la bazo. Kiam Majstro Zengzi zorgadis pri sia patro Zeng Xi, nepre liveradis lin per vino kaj viando. Ĉe la fino de la manĝado la filo demandis, al kiu la patro volus doni la restaĵon. La patro demandis, ĉu restas iom, Zengzi nepre diradis: 'Restas.' Zeng Xi mortis, Zeng Yuan zorgadis pri Zengzi, nepre liveradis lin per vino kaj viando. Ĉe la fino de la manĝado Zeng Yuan ne demandis, al kiu la patro volus doni la restaĵon. Kiam la patro demandis, ĉu restas iom, la filo respondis: 'Jam ne estas', kvankam li intencis liveri denove se necesus. Zeng Yuan celas nur al la nutrado de buŝo kaj korpo. Eblas diri, ke Zengzi – al la nutrado de koro. Zengzi servas al gepatroj pli bone." ①

20 [4A20]

孟子曰："人不足与言適也，政不足与间也，唯大人为能格君心之非。君仁，莫不仁；君义，莫不义；君正，莫不正。一正君而国定矣。"

Mengzi diris: "Ne sufiĉas akuzi kompetentecon de homoj, nek sufiĉas kritiki la politikon. Nur granda persono scipovas korekti la eraron de reĝa koro. Se la reĝo estas bonvoleca, neniu iĝas malbonvoleca, se la reĝo estas justa, neniu iĝas maljusta, se la reĝo estas rekta, neniu iĝas malrekta. Se la reĝo estos

① Zeng Xi estas patro de Zengzi (曾参 Zeng Shen), kaj Zeng Yuan estas filo de Zengzi. Estas konsiderate, ke Zeng Shen kompilis la Sutron de fila pietato 孝经 .

ĝustigita, la ŝtato iĝos stabila." ①

21 [4A21]

孟子曰："有不虞之誉，有求全之毁。"

Mengzi diris: "Estas ne atendita laŭdo kaj estas ĉion postulanta kritiko." ②

22 [4A22]

孟子曰："人之易其言也，无责耳矣。"

Mengzi diris: "Kiu facile ŝanĝas la vorton, estas nura senrespondeculo." ③

23 [4A23]

孟子曰："人之患在好为人师。"

Mengzi diris: "Homo havas malsanon, ke li ŝatas fariĝi alies instruisto." ④

24 [4A24]

乐正子从子敖之齐。

乐正子见孟子。孟子曰："子亦来见我乎？"

曰："先生何为出此言也？"

曰："子来几日矣？"

曰："昔者。"

曰："昔者，则我出此言也，不亦宜乎？"

曰："舍馆未定。"

曰："子闻之也，舍馆定，然后求见长者乎？"

曰："克有罪。"

---

① Mi prenas ideogramon 适 por ordinara signifo. Estas dirite: "Konvena persono al konvena posto", sed ne okazas ĉiam, ke iu persono taŭgus sufiĉe por la posteno. Mengzi, samkiel Mozi, konsideras la akordiĝon al supro 尚同 decida, do la plej grava tasko de konsilanto estas stimuli reĝon je bonvolema koro.

② La frazon 有求全之毁 komprenas Zhuxi alie: "Kvankam strebante al perfekteco, tamen iu faras fuŝon." [四书集注第八卷 252]

③ Iuj prenas la frazon alie: "Oni facile eldiradas vortojn, se ne riproĉite."

④ La frazo estas mallonga, sed signifoplena. Mengzi ne ŝatas instrui de supre al lernantoj, sed nur instigi ilin al memlernado. En tio kuŝas diferenco inter li kaj Xunzi.

Yuezheng-zi venis al Qi-regno en la sekvantaro de Zi Ao.① Yuezheng-zi vizitis Mengzi. Mengzi diris: " Vi alvenis vidi ankaŭ min? "

Respondis: " Majstro, por kio vi eldiris tiel? "

Demandis: " Kiam vi alvenis ĉi tiun urbon? "

Respondis: " Antaŭ tagoj."

Demandis: " Antaŭ tagoj! Estas nature, ke mi diras tiumaniere."

Respondis: " Ankoraŭ ne akomodiĝis je la gastejo."

Demandis: " Ĉu vi lernis tiel, ke povas viziti la pliaĝulon post la akomodiĝo? "

Respondis: " Mi kulpas."

25 [4A25]

孟子谓乐正子曰："子之从于子敖来，徒餔啜也。我不意子学古之道而以餔啜也。"

Mengzi parolis al Yuezheng-zi, dirante: " Vi, sekvante s-ron Zi Ao, venis ĉi tien kaj nur manĝadas kaj trinkadas. Estas por mi ne atendite, ke vi lernis la Vojoj-Taon de antikvuloj nur por manĝadi kaj trinkadi."

26 [4A26]

孟子曰："不孝有三，无后为大。舜不告而娶，为无后也。君子以为犹告也。"

Mengzi diris: " Estas tri agoj kontraŭ fila pietato. La plej granda el ili estas ne havi posteularon. Shun edziĝis sen informi al gepatroj, ĉar li tiam ne havis posteulojn. Nobluloj konsideras tion sama, ke li informis laŭfakte." ②

27 [4A27]

孟子曰："仁之实，事亲是也；义之实，从兄是也；智之实，知斯二者弗去是也；礼之实，节文斯二者是也；乐之实，乐斯二者，乐则生矣；生则恶可已也，恶可已，则不知足之蹈之手之舞之。"

---

① Yuezheng-zi estas unu el disĉiploj de Mengzi. Zi Ao, Wang Huan 王欢 estas favorato de la reĝo de Qi. Mengzi ne ŝatis Zi Ao[2B6, 4B27]. El tiu teksto videblas, kiel profunde amas Mengzi sian disĉiplon, Yuezheng-zi, do li ne devas ne riproĉi lin pro misago.

② Estas konsiderate kiel tri malbonoj de filo:1) flatado al gepatroj, 2) sen laboro dum la gepatroj maljuniĝis, 3) sen posteularo. Edziĝo sen informi gepatrojn estas ne pli malbona ol manko de posteuloj.

Mengzi diris: "Bonvoleco fruktas en la servado al gepatroj; justo fruktas en la sekvado al pliaĝaj fratoj; intelekto fruktas en la kompreno ne forlasi la supre menciitan duopon; decreguloj fruktas en fajna reguligado kaj ornamado de la duopo; muziko fruktas en la ĝojo de la duopo. Tio, pri kio oni ĝojas, tio kreskas vive. Kio kreskas vive, tio ne haltigeblas. Se ne haltigeblas, tiam senscie ekpaŝas en ritmo piedoj kaj ekdancas manoj." ①

28 [4A28]

孟子曰："天下大悦而将归己，视天下悦而归己，犹草芥也，惟舜为然。不得乎亲，不可以为人；不顺乎亲，不可以为子。舜尽事亲之道而瞽瞍厎豫，瞽瞍厎豫而天下化，瞽瞍厎豫而天下之为父子者定，此之谓大孝。"

Mengzi diris: "La mondo ĝojege submetis sin al li mem. Li vidis la tutan mondon submetiĝinta ĝojplene al li kvazaŭ senutilan herbon. Shun estis ĝuste tia. Dum ne akceptate de gepatroj, li sentis, ke li ne povis fariĝi persono; dum ne akordante kun gepatroj, li supozis, ke li ne povis fariĝi filo. Do Shun pleje servadis al gepatroj laŭ la Vojo-Tao, kaj lia patro, Gusou, finfine ekĝojis. Kiam Gusou ekĝojis finfine, la tuta mondo transformiĝis. Per tio, ke Gusou ekĝojis, la tuta mondo iĝis stabila surbaze de la ĝusta rilato inter patro kaj filo, t. n. la granda fila pietato." ②

---

① Ĉi tie estas formulate koncize pri la principo de konfuceismo laŭ Mengzi.

② Tre fama estas malbona rilato inter la reĝo Shun kaj liaj gepatroj, do tiu problemo estas tikla por konfuceanoj. Mengzi elcerbumis ĉi tie sian solvon el la vidpunkto de fila pietato, dirante, ke se oni sukcesos ŝanĝi la plej obstinan obstaklon en ion favoran, tiam la mondo transformiĝos.

离娄（下）
LI LOU (II)

29 [4B1]

孟子曰："舜生于诸冯，迁于负夏，卒于鸣条，东夷之人也。文王生于岐周，卒于毕郢，西夷之人也。地之相去也，千有余里；世之相后也，千有余岁。得志行乎中国，若合符节，先圣后圣，其揆一也。"

Mengzi diris:" Shun nasikiĝis en Zhufeng, translokiĝis al Fuxia, mortis en Mingtiao, li estis orienta-provincano. Reĝo Wen naskiĝis en Qizhou kaj mortis en Biying, li estis okcidenta-provincano. Je lokoj ili disas unu de la alia je distanco de mil lioj. Je la tempo ili disas unu post la alia pli ol mil jarojn. Sed je la strebo kaj konduto en la Meza Lando ambaŭ ili ĝuste konformis unu al la alia kvazaŭ du duonoj de dividita sigelo. Antaŭa sanktulo kaj posta sanktulo estis unusamaj."

30 [4B2]

子产听郑国之政，以其乘舆济人于溱洧。

孟子曰："惠而不知为政。岁十一月，徒杠成；十二月，舆梁成，民未病涉也。君子平其政，行辟人可也，焉得人人而济之？故为政者，每人而悦之，日亦不足矣。"

Zichan, kiam li estis administranta la regnon Zheng, lasis siajn regnanojn transiri la riverojn Zhen kaj Wei per sia portseĝo.

Mengzi diris:"Li , kvankam bonfarema, tamen ne scias la regadon. En la dek-unua monato estos starigita iu ŝtipa ponteto por transiri piede, en la dek-dua monato estos starigita la ponto transirebla per ĉaro, do popolanoj povas iradi transe sen problemo. Se la estro faras la politikon ordinara, eĉ eblas dume ĉesigi homojn transiradi. Kial oni devus transporti ĉiun homon per portseĝo? Al politikisto mankas tempo por plezurigi ĉiun homon." ①

31 [4B3]

孟子告齐宣王曰："君之视臣如手足，则臣视君如腹心；君之视臣如犬马，则臣视君如国人；君之视臣如土芥，则臣视君如寇雠。"

王曰："礼，为旧君有服，何如斯可为服矣？"

曰："谏行言听，膏泽下于民；有故而去，则使人导之出疆，又先于其所往；去三年不反，然后收其田里。此之谓三有礼焉。如此，则为之服矣。今也为臣，谏则不行，言则不听；膏泽不下于民；有故而去，则君搏执之，又极之于其所往；去之日，遂收其田里。此之谓寇雠。寇雠，何服之有？"

Mengzi diris al reĝo Xuan de Qi-regno: "Se la reĝo rigardas siajn subulojn aŭ omaĝulojn kiel siajn manojn kaj piedojn, ankaŭ la subuloj rigardas sian reĝon kiel sian ventron kaj koron; se la reĝo rigardas siajn subulojn kiel hundojn kaj ĉevalojn, ankaŭ la subuloj rigardas la reĝon kiel fremdulon; se la reĝo rigardas siajn subulojn kiel terbulon kaj rubaĵon, ankaŭ la subuloj rigardas la reĝon kiel malamikon."

La reĝo diris: "Precipe, laŭ decreguloj devintus, ke oni restu obeema al la antaŭa reĝo. Kiel do oni povas resti tiom obeema? "

Respondis: "Se estas tia subulo, kies admono estis praktikata kaj konsilo estis aŭdata, kaj sube la popolanoj ricevis favoron. Kiam tiu subulo devas forlasi la regnon pro ia nepra kialo, tiuokaze la reĝo sendas al li homon por akompani lin ĝis la eliro trans landlimon kaj lasas lin loĝi stabile en alia lando, kaj post tri jaroj de lia alilanda loĝado, se li ne revenos plu, la reĝo finfine reprenos la konceditan al li kampon kaj vilaĝon. Tio estas nomata Triopo da decreguloj. Se tiel, povas esti subulo, restanta obeema. Sed nun, se temas pri subuloj, kies admono ne estas praktikata, kies konsilo ne estas aŭdata, sube la popolo ne ricevas favoron. Kiam iu subulo devas forlasi la landon pro ia nepra kialo, la reĝo provas aresti lin kaj

① Zichan–fama ĉefministro de Zheng-regno. Kiam li mortis en 496 a. K., Konfuceo tre bedaŭris, dirante ke perdiĝis bonvoleculo. 11-a kaj 12-a monato estas septembro kaj oktobro laŭ nuna kalendaro.

postkuras persekuti lin, loĝantan alilande. Tuj en tiu tago, kiam li foriris, la reĝo konfiskas la konceditan al li kampon kaj vilaĝon. Tio estas nomata ‘vengô’ al malamiko. Kial la malamiko, merita je venĝo, povus resti obeema al la antaŭa reĝo?”

32 [4B4]

孟子曰：“无罪而杀士，则大夫可以去；无罪而戮民，则士可以徙。”

Mengzi diris: “Kiam ie oficisto estas punmortigita spite neniun kulpon, tiam grandoficisto povas foriri de tiu lando; kiam ie senkulpaj popolanoj estas murditaj, tiam oficisto povas forlasi tiun landon.”

33 [4B5]

孟子曰：“君仁，莫不仁；君义，莫不义。”

Mengzi diris: “Kie la reĝo estas bonvoleca, tie ne estas malbonvoleco; kie la reĝo estas justa, tie ne estas maljusto.”

34 [4B6]

孟子曰：“非礼之礼，非义之义，大人弗为。”

Mengzi diris: “Grandulo ne praktikas falsajn decregulojn, nek falsan juston.”

35 [4B7]

孟子曰：“中也养不中，才也养不才，故人乐有贤父兄也。如中也弃不中，才也弃不才，则贤不肖之相去，其间不能以寸。”

Mengzi diris: “Kiu estas meza, tiu devas varti la malpli altan ol la mezan; kiu estas kapabla, tiu devas varti malpli kapablan. Do oni ĝojas, havante saĝajn gepatrojn kaj pliaĝajn fratojn. Okazas, ke la meza forlasas la suban kaj la kapabla forĵetas la malpli kapablan. Tiam la saĝo kaj la malsaĝo disas unu de la alia tiom, kiom la distanco ne mezureblus per cuno.” ①

① Ĉirkaŭ la frazo 不能以寸 (ne mezurebla per cuno-colo) diversas opinioj inter esploristoj. Iu konsideras la distancon malgranda, la alia – granda. Mi konsentas kun la lasta, ĉar la zorgado de la malpli kapabla fare de la pli kapabla altigas la personecon.

36 [4B8]

孟子曰：“人有不为也，而后可以有为。”

Mengzi diris: “ Por homo estas sfero de senago, kaj poste povas esti ago.” ①

37 [4B9]

孟子曰：“言人之不善，当如后患何？”

Mengzi diris: “ Tiu, kiu mencias alies malbonon, kian suferon devos elteni poste? ”

38 [4B10]

孟子曰：“仲尼不为已甚者。”

Mengzi diris: “ Zhong Ni ne faris ion ekscesan.” ②

39 [4B11]

孟子曰：“大人者，言不必信，行不必果，惟义所在。”

Mengzi diris: “ Se temas pri grandulo, ne ĉiam estas fidinda lia eldiro, ne ĉiam bone rezultas lia ago, sed li tenas sin nur en justo.”

40 [4B12]

孟子曰：“大人者，不失其赤子之心者也。”

Mengzi diris: “ Grandulo estas tiu, kiu ne perdas koron de bebo.” ③

---

① Kontraŭargumento fare de Mengzi al Lao-Zhuang, kiel sintezo de senago kaj ago. Estas multaj diversaj opinioj ĉirkaŭ la vortoj 不为・有为 Yoshida Shoin komparas tiun kun la frazo en la ĉap. “Jinxin2” (37) 狂狷 (frenezulo kaj ermito) 狂者进取、狷者有所不为 Shoin preferas frenezulon al ermito.

② Konfuceo faris tion, kion li mem konsideris justa. Li iris laŭ la Vojo, kiun li kredis vera. En tiu senco Mengzi diras, ke estas nenio ektraordinara. Sed tiel vivi estas malfacile. Liaj vortoj kaj agoj ne mortas, sed eterne vivas kaj naskas heredantojn.

③ Ĉi tie manifestiĝas la denaska boneco de homa naturo.

41 [4B13]

孟子曰："养生者不足以当大事，惟送死可以当大事。"

Mengzi diris: "La nutrado de longviveco ne estas sufiĉe granda afero. Kiel morti devas esti ja la granda afero." ①

42 [4B14]

孟子曰："君子深造之以道，欲其自得之也。自得之，则居之安；居之安，则资之深；资之深，则取之左右逢其原，故君子欲其自得之也。"

Mengzi diris: "Noblulo profunde prifosante kreas ion per la Vojo-Tao, ĉar deziras memakiri solide tion per sia forto. Memakirinte tion per si mem, li kviete loĝas kun tio. Kviete loĝante kun tio, li utiligas tion profunde kiel la fondon. Profunde utiligante la fondon, li pristudas tion multflanke, dekstre-maldekstre, kaj renkontas la fonton. Tiel do noblulo deziras posedi solide tion per si mem." ②

43 [4B15]

孟子曰："博学而详悦之，将以反说约也。"

Mengzi diris: "Lernadi ion vaste kaj pristudi tion detale – estas ja por resumi koncize tion."

44 [4B16]

孟子曰："以善服人者，未有能服人者也；以善养人，然后能服天下。天下不心服而王者，未之有也。"

Mengzi diris: "Kiu provas bonfareme submetigi homojn, tiu ne povas submetigi ilin. Kiu mem bonfarante nutras homojn, tiu finfine povas submeti la mondon. Tiu, al kiu ne submetiĝis elkore la mondo, estis neniam reĝo."

---

① La frazo 养生 nutrado de longviveco estas ŝlosila por Zhuangzi. Multaj esploristoj prenas la frazon 养生 por la servado al gepatroj, kaj la frazon 送死 por funebri la gepatrojn.

② La frazon 自得之 Zhuxi komprenas kiel atingi la rezonon, aŭ la fundamentan leĝon 理 . [朱熹，四书集注 P.264-265]

45 [4B17]

孟子曰："言无实不祥，不祥之实，蔽贤者当之。"

Mengzi diris: " Vorto sen vereco estas malbonaŭgura. Malbonaŭgura vere estas ja tio, kio kalumnias saĝulojn."

46 [4B18]

徐子曰："仲尼亟称于水，曰：'水哉，水哉！' 何取于水也？"

孟子曰："原源混混，不舍昼夜，盈科而后进，放乎四海。有本者如是，是之取尔。苟为无本，七八月之间雨集，沟浍皆盈；其涸也，可立而待也。故声闻过情，君子耻之。"

Xuzi diris: " Zhong Ni ofte laŭdadis akvon, dirante: ' Ho akvo, ho akvo!' Kion bonan li vidis en akvo? " ①

Mengzi diris: " La fonto ŝprucas plen-plene, la akvo fluas senĉese tagnokte, plenigante kavojn torentas antaŭen, enfluas kvar marojn. Kiu havas la fonton, tiu estas tia. Tion ja admiris Konfuceo. Sen la fonto, eĉ se multe pluvas dum la sepa kaj la oka monatoj, akvumante plene ĉiujn kanalojn, grandajn kaj malgrandajn, fine oni devas nur vidi la elĉerpiĝon. Nobluloj hontas je tio, ke troa reputacio superfluas la realan povon."

47 [4B19]

孟子曰："人之所以异于禽兽者几希，庶民去之，君子存之。舜明于庶物，察于人伦，由仁义行，非行仁义也。"

Mengzi diris: " La diferenco inter homoj kaj birdoj-bestoj estas tre malgranda. Popolanoj ignoras tiun diferencon, sed noblulo bontenas tion. Shun klare vidis multe da estaĵoj, observis homan rilaton kaj kondutis laŭ decreguloj kaj justo. Tio estis ne afekta farado de bonvoleco kaj justo."

---

① Xuzi, 徐辟, estas unu el disĉiploj de Mengzi, aperas en la ĉapitro "Duko Wen de Teng".

48 [4B20]

孟子曰："禹恶旨酒而好善言。汤执中，立贤无方。文王视民如伤，望道而未之见。武王不泄迩，不忘远。周公思兼三王，以施四事；其有不合者，仰而思之，夜以继日；幸而得之，坐以待旦。"

Mengzi diris: "Yu ne amis dolĉan vinon sed ŝatis la bonan vorton. Tang alteniĝis je la Mezeco kaj promociis saĝulojn sendiskriminacie. Reĝo Wen prizorgadis la popolon kiel vundiĝeman, esperis la Vojon-Taon, kvazaŭ sopirus je io ankoraŭ ne plenumata. Reĝo Wu ne preterrigardis proksimulojn, nek forgesis malproksimulojn. Duko Zhou intencis kunigi la manierojn fare de de antaŭaj reĝoj de tri dinastioj kaj efektivigi aferojn de kvar reĝoj, se li trovis ion ne taŭga, observante, elpensadis ĉiam pri tio tage kaj nokte. Kiam li feliĉe eltrovis ion, sidante atendis la tagiĝon." ①

49 [4B21]

孟子曰："王者之迹熄而《诗》亡，《诗》亡然后《春秋》作。晋之《乘》，楚之《梼杌》，鲁之《春秋》，一也；其事则齐桓、晋文，其文则史。孔子曰：'其义则丘窃取之矣。'"

Mengzi diris: "Reĝaj spuroj jam ne restas kaj *Poezio* pereis, post la pereo de *Poezio* estis kreita la analoj de historio *Printempo-Aŭtuno*. *Cheng Kroniko* de Jin-regno, *Taowu Kroniko* de Chu-regno, *Printempo-Aŭtuno* de Lu-regno estas samaj laŭ kategorio. Pri la aferoj fare de Huan de Qi-regno kaj Wen de Jin-regno estas enskribite en la historio. Konfuceo diris: 'Selekti faktojn el historio aŭdacis mi mem.' ②"

50 [4B22]

孟子曰："君子之泽五世而斩，小人之泽五世而斩。予未得为孔子徒也，予私淑诸人也。"

Mengzi diris: "Influo de noblulo al posteuloj daŭras dum kvin generacioj, ankaŭ influo de

① Yu diris, ke dolĉa vino pereigas regnon (战国策卷 7 魏策惠王). Tang promociis kuiriston Yiyin al ministro. Reĝo Wen mem ne povis faligi *Yin-dinastion*. Mengzi, kiel konfuceano, alte estimas la aferon de Duko Zhou 周公旦.

② Sheng, Taowu estas titoloj de historio en Jin kaj Chu regnoj. Konfuceo redaktis la analojn de Lu-regno, do li elektis manifestojn de justo (aŭ maljusto) el sia vidpunkto.

malgrandulo povas daŭri dum kvin generacioj. Mi ne povis esti rekta lernanto de Konfuceo, sed mi admiras lin kiel mian Majstron tra aliaj personoj, ĉe kiuj mi lernis private."

51 [4B23]

孟子曰："可以取，可以无取，取伤廉；可以与，可以无与，与伤惠；可以死，可以无死，死伤勇。"

Mengzi diris: "Kiam estas alternativo:allaseblas kaj preni kaj ne preni, – se vi prenos, tio povos vundi vian honestecon. Se allaseblas kaj doni kaj ne doni, – se vi donos, tio povos vundi vian favordonemon. Se allaseblas kaj morti kaj ne morti, – se vi elektos morton, tio povos vundi vian bravecon." ①

52 [4B24]

逄蒙学射于羿，尽羿之道，思天下惟羿为愈己，于是杀羿。孟子曰："是亦羿有罪焉。"

公明仪曰："宜若无罪焉。"

曰："薄乎云尔，恶得无罪？郑人使子濯孺子侵卫，卫使庾公之斯追之。子濯孺子曰：'今日我疾作，不可以执弓，吾死矣夫！'问其仆曰：'追我者谁也？'其仆曰：'庾公之斯也。'曰：'吾生矣。'其仆曰：'庾公之斯，卫之善射者也；夫子曰吾生，何谓也？'曰'庾公之斯学射于尹公之他，尹公之他学射于我。夫尹公之他，端人也，其取友必端矣。'庾公之斯至，曰：'夫子何不为执弓？'曰：'今日我疾作，不可以执弓。'曰：'小人学射于尹公之他，尹公之他学射于夫子。我不忍以夫子之道反害夫子。虽然，今日之事，君事也，我不敢废。'抽矢，扣轮，去其金，发乘矢而后反。"

Peng Meng lernis pafarkarton ĉe Yi kaj atingis la Vojon de majstro Yi. Pensante, ke en la mondo nur Yi superas lin mem, li mortigis sian majstron Yi.

Mengzi diris: "Je tio ankaŭ Yi estis kulpa."

Malgraŭ ke Gongming Yi estis dirinta: "Ŝajnas, ke ne kulpas Yi." , Mengzi diris: "Kvankam malgranda estas lia kulpo, tamen kial oni povus konsideri lin 'senkulpa' ? Kiam Zheng-regnanoj sendis

---

① La frazo kun bela ĉinlingva eŭfonio donas signifoplenan admonon al la persono, kiu volas teni sin alta je sia personeco. Aparte gravas la lasta admono pri la braveco.

Zizhuo Ruzi por invadi la regnon Wei, Wei igis Yugong Si kontraŭataki lin.Zizhuo Ruzi diris: ‘Hodiaŭ mi malsaniĝis, ke mi ne povas arkpafi. Ni mortos certe!’ Li demandis sian servanton, dirante: ‘Kiu do estas atakanta min?’ La servanto respondis: ‘Yugong Si’. Li diris: ‘Ni restos vivaj.’ La servanto diris; ‘Yugong Si estas bona pafarkisto de Wei-regno, sed vi diras, ke ni restos vivaj. Kial?’ Li diris: ‘Yugong Si lernis la pafarkarton ĉe Yingong Ta, kaj Yingong Ta lernis la pafarkarton ĉe mi. Tiu Yingong Ta estas persono fidela al principo. Ankaŭ Yugong Si prenis de mia amiko nepre la fidelecon al principo.’ Atinginte la fronton, Yugong Si demandis: ‘Kial vi ne prenas la pafarkon, Sinjoro?’ Zizhuo Ruzi respondis: ‘Hodiaŭ mi malsaniĝis, do mi ne povas arkpafi.’ Yugong Si diris: ‘Mi lernis pafarkarton ĉe Yingong Ta kaj Yingong Ta lernis la pafarkarton ĉe vi, Sinjoro. Mi ne eltenos damaĝi Sinjoron kontraŭ la Vojo de Sinjoro. Sed tamen hodiaŭa afero estas por mia reĝo. Mi ne aŭdacas neglekti la aferon.’ Li eltiris sagojn, sed, foriginte metalan sagpinton pere de ĉarrado, pafis kvar sagojn kaj retroiris.” ①

53 [4B25]

孟子曰：“西子蒙不洁，则人皆掩鼻而过之；虽有恶人，斋戒沐浴，则可以祀上帝。”

Mengzi diris: “Se Xishi, belulino, estus malpurigita, tiam ĉiuj homoj kun nazo premita preterpasus, evitante ŝin. Kontraŭe, ĉiu ajn, spite trajtojn malbelajn, se purigas sin, lavas sin kaj banas sin, tiam povus eĉ fari ceremonion por adorkulti la Supran Dion.”

54 [4B26]

孟子曰：“天下之言性也，则故而已矣。故者以利为本。所恶于智者，为其凿也。如智者若禹之行水也，则无恶于智矣。禹之行水也，行其所无事也。如智者亦行其所无事，则智亦大矣。天之高也，星辰之远也，苟求其故，千岁之日至，可坐而致也。”

Mengzi diris: “La subĉiela lingvo estas laŭnatura, do gravas ja la kaŭzeco. La kaŭzeco faras utilecon baza. La malbono de intelektulo kuŝas en la harfenda borado. Sed la intelektulo, kiel Yu, lasis akvon iri glate. En tio estas nenia malbono de intelekto. Yu faris la akvon iri glate, kaj en la irado estis nenia

---

① Gongming Yi, disĉiplo de Zeng Shen 曾参, aperadas en aliaj lokoj de Mengzi, vd. 3A1, 3B3, 3B9. El la pensmaniero de 4B23, Yi kulpas je tio, ke li donis favore al Peng Meng pafarkarton sen doni la Vojon de lernanto. Yi estis vundita finfine pro sia senprudenta favordonemo.

problemo. Ke intelektulo lasas iun iri sen problemo, tio estas ja grandega intelekto. La Ĉielo estas alta, la steloj estas foraj. Sed se serĉi la kaŭzecon, oni sidante scipovas la solisticon trans mil jaroj." ①

55 [4B27]

公行子有子之丧，右师往吊。入门，有进而与右师言者，有就右师之位而与右师言者。孟子不与右师言，右师不悦曰："诸君子皆与驩言，孟子独不与驩言，是简驩也。"

孟子闻之，曰："礼，朝廷不历位而相与言，不逾阶而相揖也。我欲行礼，子敖以我为简，不亦异乎？"

Gonghangzi estis funebranta je la filo. Wang Huan Ziao, la dekstra ministro iris por ĉeesti la funebran ceremonion. Kiam li estis eniranta, iuj aliradis kaj ekparoladis al li, kaj kiam li estis sidanta sur la seĝo de la dekstra ministro, la aliaj ekparoladis al li. Mengzi ne parolis al li kaj al la dekstra ministro tio ne plaĉis, do tiu ĉi sentis malagrablecon, dirante: "Ĉiuj nobluloj alparolis min, Huan, sed Mengzi sola ne parolis. Tio signifas, ke Mengzi preteratentis min."

Mengzi poste aŭdis tion kaj diris: "Laŭ decreguloj en la kortego, oni ne parolas unu kun al alia nek reciprokas saluton trans sidejojn. Mi deziris konduti laŭ la decreguloj. Sed s-ro Zi Ao akuzis min, ke mi malrespektus lin. Kiel stranga, ĉu ne? " ②

56 [4B28]

孟子曰："君子所以异于人者，以其存心也。君子以仁存心，以礼存心。仁者爱人，有礼者敬人。爱人者，人恒爱之；敬人者，人恒敬之。有人于此，其待我以横逆，则君子必自反也：我必不仁也，必无礼也，此物奚宜至哉？其自反而仁矣，自反而有礼矣，其横逆由是也，君子必自反也，我必不忠。自反而忠矣，其横逆由是也，君子曰：'此亦妄人也已矣。如此，则与禽兽奚择哉？于禽兽又何难焉？'是故君子有终身之忧，无一朝之患也。乃若所忧则有之：舜，人也；我，亦人也。舜为法于天下，可传于后世，我由未免为乡人也，是则可忧也。忧之如何？如舜而已矣。若夫君子所患则亡矣。非仁无为也，非礼无行也。如有一朝之患，则君子不患矣。"

---

① En la agado de la reĝo Yu videblas la ideala homa ago laŭ la natura leĝo. Akvo iras, Yu lasas la akvon iri reguligate. Tio estas la utiligo de kaŭzeco. Kelkaj esploristoj prenas la ideogramon 利 por eraro. Sed en ĉi tiu kunteksto ĝi estas uzata ne por la esprimo de homa avareco, sed por la klarigo de natura leĝo. Zhuxi komprenas ĝin kiel la signifon 顺 konformiĝo. Tio similas al Darvin je la kompreno pri 'adaptebleco'.

② Zi Ao, alinome Wang Huan, aperas en aliaj lokoj. [4A24, 4A25] Malintima estas la interrilato de Mengzi kaj Zi Ao.

Mengzi diris: "La noblulo diferencas de ordinarulo je tio, ke la unua bontenas la koron. La noblulo apogas sin sur la koro en bontenado de bonvoleco, sur la koro en bontenado de decreguloj. Persono de bonvoleco amas homojn, persono kun decreguloj respektas homojn. Amanton de homoj la homoj ĉiam amas, respektanton de homoj la homoj ĉiam respektas. Okazus eĉ al tia persono la situacio, ke li estu akceptata malice kun malracia traktado. Tiam la noblulo nepre retrorigardas sin, turnante sin internen al si mem: 'Ŝajnas, ke mi mem nepre estas malbonvoleca, al mi nepre mankas decreguloj. Alie, kial okazus al mi tia situacio?' Retrorigardante, li trovis sin mem bonvoleca; retrorigardante, li trovis sin mem havanta decregulojn, malgraŭ tio la malracia malico ankoraŭ daŭras. Tiuokaze la noblulo nepre turnas sin internen al si mem, retrorigardante: 'Mi mem nepre ne estas fidela' . Retrorigardante, li trovis sin mem fidela, sed tamen la malracia malico ankoraŭ daŭras.

Tiam la noblulo diras: 'Tiu homo estas nura kanajlo. Tial do li ne estas alia ol rabobirdoj-bestoj. Kial mi devus lukti kontraŭ rabobirdoj kaj bestoj?' Tiel do la noblulo, havante ĉe si la zorgon dumvivan, ne havigas al si la momentan ĉagrenon dum unu mateno. La zorgo, kiun li havas, estas tia: 'Shun estas homo, ankaŭ mi estas homo. Shun prezentis al la mondo la transdoneblan modelon, heredatan de postaj generacioj. Mi devas, tamen, resti kiel ununura vilaĝano. Tio al mi estas zorgenda.' Jen kia estas lia zorgo. Li nur volus fariĝi tia, kia estis Shun. Tia noblulo havigas al si nenian ĉagrenon. Se ne bonvolecon, li ne faras. Se kontraŭ decreguloj, li ne kondutas. Je tia nura dummatena ĉagreno la noblulo tute ne ĉagreniĝas."

57 [4B29]

禹、稷当平世，三过其门而不入，孔子贤之。颜子当乱世，居于陋巷，一箪食，一瓢饮；人不堪其忧，颜子不改其乐，孔子贤之。

孟子曰："禹、稷、颜回同道。禹思天下有溺者，由己溺之也；稷思天下有饥者，由己饥之也，是以如是其急也。禹、稷、颜子易地则皆然。今有同室之人斗者，救之，虽被发缨冠而救之，可也。乡邻有斗者，被发缨冠而往救之，则惑也，虽闭户可也。"

Yu kaj Ji, okupante sin fervore pri aferoj en la paca mondo, preteriris sian domon kaj ne eniris la pordon trifoje. Konfuceo laŭdis ilin saĝaj. Yanhui, vivante en la tumulta mondo, loĝis en povra kvartalo, prenante ĉe si nur unu kesteton da manĝaĵo, unu kukurbon da trinkaĵo. Aliaj homoj ne povus elteni tian aflikton, sed Yanhui ne ŝanĝis ĝojigan al si vivmanieron. Konfuceo laŭdis lin saĝa.

Mengzi diris: "Yu, Ji, kaj Yanhui, ĉiuj iris laŭ la sama Vojo. Vidante en la mondo homojn dronantajn, Yu pensis, kvazaŭ dronigus ilin Yu mem. Vidante en la mondo homojn malsatajn, Ji pensis, kvazaŭ malsatigus ilin Ji mem. Tial do ili haste traktis la urĝan aferon. Yu, Ji, kaj Yanzi, kvankam diversas je situacio, tamen ĉiuj estis samaj. Nun supozu, viaj samĉambranoj konfliktus unu kun la alia, vi volus savi ilin kaj vi pacigus ilin kiel arbitracianto kun via ĉapo kovrinta harojn, tio estas allasebla. Sed, kiam samvilaĝanoj konfliktus, estas freneze, se vi provus solvi tion kun ĉapo metita sur haroj. Tiuokaze al vi estus preferinde nur fermi vian pordon." ①

58 [4B30]

公都子曰："匡章，通国皆称不孝焉，夫子与之游，又从而礼貌之，敢问何也？"

孟子曰："世俗所谓不孝者五，惰其四支，不顾父母之养，一不孝也；博弈好饮酒，不顾父母之养，二不孝也；好货财，私妻子，不顾父母之养，三不孝也；从耳目之欲，以为父母戮，四不孝也；好勇斗很，以危父母，五不孝也。章子有一于是乎？夫章子，子父责善而不相遇也。责善，朋友之道也；父子责善，贼恩之大者。夫章子，岂不欲有夫妻子母之属哉？为得罪于父，不得近，出妻屏子，终身不养焉。其设心以为不若是，是则罪之大者，是则章子已矣。"

Gongduzi diris: "Pri s-ro Kuang Zhang ĉiuj tra la lando nomas lin persono sen fila pietato. Vi, Majstro, ludvagadas kun li, kaj sekvas lin, dece traktante lin. Mi aŭdacas demandi vin, kial? "

Mengzi diris: "En la ordinara mondo oni nomas ulo sen fila pietato havanton de kvin aĉaj inklinoj. La unua sen fila pietato estas tiu, kiu, estante pigra je la uzado de korpmembroj, ne zorgas pri la nutrado de gepatroj. La dua estas tiu, kiu, ŝatante vetludi kaj drinkadi vinon, ne zorgas pri la nutrado de gepatroj. La tria estas tiu, kiu, avidante monon-valoraĵon kaj amante nur siajn edzinon-gefilojn, ne zorgas pri la nutrado de gepatroj. La kvara estas tiu, kiu, indulgante al si deziron de oreloj kaj okuloj, kruele traktas gepatrojn. La kvina estas tiu, kiu, estante temerara, endanĝerigas gepatrojn. Se temas pri s-ro Kuang Zhang, ĉu li havus eĉ unu el tiuj menciitaj? La rilato inter s-ro Zhang kaj lia patro rompiĝis pro tio, ke la filo admonis la patron al io pli bona. La admono je io pli bona laŭ la Vojo-Tao devus esti farata inter amikoj. Se farate inter patro kaj filo, tia admono ege vundas la favoreman rilaton. Ĉu s-ro Zhang ne

---

① Ji, servante al Yao-Shun, donis al la popolo instruon pri agrokulturo. Rilate al la ĉapo, mi supozas, ke ĝi povus esti simbolo de mediacianto aŭ juĝisto. Zhuxi komprenas la frazon 被髪缨冠 kiel idiomecan adverbon 'urĝe'.

dezirus teni la intimecon kun siaj edzino, gefiloj, kaj patrino? Ĉar li rigardis sin kulpa kontraŭ sia patro kaj ne povis resti proksime al li, do li forlasis ankaŭ la edzinon kaj fordonis gefilojn, kaj ne havas poste dumvive la familion por nutri. Li decidis en koro fari tion, ĉar, se ne farus tiel, li sentus sian pekon pli granda. Jen kia estas la personeco de s-ro Zhang." ①

59 [4B31]

曾子居武城，有越寇。或曰："寇至，盍去诸？"

曰："无寓人于我室，毁伤其薪木。"寇退，则曰："修我墙屋，我将反。"寇退，曾子反。左右曰："待先生如此其忠且敬也，寇至，则先去以为民望；寇退，则反，殆于不可。"沈犹行曰："是非汝所知也。昔沈犹有负刍之祸，从先生者七十人，未有与焉。"

子思居于卫，有齐寇。或曰："寇至，盍去诸？"子思曰："如伋去，君谁与守？"

孟子曰："曾子、子思同道。曾子，师也，父兄也；子思，臣也，微也。曾子、子思易地则皆然。"

Kiam Zengzi loĝis en Wucheng, tien invadis malamikoj el Yue-regno. Oni demandis lin: "Ĉu vi ne devas forfuĝi de la invado?" Respondis: "Lasu neniun loĝi en mia ĉambro, ili rompos ĝin kaj faros brullignojn. Post kiam malamikoj foriros, riparu por mi la murojn kaj ĉambron, mi revenos baldaŭ." Malamikoj retiris kaj Zengzi revenis. Oni dekstre-maldekstre diris: "Ni esperis, ke la majstro elmontros la lojalecon kaj ion respektindan. Sed apenaŭ malamikoj alvenis, li unua fuĝis, vetante postan esperon je la popolanoj. Post kiam la malamikoj retiriĝis, li revenis. Tio estas preskaŭ ne allasebla." Shenyu Xing diris: "Tion vi ne povas kompreni. Antaŭe en mia vilaĝo Shenyu okazis tumulto fare de Fuchu, tiam sekvis la majstron sepdek homoj, kaj neniu estis damaĝita."

Kiam Zi Si loĝis en Wei-regno, ĝin atakis Qi-regno. Oni diris: "Venis la malamikoj, ĉu vi ne devas fuĝi?" Zi Si diris: "Se mi forirus, kiu do gardos la reĝon?"

Mengzi diris: "Zengzi kaj Zi Si iras laŭ la sama Vojo. Zengzi ludas la rolon de instruisto, patro kaj pliaĝa frato. Zi Si ludas la rolon de regato kaj subuleto. Se Zengzi kaj Zi Si ŝanĝus inter si la rolon, ili

---

① Kuang Zhang estis generalo de Qi-regno, aperas ankaŭ en la lasta ĉap. "Duko Wen de Teng", kiel adoranto de ekstrema puranimeco. La kaŭzo de la disputo kuŝis en tio, ke la patro mortigis la patrinon de Kuang Zhang kaj forĵetis ŝin en stalon. Do la filo akuzis sian patron pro tio. [陈才俊编孟子全集，2008, 235-236] Gongduzi estis unu el disĉiploj de Mengzi.

kondutus same tiel, kiel postulas la rolo." ①

60 [4B32]

储子曰："王使人瞯夫子，果有以异于人乎？"

孟子曰："何以异于人哉？尧舜与人同耳。"

Chuzi diris: "La reĝo sendis iun por spioni vin, Majstron, ĉu vi estas io malsama ol la aliuloj."

Mengzi diris: "Kio alia estas mi ol la aliuloj? Eĉ Yao kaj Shun estis tute samaj kiel la aliaj homoj."

61 [4B33]

齐人有一妻一妾而处室者，其良人出，则必餍酒肉而后反。其妻问所与饮食者，则尽富贵也。其妻告其妾曰："良人出，则必餍酒肉而后反；问其与饮食者，尽富贵也，而未尝有显者来，吾将瞯良人之所之也。"

蚤起，施从良人之所之，遍国中无与立谈者。卒之东郭墦间，之祭者，乞其余；不足，又顾而之他，此其为餍足之道也。其妻归，告其妾，曰："良人者，所仰望而终身也，今若此。"与其妾讪其良人，而相泣于中庭，而良人未之知也，施施从外来，骄其妻妾。

由君子观之，则人之所以求富贵利达者，其妻妾不羞也，而不相泣者，几希矣。

Iu Qi-regnano havas unu edzinon kaj unu konkubinon, kaj ili kune loĝas en la sama domo. Tiu bonulo eliras kaj revenas hejmen nepre satmanĝinte vinon kaj viandon. Lia edzino demandas, kun kiu li drinkas kaj manĝas. Laŭ lia respondo, ĉiuj estas riĉuloj kaj altranguloj. La edzino parolis al la konkubino, dirante: "Nia bonulo ekstere nepre satdrinkas kaj satmanĝas, kaj poste revenas hejmen. Mi demandis lin, kun kiu li drinkis kaj manĝis. Ĉiuj estis riĉuloj kaj altranguloj. Spite tion, ankoraŭ neniam alvenis ĉi tien iu ajn gasto el eminentuloj. Mi nun spionos nian bonulon, kien li iros."

Ŝi, ellitiĝinte frumatene, postsekvis la bonulon, kien ajn li iras. Dum li ĉirkaŭvagadis en la urbo, li interparolis kun neniu. Finfine li atingis la tombejon en la orienta angulo, tie li trovis iun ajn oferanta sur altaron kaj almozpetis iom da restaĵo el festoferaĵoj. Se ne sufiĉas, li petas de aliaj. Jen kio estas lia vojo

① Zengzi estas Zeng Shen 曾参 . Wucheng estis en Lu-regno, en sud-okcidente de la nuna gubernio Fei 费 . Shenyu Xing estis unu el disĉiploj de Zeng Shen. Zi Si estas nepo de Konfuceo. Estas diversaj opinioj pri Fuchu, iu konsideras ĝin persona nomo, la alia – kamparano kun herboj surdorse.

por satmanĝi.

Reveninte hejmen, la edzino diris al la konkubino: "Nia bonulo, kiun ni dumvive rigardadis respektinda, estas nun tia."

Ŝi kun la konkubino, ne havante vorton eldiri pri la bonulo, kune ploris en la korto. La bonulo revenas hejmen gajplene kaj fanfaronas antaŭ siaj edzino kaj konkubino. El la vidpunkto de noblulo, apenaŭ troviĝas iu el inter avidantoj al riĉo, altrango, profito aŭ sukceso, pri kiu ne hontus nek plorus edzino kaj konkubino.①

① La ĉapitron konkludas tiu teksto, temanta pri la homa degenero. Supozate, ke tiu bonulo antaŭe servis en iu oficejo kaj estis maldungita. En malfavora cirkonstanco videblas la persona kvalito. Sen alta celo ne eviteblas tia sorto, kia de la bonulo en tiu epizodo. Notinde, ke li estas nomata 'bonulo 良人', ĉar li estas pli bona ol malvirtulo, pekulo aŭ krimulo.

万章（上）
WAN ZHANG (I)

1 [5A1]

万章问曰：“舜往于田，号泣于旻天，何为其号泣也？”

孟子曰：“怨慕也。”

万章曰：“‘父母爱之，喜而不忘；父母恶之，’劳而不怨。然则舜怨乎？”

曰：“长息问于公明高曰：‘舜往于田，则吾既得闻命矣；号泣于旻天，于父母，则吾不知也。’公明高曰：‘是非尔所知也。’夫公明高以孝子之心，为不若是恝。我竭力耕田，共为子职而已矣，父母之不我爱，于我何哉？帝使其子九男二女，百官牛羊仓廪备，以事舜于畎亩之中，天下之士多就之者，帝将胥天下而迁之焉。为不顺于父母，如穷人无所归。天下之士悦之，人之所欲也，而不足以解忧；好色，人之所欲，妻帝之二女，而不足以解忧；富，人之所欲，富有天下，而不足以解忧；贵，人之所欲，贵为天子，而不足以解忧。人悦之、好色、富贵，无足以解忧者，惟顺于父母可以解忧。人少，则慕父母；知好色，则慕少艾；有妻子，则慕妻子；仕则慕君，不得于君则热中。大孝终身慕父母。五十而慕者，予于大舜见之矣。”

Wan Zhang demandis, dirante: “Kiam Shun estis iranta kampon, li plorkriis al la kompatema Ĉielo, kial? ”

Mengz diris: “Li havis rankoron kaj sopiris.”

Wan Zhang diris: “Se amate de gepatroj, tiu homo ĝojas kaj ne forgesas tion; se ne amate de gepatroj, tiu homo devas nur labori kaj ne rankori. Do kial Shun havis rankoron? ”

Mengzi diris: "Iam Chang Xi demandis Gongming Gao: 'Ni jam aŭdis de vi la instruon, ke, irante kampon, Shun plorkriis al la kompatema Ĉielo pro siaj gepatroj, sed ni ne scias, kial?' Gongming Gao respondis: 'Tion vi ne povas kompreni.' Gongming Gao konsideris la koron de fila pietato netraktebla tiel apatie, kiel <mi kultivas la kampon tutforte, kaj samtempe nur faras mian profesion kaj la taskon de fila devo, do min tuŝas neniom tio, ke gepatroj ne amas min>.

La imperiestro Yao igis siajn gefilojn – naŭ virojn kaj du virinojn –, kaj cent oficistojn, bovojn, ŝafojn kaj grenejojn servi al Shun en kultivita kaj kanalizita kampo. Multe da kleruloj kolektiĝis, kaj la imperiestro Yao tiel observadis Shun por transdoni la mondon. Sed tamen pro malakordo kun gepatroj Shun ŝajnis soleca, ne havanta hejmon por reveni.

Potenco, kion personoj de la mondo konsideras ĝojiga kaj dezirus akiri, ne povas solvi la malĝojon de Shun. Povis solvi al li la malĝojon nek belulinoj kiel du filinoj de la imperiestro, nek la riĉaĵo el riĉaĵoj de la mondo dezirataj de homoj, nek alta rango kiel la ĉiela filo, dezirata de homoj. La homa plezuro, kiel belulinoj, riĉaĵoj, rangoj, ne sufiĉas por la solvado de lia malĝojo. Sed nur la akordiĝo kun gepatroj povas solvi al li la malĝojon. Infaneto adoras gepatrojn, adoleskanto adoras junan belulinon, edzo adoras edzinon, oficisto adoras la estron kaj fervoras por gajni la favoron de la estro. Persono kun granda fila pietato dumvive adoras gepatrojn. La kvindek-jaraĝan personon, sopirantan al gepatroj, mi vidas en la Granda Reĝo Shun."

2 [5A2]

万章问曰："《诗》云：'娶妻如之何？必告父母。'信斯言也，宜莫如舜。舜之不告而娶，何也？"

孟子曰："告则不得娶。男女居室，人之大伦也。如告，则废人之大伦，以怼父母，是以不告也？"

万章曰："舜之不告而娶，则吾既得闻命矣；帝之妻舜而不告，何也？"

曰："帝亦知告焉则不得妻也。"

万章曰："父母使舜完廪，捐阶，瞽瞍焚廪。使浚井，出，从而揜之。象曰：'谟盖都君咸我绩，牛羊父母，仓廪父母，干戈朕，琴朕，弤朕，二嫂使治朕栖。'象往入舜宫，舜在床琴。象曰：'郁陶思君尔。'忸怩。舜曰：'惟兹臣庶，汝其于予治。'不识舜不知象之将杀己与？"

曰："奚而不知也？象忧亦忧，象喜亦喜。"

曰：“然则舜伪喜者与？”

曰：“否；昔者不馈生鱼于郑子产，子产使校人畜之池。校人烹之，反命曰：‘始舍之，圉圉焉；少则洋洋焉，攸然而逝。’子产曰：‘得其所哉！得其所哉！’校人出，曰：‘孰谓子产智？予既烹而食之，曰，得其所哉，得其所哉。’故君子可欺以其方，难罔以非其道。彼以爱兄之道来，故诚信而喜之，奚伪焉？”

Wan Zhang demandis, dirante: “En *Poezio* estas dirite: ‘Kion fari ĉe edziĝo? Nepre sciigi gepatrojn pri tio.’ Se fidinda estas tiu vorto, nenio estas malpli bona ol la konduto de Shun. Shun, ne sciigante gepatrojn, edziĝis. Kial? ”

Mengzi diris: “Se li sciigus anticipe, li ne povus edziĝi. Grandega bazo je rilato de homoj kuŝas en la kunloĝado de viro kaj virino. Se li sciigus, la granda bazo de homa rilato detruiĝus. Tial do li ne sciigis siajn gepatrojn.”

Wan Zhang diris: “Pri tio, ke Shun edziĝis sen sciigo al gepatroj, mi jam aŭdis vian opinion. Sed la imperiestro Yao edzinigis siajn filinojn al Shun sen sciigi liajn gepatrojn, kial? ”

Respondis: “La imperiestro sciis, ke se li antaŭsciigus liajn gepatrojn, ne eblus edzinigi.”

Wan Zhang diris: “La gepatroj igis Shun ripari grenejon, kaj poste forigite ŝtupetaron, la patro Gusou ekbruligis la grenejon. Kiam ili igis Shun dragi puton, Gusou poste kovris la elirejon de la puto. Bofrato Xiang diris: ‘Estos mia merito je la komploto por forigo de Shun - la urbofondinto. Bovoj kaj ŝafoj apartenu al gepatroj, grenejo apartenu al gepatroj, sed armiloj al mi, liuto al mi, pafarko al mi, liaj du edzinoj kunloĝadu ĉe mi.’ Poste, kiam Xiang eniris en la palacon de Shun, li trovis Shun ludanta liuton, sidante sur la kuŝejo. Xiang diris: ‘Mi estis ege maltrankvila pri vi, mia reĝo.’ Kaj li aspektis embarasita kun hontemo en koro.Shun diris: ‘Ĉe mi estas subuloj kaj popolanoj, vi administru ilin por mi.’ Mi, Wang Zhang, ne komprenas, ĉu Shun ne povus scii Xiang mortiganta lin mem.”

Mengzi diris: “Kial ne scius Shun pri tio? Sed tamen, kiam Xiang malĝojas, ankaŭ Shun malĝojas. Kiam Xiang ĝojas, ankaŭ Shun ĝojas.”

Wang Zhang demandis: “Se tiel, ĉu Shun ĝojus hipokrite je la trompanto? ”

Mengzi diris: “Ne. Antaŭe iu donacis vivantan fiŝon al Zichan, ĉefministro de Zheng-regno, Zichan donis ĝin al iu pedelo de lago-gardejo, ordonante forlasi ĝin en la lageton. La pedelo kuiris ĝin kontraŭ la ordono kaj diris al Zichan: ' Kiam mi forlasis la fiŝon, ĝi dume ankoraŭ ŝajnus embarasita, sed iom poste ĝi sentis sin libera, kaj fornaĝis aplombe.' Zichan diris: ' Ho ĝi reakiris la sian antaŭstaton! Ĝi reakiris la sian antaŭstaton!' La pedelo eliris kaj diris: ' Kial oni nomas Zichan intelektulo? Mi jam kuiris kaj formanĝis la fiŝon, sed li diras, ke ĝi reakiris la sian antaŭstaton, ĝi reakiris la sian antaŭstaton.' Tiel do malgraŭ ke noblulo povas esti kvankam trompita, tamen trompita per ĝusta rezono, sed estas malfacile trompi la noblulon per malhumana vojo. Xiang prenis manieron, ke li alvenis, amante la pliaĝan fraton, do Shun honeste kredis lin kaj ekĝojis je tio. Kia falso estas en la konduto de Shun? " ①

3 [5A3]

万章问曰："象日以杀舜为事，立为天子则放之，何也？"

孟子曰："封之也；或曰，放焉。"

万章曰："舜流共工于幽州，放驩兜于崇山，杀三苗于三危，殛鲧于羽山，四罪而天下咸服，诛不仁也。象至不仁，封之有庳。有庳之人奚罪焉？仁人固如是乎？在他人则诛之，在弟则封之。"

曰："仁人之于弟也，不藏怒焉，不宿怨焉，亲爱之而已矣。亲之，欲其贵也；爱之，欲其富也。封之有庳，富贵之也，身为天子，弟为匹夫，可谓亲爱之乎？"

"敢问或曰放者，何谓也？"

曰："象不得有为于其国，天子使吏治其国而纳其贡税焉，故谓之放。岂得暴彼民哉？虽然，欲常常而见之，故源源而来，'不及贡，以政接于有庳。'此之谓也。"

Wan Zhang demandis, dirante: " Xiang ĉiutage intencis mortigi Shun, sed kiam Shun surtroniĝis kiel la ĉiela filo, Shun nur forpelis Xiang foren. Kial? "

Mengzi diris: " Li estis feŭdita, sed iuj diras, ke li estis forpelita."

Wan Zhang diris: " Shun ekzilis Gonggong al Youzhou, forpelis Huan Dou al la monto Chong, mortigis tribanojn de San Miao en San Wei, ekzekutis Kun en la monto Yu. Tiuj kvar persekutoj imponis la mondon, kiel la akuzo de malbonvoleco. Xiang, malgraŭ la ekstrema malbonvoleco, estis feŭdita en

---

① Laŭ Mengzi la koncepto de 'fila pietato 孝' estas la plej granda en la homa virto. Ekzemplo de Gusou, malbona patro, kaj la sinteno de Shun estas la modelo de fila pietato laŭ konfuceismo. Kiel ajn malbona estu la patro, la filo nepre devas servi al la patro. Kaj kiel ajn malbona estu la frato, oni devas trakti lin kun favoro. Tiel povas esti firme tenata la familio, la bazo de bazoj por bonorda ŝtato. Sed Mengzi ne postulas absolutan obeon de filo al la patro. Li ne perdis respekton al Kuang Zhang, malobeanta al la patro.

provinco Youbi. En kio kulpus la popolo de Youbi? Ĉu povus konduti la bonvoleca persono tiel – akuzi la aliajn, feŭdi la plijunan fraton? ”

Mengzi diris: “La sinteno de bonvoleculo al la juna frato estas ne akumuladi la koleron, nek tenadi la venĝemon, sed nur intime ami lin kiel la proksiman. Oni dezirus, ke estu altranga tiu, kiu estas intima. Oni dezirus, ke estu riĉa tiu, kiun oni amas. Feŭdi en Youbi estas por riĉigi kaj altigi. Kiam li mem fariĝis la ĉiela filo, se lia plijuna frato restus ordinarulo, kiel eblus nomi tion intima amo? ”

Demandis: “Permesu al mi demandi vin. Oni diras, ke li estis forpelita. Kial? ”

Mengzi diris: “Xiang ne povis fari ion utilan en la lando. La ĉiela filo igis oficistojn administri la landon, kolekti tributojn kaj impostojn, do direblas, ke Xiang estis forpelita. Kiel do li povus tirani la popolon? Sed, dezirante ofte vidi lin, Shun venigis lin al si, kiel al fonto de fontoj, ‘akceptante lin el Youbi ĉiam ajn krom por la devo de tributo aŭ politika raporto.’ Tio signifas la supre menciitan.” ①

4 [5A4]

咸丘蒙问曰：“语云：‘盛德之士，君不得而臣，父不得而子。’舜南面而立，尧帅诸侯北面而朝之，瞽瞍亦北面而朝之。舜见瞽瞍，其容有蹙。 孔子曰：‘于斯时也，天下殆哉，岌岌乎！’不识此语诚然乎哉？”

孟子曰：“否。此非君子之言，齐东野人之语也。尧老而舜摄也。《尧典》曰：‘二十有八载，放勋乃徂落，百姓如丧考妣，三年，四海遏密八音。’孔子曰：‘天无二日，民无二王。’舜既为天子矣，又帅天下诸侯以为尧三年丧，是二天子矣。”

咸丘蒙曰：“舜之不臣尧，则吾既得闻命矣。《诗》云：‘普天之下，莫非王土；率土之滨，莫非王臣。’而舜既为天子矣，敢问瞽瞍之非臣，如何？”

曰：“是诗也，非是之谓也；劳于王事而不得养父母也。曰：‘此莫非王事，我独贤劳也。’故说诗者，不以文害辞，不以辞害志。以意逆志，是为得之。如以辞而已矣，《云汉》之诗曰：‘周余黎民，靡有孑遗。’信斯言也，是周无遗民也。孝子之至，莫大乎尊亲；尊亲之至，莫大乎以天下养。为天子父，尊之至也；以天下养，养之至也。《诗》曰：‘永言孝思，孝思维则。’此之谓也。《书》曰：‘祇载见瞽瞍，夔夔齐栗，瞽瞍亦允若。’是为父不得而子也？”

---

① La patrino de Shun mortis frue, do plijuna frato Xiang estis naskita de la vicpatrino kaj Gusou. Mengzi substrekis la amon de Shun al frato, sed ankaŭ nepotismo povas esti pravigita per tia logiko.

Xianqiu Meng demandis, dirante: "Estas dirite de antikve: ' Altvirtan personon eĉ la reĝo ne povas trakti kiel subulon, eĉ la patro ne povas trakti kiel filon.' Post kiam Shun surtroniĝis kaj sidas kun vizaĝo al sudo, Yao kaj landestroj, sidante kun vizaĝo al nordo, submetiĝis, kaj ankaŭ Gusou, kun vizaĝo al nordo, submetiĝis. Shun, vidante Gusou, sulkigis sian vizaĝon. Konfuceo diris: ' En tiu momento la mondo estus apenaŭ endanĝerigita sur kurtegaĵo!' Mi ne scias, ĉu vere tia estis la eldiro? "

Mengzi diris: "Ne. Tiu vorto ne estas de la noblulo, sed de iu orienta-provincano de Qi. Yao maljuniĝis kaj Shun fariĝis regento. Estas dirite en *Yao-Kanonoj*: ' 28 jarojn poste Fang Xun (Yao) forpasis, popolanoj similas perdintojn de maljunaj gepatroj. Dum tri jaroj malaperis ok sonoj de muziko en la mondo ene de kvar maroj.' ① Konfuceo diris: ' La Ĉielo ne havas du sunojn, la popolo ne havas du reĝojn.' Nur post kiam Shun jam fariĝis la ĉiela filo, la gvidanto kaj landestroj de la mondo okupiĝis pri la funebrado de Yao dum tri jaroj, por eviti samtempan ekziston de du filoj de la Ĉielo."

Xianqiu Meng diris: "Ke Yao ne estis subulo de Shun, pri tio ni jam aŭdis vian opinion. Sed estas dirite en *Poezio*: ' Ĉie ajn sub la Ĉielo nenio estas ne la reĝa tero, ĉie ajn sur la tero kaj la plaĝo neniu estas ne la reĝa subulo.' ② Permesu al mi demandi vin, ĉu, eĉ post kiam Shun fariĝis la ĉiela filo, Gusou ne estus la subulo? Kio estas li? "

Mengzi diris: "La *Poezio* ne signifas tion. Tio diras pri la laboro de la reĝa afero, sed ne pri la nutrado de gepatroj. Estas dirite: ' Tio estas ne alia ol la reĝa afero, mi sola saĝe zorgas pri tio.' Do, kiu predikas la *Poezion*, tiu devas ne difekti vorton per frazo, nek difekti aspiron per vorto, nek kontraŭi al aspiro per volo. Tiel kompreneblas la signifo. Se nur per vorto oni provus legi la tekston, kiel kompreni la jenon, diritan en *Poezio* de *Yunhan*, kie estas skribite: ' El la popolo de Zhou neniu estis postvivanta.' ③ Se kredi la vorton laŭlitere, ne restus la postvivantoj el la popolo de Zhou. La apogeo de fila pietato estas ne alia ol respekto de gepatroj. En la pleja respektado de gepatroj estas nenio pli granda ol la nutrado de la mondo. Fariĝi la patro de la ĉiela filo estas plej respektinde. Nutri la mondon estas plej alte je la nutrado. Estas dirite en *Poezio*: ' Eterne parolu la ideon de fila pietato, ĉar la ideo de fila pietato estas la principa normo.' ④ Tio signifas la supre menciitan. Estas dirite en *Dokumentoj*: ' Li respektoplene vidas Gusou

① La citaĵo troviĝas en la nuna 尚书・舜典.

② Citaĵo el 诗经・小雅・北山. Problemo kuŝas en la timo, ke se la patro fariĝus subulo de la filo, la fundamento de fila pietato difektiĝus.

③ Citaĵo el 诗经・大雅・云汉.

④ Citaĵo el 诗经・大雅・下武.

timeme kaj humile, ankaŭ Gusou ŝanĝiĝis konforme al virto.' [①] Tia estis ja la realo de la frazo: ' La patro ne povas trakti la personon kiel la filon.'

5 [5A5]

万章曰："尧以天下与舜，有诸？"

孟子曰："否。天子不能以天下与人。"

"然则舜有天下也，孰与之？"

曰："天与之。"

"天与之者，谆谆然命之乎？"

曰："否。天不言，以行与事示之而已矣。"

曰："以行与事示之者，如之何？"

曰："天子能荐人于天，不能使天与之天下；诸侯能荐人于天子，不能使天子与之诸侯；大夫能荐人于诸侯，不能使诸侯与之大夫。昔者，尧荐舜于天，而天受之；暴之于民，而民受之；故曰，天不言，以行与事示之而已矣。"

曰："敢问荐之于天，而天受之；暴之于民，而民受之，如何？"

曰："使之主祭，而百神享之，是天受之；使之主事，而事治，百姓安之，是民受之也。天与之，人与之，故曰，天子不能以天下与人。舜相尧二十有八载，非人之所能为也，天也。尧崩，三年之丧毕，舜避尧之子于南河之南，天下诸侯朝觐者，不之尧之子而之舜；讼狱者，不之尧之子而之舜；讴歌者，不讴歌尧之子而讴歌舜，故曰，天也。夫然后之中国，践天子位焉。而居尧之宫，逼尧之子，是篡也，非天与也。《太誓》曰：'天视自我民视，天听自我民听'，此之谓也。"

Wan Zhang demandis: " Yao donis al Shun la mondon, ĉu okazis tio? "

Mengzi diris: " Ne. La ĉiela filo ne povas doni al la alia mondon."

Demandis: " Sed Shun posedis la mondon, kiel ĝi estas donita? "

Mengzi diris: " La Ĉielo donis."

Demandis: " Kiel la Ĉielo donis, ordonante per persvadaj vortoj? "

Respondis: " Ne. La Ĉielo ne parolas per vortoj, sed montras nur per agoj kaj aferoj."

---

① Citaĵo el 书经·大禹谟篇 Iu esploristo konsideras tiun ĉapitron falsa.

Demandis: "Kiel estas montrite per agoj kaj aferoj?"

Respondis: "La ĉiela filo povas rekomendi iun personon al la Ĉielo, sed ne povas igi la Ĉielon doni la mondon. Landestroj povas rekomendi iun al la ĉiela filo, sed ne povas igi al la ĉiela filo fari iun landestro. Grandoficistoj povas iun rekomendi al la landestro, sed ne povas igi al landestro fari iun grandoficisto. Antikve Yao rekomendis Shun al la Ĉielo, kaj la Ĉielo akceptis lin, elmontris lin al la popolo, kaj la popolo akceptis lin. Tial do estas dirite: 'La Ĉielo ne parolas per vortoj, ĝi prezentas nur per agoj kaj aferoj."

Demandis: "Bonvolu diri al mi, kion signifas la frazo: 'Rekomendis lin al la Ĉielo kaj la Ĉielo akceptis; elmontris lin al la popolo kaj la popolo akceptis lin'?"

Respondis: "La oferfesto estas farita de li kiel ĉefpastro, kaj cent dioj akceptis tion kun plezuro – tio signifas, ke La Ĉielo akceptis lin. La servado estas farita de li kiel ĉefpastro kaj la servado iris en ordo, do la popolanoj estas pacaj, tio signifas, ke la popolo akceptis lin. La Ĉielo donis lin, kaj homoj donis lin. Do estas dirite, ke la ĉiela filo ne povas doni al iu persono la mondon. Shun estis regento ĉe Yao dum 28 jaroj, tio estus farebla al neniu krom al la Ĉielo. Yao forpasis, kaj post tri-jara funebro Shun foriris suden trans la Flava Rivero por humile cedi al la filo de Yao.[①] Sed por partopreni en la regado landestroj de la mondo turnis sin ne al la filo de Yao sed al Shun. Por arbitracio de juĝa proceso oni turnis sin ne al la filo de Yao, sed al Shun. Por laŭdkanti oni turnis sin kun himno ne al la filo de Yao, sed al Shun. Do, oni diras ke tio estas la Ĉielo. Poste Shun situis en la Meza regno kaj surtroniĝis kiel la ĉiela filo. Se loĝi en la palaco de Yao kaj forpeli la filon de Yao – tio estus ja uzurpo, t. e. ne ĉiela donaco. Estas skribite en *Tai Shi*[②]: 'La Ĉielo rigardas, samkiel mia popolo rigardas; la Ĉielo aŭdas, samkiel mia popolo aŭdas.' Tio signifas la supre menciitan." [③]

6 [5A6]

万章问曰："人有言，'至于禹而德衰，不传于贤，而传于子。'有诸？"

孟子曰："否，不然也。天与贤，则与贤；天与子，则与子。昔者，舜荐禹于天，十有七年，舜崩，三年之丧毕，禹避舜之子于阳城，天下之民从之，若尧崩之后不从尧之子而从舜也。禹荐

---

① Nomo de la filo de Yao estas 丹朱 Danzhu.

② *Granda Ĵuro*.

③ 尚书・太誓。

益于天，七年，禹崩，三年之丧毕，益避禹之子于箕山之阴。朝觐讼狱者不之益而之启，曰：'吾君之子也。'讴歌者不讴歌益而讴歌启，曰：'吾君之子也。'丹朱之不肖，舜之子亦不肖。舜之相尧、禹之相舜也，历年多，施泽于民久。启贤，能敬承继禹之道。益之相禹也，历年少，施泽于民未久。舜、禹、益相去久远，其子之贤不肖，皆天也，非人之所能为也。莫之为而为者，天也；莫之致而至者，命也。匹夫而有天下者，德必若舜禹，而又有天子荐之者，故仲尼不有天下。继世而有天下，天之所废，必若桀纣者也，故益、伊尹、周公不有天下。伊尹相汤以王于天下，汤崩，太丁未立，外丙二年，仲壬四年，太甲颠覆汤之典刑，伊尹放之于桐，三年，太甲悔过，自怨自艾，于桐处仁迁义，三年，以听伊尹之训己也，复归于亳。周公之不有天下，犹益之于夏、伊尹之于殷也。孔子曰：'唐虞禅，夏后殷周继，其义一也。'"

Wan Zhang demandis, dirante: "Iu diras: 'Ĉe Yu ŝrumpis la virto, ĉar li transdonis la tronon ne al saĝulo, sed al sia filo.' Ĉu vere?"

Mengzi diris: "Ne. Ne estas vere. Se la Ĉielo donus al saĝulo, estus donite al saĝulo. Se la Ĉielo donas al filo, estas donite al filo. Antikve Shun rekomendis Yu al la Ĉielo. 17 jarojn poste Shun forpasis. Post tri-jara funebro, Yu retiris sin al Yangcheng, singênante pro la filo de Shun. Sed la popolo de la mondo sekvis Yu, samkiel post la morto de Yao ili ne sekvis lian filon, sed sekvis Shun. Yu rekomendis Yi al la Ĉielo. 7 jarojn poste Yu mortis. Post tri-jara funebro Yi retiris sin norden trans la monto Qi, singênante pro la filo de Yu. Tiuj, kiuj okupiĝas je ŝtataferoj kaj je arbitracio de juĝa proceso, turnis sin ne al Yi, sed al Qi, la filo de Yu. Ili diris: 'Ĉi tiu estas la filo de nia reĝo.' Kantistoj de himno ne kantis por Yi, sed kantis por Qi, dirante: 'Ĉi tiu estas la filo de nia reĝo.'

Danzhu, la filo de Yao, estis filaĉo. La filo de Shun estis ankaŭ filaĉo.[1] Do Shun fariĝis regento por Yao, kaj Yu asistis Shun. Ili kun riĉa sperto bone regis la popolon dumlonge. Qi estas saĝa kaj povis respektoplene heredi la Vojon de Yu. Yi asistis Yu, sed kun malmulta sperto, li ne povis doni favoron al la popolo dumlonge. Tio, ke Yi ne egalis al Shun kaj Yu, kaj tio, ke filo estas saĝa aŭ ne, tute dependas de la Ĉielo. Koncerne tion homoj povas fari nenion. Kion homoj ne povas fari, tion faras la Ĉielo. Kio al homoj estas ne atingebla, tion plenumas la ĉiela ordono. Se iu ordinarulo povas posedi la mondon, tiu nepre estas havanta la virton, samkiel Shun kaj Yu, aŭ rekomendita de la ĉiela filo. Tial do Konfuceo ne posedis la

① Filo de Shun nomiĝis Shang Jun 商均. Yi estas alinome Boyi 伯益. Qi estas la filo de Yu.

mondon. Eĉ tiu, kiu heredis la tronon kaj posedis la mondon, tiu estis neniigita de la Ĉielo, kiel la tiranoj Jie kaj Zhou. Do, Yi, Yiyin, kaj Duko Zhou ne posedis la mondon. Yiyin asistis Tang fariĝi la reĝo de la mondo. Tang forpasis, sed Tai Ding, kronprinco, ne surtroniĝis, do Wai Bing estis surtrone dum du jaroj, Zhong Ren – dum kvar jaroj. Tai Jia renversis la regulojn kaj la punjuron de Tang, do Yiyin forpelis lin al Tong. Tri jarojn poste Tai Jia pentis pri sia eraro, sinkritikis kaj korektis sin, en Tong li konvertiĝis al bonvoleco kaj justo, post tri jaroj, aŭskultante la instruon de Yiyin, li revenis al Bo.① Duko Zhou ne posedis la mondon, samkiel Yi de Xia-dinastio kaj Yiyin de Yin-dinastio. Konfuceo diris: ' Trono estas transdonita jene:Yao-Shun per abdiko kaj cedo de trono, sed en dinastioj de Xia, Yin kaj Zhou per heredo al filoj. Sed en ĉio estas penetrite per unu justo.' " ②

7 [5A7]

万章问曰："人有言，'伊尹以割烹要汤'，有诸？"

孟子曰："否，不然。伊尹耕于有莘之野，而乐尧舜之道焉。非其义也，非其道也，禄之以天下，弗顾也；系马千驷，弗视也。非其义也，非其道也，一介不以与人，一介不以取诸人。汤使人以币聘之，嚣嚣然曰：'我何以汤之聘币为哉？我岂若处畎亩之中，由是以乐尧舜之道哉？' 汤三使往聘之既而幡然改曰：' 与我处畎亩之中，由是以乐尧舜之道，吾岂若使是君为尧舜之君哉！吾岂若使是民为尧舜之民哉！吾岂若于吾身亲见之哉！天之生此民也，使先知觉后知，使先觉觉后觉也。予，天民之先觉者也；予将以斯道觉斯民也。非予觉之，而谁也？' 思天下之民，匹夫匹妇有不被尧舜之泽者，若已推而内之沟中。其自任天下之重如此，故就汤而说之以伐夏救民。吾未闻枉己而正人者也，况辱己以正天下者乎？圣人之行不同也，或远，或近；或去，或不去；归洁其身而已矣。吾闻其以尧舜之道要汤，未闻以割烹也。《伊训》曰：' 天诛造攻自牧宫，朕载自亳。'"

Wan Zhang demandis, dirante: "Iu diras, ke Yiyin pere de kuirado flatakiris la favoron de Tang, ĉu vere? "

Mengzi diris: " Ne. Ne vere. Yiyin terkulturadis en la kampo de klano You Xin, kie li ĝuis la Vojon de

① Tai Ding mortis antaŭ la surtroniĝo. Wai Bing kaj Zhong Ren estas plijunaj fratoj de Tai Ding. Tai Jia estas filo de Tai Ding. Iu opinias, ke Tong estas la loko, kie estis la tombo de Tang, la alia – kie estis la aparta palaco. Bo estis la ĉefurbo ĉe la reĝo Tang.

② Tang-Yu 唐虞 estas alinomo de Yao-Shun 尧舜 .

Yao-Shun. Vivante ne kontraŭ al la justo, nek kontraŭ al la Vojo, li ne zorgadis pri la salajro en la mondo, nek pri mil kaleŝĉevaloj. Kio kontraŭas al justo kaj kontraŭas al la Vojo, tion li neniam donis al la alia, nek prenis de la aliaj. Tang sendis sian homon kun donaco al li por inviti lin, li indiferente diris: 'Pro kio mi devus ricevi la donacon de Tang? Preferinde, mi estu en la kampo terkulturadi inter digoj kaj sulkoj, per tio ĝuu la Vojon de Yao-Shun.' Tang sendadis al li tri fojojn por inviti lin, kaj fine li ŝanĝis la sintenon, dirante alie: 'Por mi estos pli bone fari tiun reĝon la imperiestro kiel Yao-Shun, ol terkulturadi en la kampo inter digoj kaj sulkoj, ĝuante la Vojon de Yao-Shun. Estos pli bone fari nian popolon sama kiel la popolo de Yao-Shun. Estos pli bone vidi tion per miaj okuloj. La Ĉielo naskis la popolon, por ke antaŭsciiĝinto veku la postan kaj antaŭvekiĝinto veku la postan. Mi estas antaŭsciiĝinto el inter la ĉiela popolo. Mi ĝuste vekos la popolon per la Vojo. Se vekos ilin ne mi, kiu do?' Li pensis, ke se troviĝus iu ordinara viro aŭ virino el la popolo de la mondo, ne ricevanta la benon de Yao-Shun, ili estus mem kulpaj je tio, ke ili estas enfaligitaj en la digon. Tiel do li mem decidis akcepti sur sin la pezan ŝarĝon de la mondo. Tial li persvadis Tang bati *Xia-dinastion* por savi la popolon. Estas neniam aŭdate de ni, ke iu kurba rektigus la alian. Neniam okazas, ke iu hontinda ĝustigu la mondon. Saĝuloj diferencas unu de la alia je sia konduto. Iu agas fore, la alia proksime. Iu foriras, la alia ne foriras. Sed sume, ili mem tenas sin puraj. Ni aŭdas, ke li akiris favoron de Tang per la Vojo de Yao-Shun, sed neniam aŭdis, ke estis per kuirado. En la ĉapitro Yi Xun estas skribite: 'Akuzo fare de la Ĉielo ekis el la atako al la palaco Mu de tirano Jie, mi kun Yiyin komencis la akuzon al tirano Zhou de la ĉefurbo Bo.' ①"

8 [5A8]

万章问曰："或谓孔子于卫主痈疽，于齐主侍人瘠环，有诸乎？"

孟子曰："否，不然也。好事者为之也。于卫主颜雠由。弥子之妻与子路之妻，兄弟也。弥子谓子路曰：'孔子主我，卫卿可得也。'子路以告。孔子曰：'有命。'孔子进以礼，退以义，得之不得曰'有命'。而主痈疽与侍人瘠环，是无义无命也。孔子不悦于鲁卫，遭宋桓司马将要而杀之，微服而过宋。是时孔子当厄，主司城贞子为陈侯周臣。吾闻观近臣，以其所为主；观远臣，以其所主。若孔子主痈疽与侍人瘠环，何以为孔子？"

---

① 尚书（书经），伊训．Ĉapitro nun perdita. Yi Xun estas instruo de Yiyin al Tai Jia. La vorto 'Akuzo fare de la Ĉielo 天诛' estas uzata ĝis nun kiel pravigo de terorismo kaj renverso.

Wan Zhang demandis, dirante: “Iu diras, ke Konfuceo en Wei-regno estis gastigita de Yong Ju, en Qi-regno estis gastigita de eunuko Ji Huan, ĉu vere? ”

Mengzi diris: “Ne. Ne estis vere. Tion fabrikis klaĉuloj. En Wei lin gastigis Yan Chouyou. Edzino de Mizi estis fratino de la edzino de Zilu. Mizi diris al Zilu: ‘Se Konfuceo estos mia gasto, li povos fariĝi ministro de Wei-regno.’ Zilu transdonis tiun vorton, Konfuceo diris: ‘Estas la ĉiela ordono.’ Konfuceo iris antaŭen laŭ decreguloj, iris malantaŭen laŭ justo. Koncerne sukceson aŭ malsukceson je posteno li diris: ‘Estas la ĉiela ordono.’ Se li estus gastigita de Yong Ju kaj de servanto Ji Huan, tio ne estas justo, nek la ĉiela ordono. Konfuceo estis akceptata malbone en Lu kaj Wei, renkontis akcidenton en Song-regno, ke Huan la militoficisto intencis mortigi lin. Li trapasis Song-regnon, kamuflinte sin en simpla vestaĵo. En tiu momento Konfuceon trafis malfacilego, kaj lin gastigis s-ro Zhen la urbestro, estanta subulo de Zhou, la markizo Chen. Ni aŭdis, ke por taksi la proksiman vasalon oni vidas tiun, kiun li gastigas kaj por taksi la malproksiman vasalon oni vidas tiun, de kiu li estas gastigita. Se Konfuceo estus gastigita de Yong Ju kaj eŭnuko Ji Huan, kia oni konsiderus Konfuceon? ” ①

9 [5A9]

万章问曰：“或曰：‘百里奚自鬻于秦养牲者五羊之皮，食牛，以要秦穆公。’信乎？”

孟子曰：“否，不然。好事者为之也。百里奚，虞人也。晋人以垂棘之璧与屈产之乘，假道于虞以伐虢。宫之奇谏，百里奚不谏。知虞公之不可谏而去之秦，年已七十矣；曾不知以食牛干秦穆公之为污也，可谓智乎？不可谏而不谏，可谓不智乎？知虞公之将亡而先去之，不可谓不智也。时举于秦，知穆公之可与有行也而相之，可谓不智乎？相秦而显其君于天下，可传于后世，不贤而能之乎？自鬻以成其君，乡党自好者不为，而谓贤者为之乎？”

Wan Zhang demandis, dirante: “Iu diras, ke Baili Xi vendis sin al bredisto de bestoj en Qin-regno, kaj li, estante bovobredisto, estis aĉetita de Duko Mu de Qin kontraŭ feloj de kvin ŝafoj. Ĉu estas kredinde? ”

Mengzi diris: “Ne. Ne kredinde. Tion fabrikis klaĉuloj. Baili Xi estis Yu-landano. Jin-regnanoj,

① Yong Ju estas konsiderata kiel favorato-eŭnuko de la duko Ling de Wei, Ji Huan – eŭnuko-servanto en Qi-regno. Signifo de la nomo Yong Ju estas ulcero. Yan Chouyou estas saĝa grandoficisto de Wei. Mizi estas Mizi Jia 瑕 , subulo de la duko Lin de Wei. Militoficisto Huan estas 司马桓魋 , kiu aperas en Analektoj 述而 . Zhen 司城贞子 estas Chen-regnano. Markizo Chen estas la filo de la duko Huai de Chen.

donacante jadon de Chuiji-minejo kaj ĉevalojn de Qu-maneĝo, prunte- prenis la straton de Yu-lando por ataki la landon Guo. Gong Zhiqi, saĝa oficisto de Yu, deadmonintus tion, sed Baili Xi tute ne admonis, sciante ke la dukon de Yu-lando oni ne povas admoni, kaj foriris al Qin-regno. Tiam li jam havis sepdek jarojn. Ne estas sciate, ĉu estus saĝe ricevi honton antaŭ Duko Mu pro la bredado de bovoj? Ĉu ne estus saĝe ne admoni tiun, kiun oni ne povas admoni? Ke, antaŭsciiĝinte la estontan pereon de la duko de Yu li forlasis lin, tio ne nomeblas malsaĝa. Ĉu estus ne saĝe, ke li iris ĝustatempe al Qin-regno, sciante la dukon Mu inda por kunlabori kaj asisti? Ĉu ne estus saĝa kaj kapabla tiu, kiu asistis Qin-regnon por fari la reĝon elstara en la mondo tiom brile ke estis transdonate al la postaj generacioj? Vendi sin por sukcesigi la reĝon – ne povas eĉ sinamemaj kamparuloj. Ĉu tion povas fari la tiel nomata saĝulo? ”

万章（下）

WAN ZHANG (II)

10 [5B1]

孟子曰："伯夷，目不视恶色，耳不听恶声。非其君，不事；非其民，不使。治则进，乱则退。横政之所出，横民之所止，不忍居也。思与乡人处，如以朝衣朝冠坐于涂炭也。当纣之时，居北海之滨，以待天下之清也。故闻伯夷之风者，顽夫廉，懦夫有立志。

"伊尹曰：'何事非君？何使非民？'治亦进，乱亦进，曰：'天之生斯民也，使先知觉后知，使先觉觉后觉。予，天民之先觉者也。予将以此道觉此民也。'思天下之民匹夫匹妇有不与被尧舜之泽者，若己推而内之沟中其自任以天下之重也。

"柳下惠不羞污君，不辞小官。进不隐贤，必以其道。遗佚而不怨，厄穷而不悯。与乡人处，由由然不忍去也。'尔为尔，我为我，虽袒裼裸裎于我侧，尔焉能浼我哉？'故闻柳下惠之风者，鄙夫宽，薄夫敦。

"孔子之去齐，接淅而行。去鲁，曰：'迟迟吾行也，去父母国之道也。'可以速而速，可以久而久，可以处而处，可以仕而仕，孔子也。"

孟子曰："伯夷，圣之清者也；伊尹，圣之任者也。柳下惠，圣之和者也；孔子，圣之时者也。孔子之谓集大成。集大成也者，金声而玉振之也。金声也者，始条理也。玉振之也者，终条理也，始条理者，智之事也。终条理者，圣之事也。智，譬则巧也；圣，譬则力也。由射于百步之外也，其至，尔力也；其中，非尔力也。"

Mengzi diris: "Boyi estis tiu, kies okuloj ne vidas malbonan belulinon, oreloj ne aŭdas malbonan voĉon. Li ne servas al netaŭga estro, nek uzas netaŭgan popolon. Se en ordo, li iras antaŭen, se en malordo, li retiras sin. Al li estas neelteneble situi sin tie, kie la politiko estas korupta, tie, kie la popolo estas perversa. Li konsideris, ke situi sin kune kun vulgaraj provincanoj estas same, kiel sidi en la koto vestiĝinte je kortega vesto kun kortega ĉapo. En la epoko de la tirano Zhou, li loĝis sur la bordo de Norda Maro, atendante la mondon puran. Do, aŭdante la moralecon de Boyi, obstinuloj iĝas nekoruptebla, timemuloj ekaspiras. Yiyin diris: 'Al kiu reĝo mi ne servus? Kiun popolon mi ne uzus?' En ordo, li iris antaŭen, ankaŭ en malordo, iris antaŭen, dirante: 'La Ĉielo naskis la popolon, por ke la antaŭiranto je scio veku la postiranton je la scio, la antaŭvekiĝinto veku postvekiĝonton. Mi estas antaŭvekiĝinto inter el la ĉiela popolo, do mi vekos la popolon laŭ la Vojo.' Se inter la ĉiela popolo estus ordinaraj geviroj ne ricevintaj gracon de Yao-Shun, li imagis, kvazaŭ ilin forpuŝis en tiun digon li mem per sia mano, do li prenis sur sin la ĉielan ŝarĝon kiel la sian respondecon. Liuxia Hui ne hontis servi al malpura estro, nek rifuzis malgrandan oficon. Irante antaŭen sen kaŝi sian saĝecon, li nepre iris la Vojon. Ne havante rankoron okaze de ajna perdiĝo, li ne sentis sin mizera okaze de ajna suferiĝo. Eĉ inter provincanoj li tenis sin libera kaj natura, ne forlasis ilin. 'Vi estu vi, mi estu mi. Kiel ajn kondutu la aliaj apud mi, ĉu tutnude aŭ ne, ili neniam povas makuli min.' Aŭdante moralecon de Liuxia Hui, etanimulo iĝas grandanima, facilanimulo iĝas sincera. Forlasante Qi-regnon, Konfuceo, sen perdi tempon por finkuiri rizon, haste foriris; sed, forlasante Lu-regnon, li diris: 'Lante, lante, mi estis foriranta.' ① Tio estas la maniero forlasi la landon de gepatroj. Kiam endas rapidi, rapidas; kiam endas malrapidi, malrapidas; kiam endas resti hejme, restas; kiam endas servi, servas – jen kia estis Konfuceo."

Mengzi diris: "Boyi estas la sanktulo pura, Yiyin estas la sanktulo plena je devsento, Liuxia Hui estas la sanktulo de akordiĝo, Konfuceo estas la sanktulo konforma al tempo. Eblas nomi Konfuceon grandskala kunmetinto. Li amplekse kompletigis la kolektitajn, kvazaŭ sonojn de bronzosonoriloj kaj de ŝtonaj marimboj②. Per la sonoj de bronzosonoriloj oni komencas racie la koncerton, per la marimboj oni finas racie la koncerton. Komenci racie la koncerton estas la afero de intelekto. Fini racie la koncerton estas la afero de sankteco. Intelekto estas ja la metaforo de lerteco. Sankteco estas ja la metaforo de forto. Se diri per ekzemplo de arkopafado kun la distanco je pli ol cent paŝoj, ĝis la loko de celo estas atingeble

---

① 'Lavinte rizon' 接淅 signifas, ke li ne finkuiris rizon, t. e. tiomgrade li hastis. Lu estas lia hejmloko.

② 金声而玉振 Mi oportune tradukis nomojn de instrumentoj per bronza sonorilo kaj ŝtona marimbo. Laŭ Zhuxi tiama muziko havis 8 instrumentojn – bronzo, ŝtono, tendeno, bambuo, kalabaso, isto, ledo, ligno. 金石丝竹匏土革木 .

per via forto, sed celtrafi estas jam ne per via forto."

11 [5B2]

北宫锜问曰："周室班爵禄也，如之何？"

孟子曰："其详不可得闻也，诸侯恶其害己也，而皆去其籍；然而轲也尝闻其略也。天子一位，公一位，侯一位，伯一位，子、男同一位，凡五等也。君一位，卿一位，大夫一位，上士一位，中士一位，下士一位，凡六等。天子之制，地方千里，公侯皆方百里，伯七十里，子、男五十里，凡四等。不能五十里，不达于天子，附于诸侯，曰附庸。天子之卿受地视侯，大夫受地视伯，元士受地视子、男。大国地方百里，君十卿禄，卿禄四大夫，大夫倍上士，上士倍中士，中士倍下士，下士与庶人在官者同禄，禄足以代其耕也。次国地方七十里，君十卿禄，卿禄三大夫，大夫倍上士，上士倍中士，中士倍下士，下士与庶人在官者同禄，禄足以代其耕也。小国地方五十里，君十卿禄，卿禄二大夫，大夫倍上士，上士倍中士，中士倍下士，下士与庶人在官者同禄，禄足以代其耕也。耕者之所获，一夫百亩；百亩之粪，上农夫食九人，上次食八人，中食七人，中次食六人，下食五人。庶人在官者，其禄以是为差。"

Beigong Yi demandis, dirante: "Kia estis la sistemo de titolo-rango kaj salajro en Zhou-dinastio? "

Mengzi diris: "Mi ne povis aŭdi detale. Ĉiuj landestroj, ne ŝatante ion malkonvenan al si, ĉiuj forĵetis la rekordon. Sed mi, Ke, rakontos skize pri tio, kion mi aŭdis. La ĉiela filo prezentas unu titolon, la duko – unu titolon, la markizo – unu titolon, la grafo – unu titolon, la vicgrafo kaj la barono kundividas ĉiu po unu titolo. Totale titoloj konsistas el kvin klasoj. En feŭdo, la reĝo prezentas unu rangon, ministro – unu rangon, grandoficisto – unu rangon, el oficialuloj la supra persono – unu rangon, la meza persono – unu rangon, la suba persono – unu rangon, totale konsistas el ses klasoj. Rilate al la teritorio, la ĉiela filo posedas teritorion mil liojn kvadrate, la duko kaj la markizo ĉiuj – cent liojn kvadrate, la grafo – 70 liojn kvadrate, la vicgrafo kaj la barono – 50 liojn kvadrate, ĝenerale konsistas el kvar klasoj. Kiu posedas malpli ol 50 liojn kvadrate, ne povas aliri al la ĉiela filo . Inter ili, tiu, kiu apartenas al landestro, estas nomata ' dependanto (fuyou)' . Ministro ĉe la ĉiela filo ricevis tiom da tero, kiom la markizo; grandoficisto ricevis teron – samkiel la grafo, supra persono ricevis teron– samkiel la vicgrafo kaj la barono. Rilate al salajrosistemo, la regnestro de granda regno kun cent lioj kvadrate ricevis dekoble pli ol ministro, la ministro – kvaroble pli ol grandoficisto, la grandoficisto – duoble pli ol supra persono, la supra persono – duoble pli ol meza persono, la meza persono – duoble pli ol suba persono, la suba persono ricevis salajron same, kiel oficisto el ordinaruloj. Salajro povas esti anstataŭigita per samvalora agro. Landestro de la sekva grado kun 70 lioj kvadrate ricevis dekoble pli ol ministro, la ministro – trioble pli ol grandoficisto, la grandoficisto – duoble pli ol supra persono, la supra persono – duoble pli ol meza persono, la meza persono – duoble pli ol suba persono, la suba persono ricevis tiom da salajro, kiom oficisto el ordinaruloj. La salajro povas esti anstataŭigita per la samvalora agro. La landestro de malgranda lando kun 50 lioj kvadrate ricevis salajron dekoble pli ol ministro, la ministro – duoble pli ol grandoficisto, la grandoficisto – duoble pli ol supra persono, la supra persono – duoble pli ol meza persono, la meza persono – duoble pli ol suba persono, la suba persono ricevas tiom da salajro, kiom oficisto el ordinaruloj. La salajro povas esti anstataŭigita per la samvalora agro. Koncernante enspezon de terkulturistoj, unu kamparano ricevis cent muojn, t. e. cent muojn da sterkita tero. Supra kamparano manĝigas naŭ familianojn, la sekva post la supra – ok, la meza – sep, la sekva de la meza – ses, la suba – kvin familianojn. Ĉiu oficisto el popolanoj ricevis la salajron depende de la deveno je supre menciita diferenco."

12 [5B3]

万章问曰："敢问友。"

孟子曰："不挟长，不挟贵，不挟兄弟而友。友也者，友其德也，不可以有挟也。孟献子，百乘之家也，有友五人焉：乐正裘，牧仲，其三人，则予忘之矣。献子之与此五人者友也，无献子之家者也。此五人者，亦有献子之家，则不与之友矣。非惟百乘之家为然也，虽小国之君亦有之。费惠公曰：'吾于子思，则师之矣；吾于颜般，则友之矣；王顺、长息则事我者也。'非惟小国之君为然也，虽大国之君亦有之。晋平公之于亥唐也，入云则入，坐云则坐，食云则食；虽疏食菜羹，未尝不饱，盖不敢不饱也。然终于此而已矣。弗与共天位也，弗与治天职也，弗与食天禄也，士之尊贤者也，非王公之尊贤也。舜尚见帝，帝馆甥于贰室，亦飨舜，迭为宾主，是天子而友匹夫也。用下敬上，谓之贵贵；用上敬下，谓之尊贤。贵贵尊贤，其义一也。"

Wan Zhang demandis, dirante: "Permesu al mi demandi vin pri amikeco."

Mengzi diris: "Ne fieri pri sia pliaĝuleco, nek fieri pri sia altrango, nek fieri pri siaj fratoj kaj amikoj. Havi amikon estas amikiĝi kun la virto. Oni ne devas fieraĉi. Ĉe Meng Xianzi de la familio kun cent militĉaroj estis kvin amikoj – Yuezheng Qiu, Mu Zhong kaj tri aliaj, kies nomojn mi ne memoras.[①] Xianzi amikiĝis kun tiuj kvin amikoj sen konscii ke la familio de Xianzi estus granda. Se tiuj kvin homoj kalkulus grandecon de la familio de Xianzi, ili ne amikiĝus unu kun la aliaj. Senkondiĉe de la familio kun cent militĉaroj ili fariĝis amikoj. Okazis same kun reĝo de malgranda lando. La duko Hui de Bi-lando diris: ' Mi faris Zi Si mia majstro, faris Yan Ban mia amiko. Sed Wan Shun kaj Chang Xi estas nur miaj servantoj.' [②] Ne nur kun la reĝo de landeto, sed ankaŭ kun reĝo de granda regno okazis same. Duko Ping de Jin-regno rilatis kun ermito Hai Tang jen tiel:se la lasta permesis al la unua eniri, eniris, se permesis sidiĝi, sidiĝis, se permesis manĝi, manĝis. Manĝante eĉ krudajn manĝaĵojn, legomojn kaj supon, li eĉ ne satmanĝis. Ĉar li ne aŭdacis diri ke li satmanĝis. Sed la interrilato estis nur tia. Duko Ping ne dividis kun Hai Tang la ĉielan postenon, nek kune administris la ĉielan oficon, nek kune ricevis la ĉielan enspezon. Li respektis la saĝulon kiel personon, sed respektis la saĝulon ne kiel reĝo-dukon.[③] Kiam Shun ricevis aŭdiencon de imperiestro Yao, la imperiestro loĝigis la bofilon en la dua ĉambro, aranĝis bankedon por Shun, kaj ili reciproke alternis je la rolo de gasto kaj gastiganto. Jen kia estas la rilato inter la ĉiela filo kaj simpla amiko. Ke la subo respektas la supron, tio estas nomata estimi la noblecon; ke la supro respektas la subon, tio estas nomata respekti la saĝon. Estimo de nobleco kaj respekto de saĝo estas unu tuto je la justeco." [④]

13 [5B4]

万章问曰："敢问交际何心也？"

孟子曰："恭也。"

曰："'却之却之为不恭'，何哉？"

曰："尊者赐之，曰：'其所取之者义乎，不义乎？'，而后受之，以是为不恭，故弗却也。"

曰："请无以辞却之，以心却之。曰：'其取诸民之不义也。'而以他辞无受，不可乎？"

曰："其交也以道，其接也以礼，斯孔子受之矣。"

---

① Meng Xianzi estis alinome Zhongsun Mie 仲孙蔑 , la grandoficisto de Lu-regno, en la epoko de Printempo-Aŭtuno.

② Duko Hui de Bi estis landestro de Bi-lando 费 en la epoko de Printempo-Aŭtuno. Zi Si 子思 estas nepo de Konfuceo.

③ Duko Ping de Jin-regno (surtrone 557-532 a. K.). Hai Tang estis ermito.

④ Estas ege malfacile por altrangulo havigi al si verajn amikojn. Eĉ se troviĝus 'amikoj', okazas, ke al ili mankas virto aŭ saĝo. Amikiĝas homoj, nur egalaj laŭ kvalito; do kiam unu estas malalta je la virto aŭ la saĝo, la alia ankaŭ estas malalta. Nur persono kun alta kvalito povas havigi al si la altkvalitan amikon. Rango kaj riĉo malebligi al homoj trovi veran amikecon. Yoshida Shoin skribis: "Mi trifoje ploris kun larmoj, lekciante ĉi tiun tekston." [讲孟余话 264]

万章曰："今有御人于国门之外者，其交也以道，其馈也以礼，斯可受御与？"

曰："不可。《康诰》曰：'杀越人于货，闵不畏死，凡民罔不譈。'是不待教而诛者也。殷受夏，周受殷，所不辞也；于今为烈，如之何其受之？"

曰："今之诸侯取之于民也，犹御也。苟善其礼际矣，斯君子受之，敢问何说也？"

曰："子以为有王者作，将比今之诸侯而诛之乎？其教之不改而后诛之乎？夫谓非其有而取之者盗也，充类至义之尽也。孔子之仕于鲁也，鲁人猎较，孔子亦猎较。猎较犹可，而况受其赐乎？"

曰："然则孔子之仕也，非事道与？"

曰："事道也。"

"事道奚猎较也？"

曰："孔子先簿正祭器，不以四方之食供簿正。"

曰："奚不去也？"

曰："为之兆也。兆足以行矣，而不行，而后去，是以未尝有所终三年淹也。孔子有见行可之仕，有际可之仕，有公养之仕也。于季桓子，见行可之仕也；于卫灵公，际可之仕也；于卫孝公，公养之仕也。"

Wan Zhang demandis, dirante: "Bonvolu diri al mi, kion oni devas teni en la koro por la interrilato?"

Mengzi respondis: "Respektemon."

Demandis: "Malakcepti donacon estas konsiderate kiel malrespekto, ĉu ne?"

Respondis: "Kiam iu respektinda estas donanta ion, se demandi: 'Kiumaniere vi prenis tion, ĉu juste aŭ maljuste?', kaj poste akcepti – estas malrespekte. Do oni ne malakceptas."

Demandis: "Se oni en sia koro dezirus malakcepti la donacon, pensante ke ĝi estas prenita maljuste el popolanoj, oni, ne trovante la vorton por rifuzi, eldiras alian vorton por malakcepti. Ĉu tio estus allasebla?"

Respondis: "Se interrilatas unu kun la alia laŭ la Vojo, oni devas akcepti unu de la alia laŭ decreguloj. Konfuceo mem ricevis tian donacon."

Wan Zhang demandis: "Kiam iu vojrabisto ekstere de la urba pordo volus donaci al vi ion, se estus la interrilato laŭ la Vojo kaj la donaco laŭ la decreguloj, ĉu vi rajtas akcepti la donacon? ”

Mengzi respondis: “Ne. En *Kang Gao* estas dirite: ‘Kiu mortigas homojn por rabi varojn, neniom timante morton, tiu estas malamata de la tuta popolo.’ ① Tiun oni devas puni, ne atendante reedukon. Ke la punjuron Yin-dinastio ricevis de Xia, Zhou-dinastio ricevis de Yin, tion diri ne necesas. Sed ĝis nun furiozas rabistoj. Kial oni akceptus tian donacon? ”

Demandis: “Ke nunaj landestroj ekspluatas la popolojn, tio estas la rabado. Sed nobluloj akceptas ilian donacon okaze, se tio bone konformas al decreguloj. Mi aŭdacas demandi vin, kion vi diras pri tio? ”

Respondis: “Ĉu vi supozas, ke se aperus la vera reĝo, tiam li akuzus ĉiujn nunajn landestrojn? Aŭ li provus reeduki ilin kaj poste akuzus ne reedukeblajn? Se nomi rabisto tiun, kiu prenus ne sian, tio estas ja konsekvenca postulo por plenumi je la kategorio de la pleja justo. Kiam Konfuceo servis en Lu-regno, *Lu-regnanoj* oferadis al altaro la bestojn, konkurence vet-ĉasitajn. Do ankaŭ Konfuceo implikiĝis en la vet-ĉasadon. Se tia vet-ĉasado estis allasebla, kia estus la akceptado de la donaco? ”

Demandis: “Se tiel, ĉu la afero, ke Konfuceo servis, ne konformis al la Vojo? ”

Respondis: “La afero konformis al la Vojo.”

Demandis: “Por la afero de la Vojo, kial li traktis la vet-ĉasadon? ”

Respondis: “Antaŭ ĉio Konfuceo korektis ceremoniajn ilojn laŭ registro, kaj korektis laŭ registro manĝaĵojn kolektitajn de kvar direktoj, ke ne superfluu la oferaĵo.”

Demandis: “Kial Konfuceo ne foriris? ”

Respondis: “Li faris provon por ĝustigo. Estus bone, se la provo estus sukcesa. Se estas ne bone, poste nur foriri. Do al li neniam eblis restadi en unu loko pli ol tri jarojn. Konfuceo servadis, okaze, se li trovis la aferon praktikebla, okaze, se li povas esti traktata laŭ decreguloj, okaze, se li povas esti nutrata oficiale. Al Ji Huanzi li servis okaze de la unua, al la duko Lin de Wei – okaze de la dua, al la duko Xiao de Wei okaze de la tria.” ②

---

① 康诰 estas unu ĉapitro de 尚书 .

② Ji Huangzi estas 季孙斯 . Duko Lin de Wei (surtrone 534-493 a. K.). Pri la duko Xiao ne estas skribite en *Dokumentoj*. Iu sugestas, ke li estus 出公辄 , nepo de la duko Lin. La teksto enhavas la problemon ĉirkaŭ la proverbo: “Kiel ajn oni soifas, oni devas ne trinki el fonto de ŝtelisto.” Amaso da masakro okazas ofte sub la preteksto de purigo de tiuj, kiuj trinkis el fonto de malamiko. Respondo de Mengzi 其教之不改而后诛之 estas unu el modeloj por eviti la tragedion.

14 [5B5]

孟子曰：“仕非为贫也，而有时乎为贫；娶妻非为养也，而有时乎为养。为贫者，辞尊居卑，辞富居贫。辞尊居卑，辞富居贫，恶乎宜乎？抱关击柝。孔子尝为委吏矣，曰‘会计当而已矣。’尝为乘田矣，曰：‘牛羊茁壮长而已矣。’位卑而言高，罪也；立乎人之本朝，而道不行，耻也。”

Mengzi diris: “Trovi oficon ne estas pro la malriĉeco, sed tamen estas la tempo fari tion pro malriĉeco. Edziĝi ne estas pro la nutrado de gepatroj, sed tamen estas la tempo fari tion pro la nutrado de gepatroj. Kiu faras ion pro malriĉeco, tiu, rifuzinte noblecon, loĝas en malnobleco, aŭ, rifuzinte riĉon, loĝas en malriĉeco. Rifuzinte noblecon, loĝi en malnobleco, kaj, rifuzinte riĉon, loĝi en malriĉeco – kiu laboro estas pli taŭga? Vivteni kiel pordisto aŭ gardisto. Konfuceo fariĝis iam magazenisto, ĉar dirite: ‘Estas bone, nur se vi povas kalkuli.’ Iam li fariĝis paŝtisto, ĉar dirite: ‘Estas bone, nur se bovoj kaj ŝafoj povas kreski fortaj kaj grandaj.’ Kulpas tiu, kiu, estante malalta je rango, fanfaronas. Hontinda estas tiu, kiu, starante alta je rango en kortego, ne kondutas laŭ la Vojo.”

15 [5B6]

万章曰：“士之不托诸侯，何也？”

孟子曰：“不敢也。诸侯失国，而后托于诸侯，礼也；士之托于诸侯，非礼也。”

万章曰：“君馈之粟，则受之乎？”

曰：“受之。”

“受之何义也？”

曰：“君之于氓也，固周之。”

曰：“周之则受，赐之则不受，何也？”

曰：“不敢也。”

曰：“敢问其不敢何也？”

曰：“抱关击柝者皆有常职以食于上。无常职而赐于上者，以为不恭也。”

曰：“君馈之，则受之，不识可常继乎？”

曰：“缪公之于子思也，亟问，亟馈鼎肉。子思不悦。于卒也，摽使者出诸大门之外，北面稽首再拜而不受，曰：‘今而后知君之犬马畜伋。’盖自是台无馈也。悦贤不能举，又不能养也，可谓悦贤乎？”

曰："敢问国君欲养君子，如何斯可谓养矣？"

曰："以君命将之，再拜稽首而受。其后廪人继粟，庖人继肉，不以君命将之。子思以为鼎肉使己仆仆尔亟拜也，非养君子之道也。尧之于舜也，使其子九男事之，二女女焉，百官牛羊仓廪备，以养舜于畎亩之中，后举而加诸上位，故曰，王公之尊贤者也。"

Wan Zhang diris: "Vaganta saĝulo ne dependas de landestro, kial? "

Mengzi diris: "Li ne aŭdacas dependi. Estas laŭ decreguloj, ke la landestro, perdinta la landon, turnas sin al la alia landestro kun peto de protekto. Sed estas ne laŭ decreguloj, se vaganta saĝulo turnas sin al landestro kun peto de protekto."

Wan Zhang diris: "Se estro donas al li grenojn, ĉu li ricevas? "

Respondis: "Li ricevas."

Demandis: "Surbaze de kiu justeco li ricevas? "

Respondis: "Estro principe devas savi enmigrinton."

Demandis: "Se por savi, li ricevas, se por donaci, li ne ricevas. Kial? "

Respondis: "Li ne aŭdacas ricevi la lastan."

Demandis: "Bonvolu diri al mi, kial li ne aŭdacas? "

Respondis: "Se pordisto kaj gardisto, ĉiuj havas la profesion kaj per tio al ili estas donata la manĝaĵo de la supro. Se al nehavanto de la konstanta profesio estus liverata donaco de la supro, tion oni konsideras ne respektenda."

Demandis: "Se estro donas la manĝaĵon, li ricevas ĝin. Mi ne scias, ĉu tio estus por ĉiam daŭrigebla? "

Respondis: "Rilate al Duko Mu kaj konfuceano Zi Si, la duko ofte demandadis lin, kaj ofte donis al li kuiritan viandon en kuirpoto nome de la duko. Zi Si ne ĝojis je tio. Finfine, li indikis al sendito meti ĝin ekstere de la granda pordo, kaj riverencadis turnante sin norden, ne akceptante la donacon. Zi Si diris: 'Nun mi scias, ke la estro traktas min same, kiel hundon kaj ĉevalon.' Poste la duko ne plu sendis tra pedelo manĝaĵon. Li, kvankam ĝojante je la saĝulo, tamen ne povis promocii lin, nek povas nutri lin. Ĉu direblus, ke li ĝojas je la saĝulo? "

Demandis: "Bonvolu diri al mi, se iu landestro volus nutri noblulon, kiel li devas teni sin por la nutrado? ”

Respondis: “ Se farate laŭ la estra ordono, la ricevanto riverencadas kun kapo kliniĝanta. Do poste, ne nome de la estra ordono, sed daŭre grentenejisto mem devas alportadi grenojn kaj kuiristo – viandon. Zi Si konsideris la kuiritan viandon en kuirpoto kiel trudiĝeman al si riverencadi la estron multfoje, ke tio ne estas la Vojo por nutri la noblulon. Rilate al Yao kaj Shun, Yao donis siajn naŭ filojn al Shun servi lin, kaj edzinigis du filinojn kun li, kaj aldone donis cent oficistojn, bovojn-ŝafojn kaj grenejon, por nutri Shun, laborantan en la kampo inter kanaletoj kaj sulkoj. Poste Yao promociis lin al la plej alta rango. Do estas dirite: ‘ Tio estas ja la maniero de reĝo kaj duko por respekti saĝulon’ .” ①

16 [5B7]

万章曰：“敢问不见诸侯，何义也？”

孟子曰：“在国曰市井之臣，在野曰草莽之臣，皆谓庶人。庶人不传质为臣，不敢见于诸侯，礼也。”

万章曰：“庶人，召之役，则往役；君欲见之，召之，则不往见之，何也？”

曰：“往役，义也；往见，不义也。且君之欲见之也，何为也哉？”

曰：“为其多闻也，为其贤也。”

曰：“为其多闻也，则天子不召师，而况诸侯乎？为其贤也，则吾未闻欲见贤而召之也。缪公亟见于子思，曰：‘古千乘之国以友士，何如？’子思不悦，曰：‘古之人有言曰，事之云乎，岂曰友之云乎？’子思之不悦也，岂不曰：‘以位，则子，君也；我，臣也；何敢与君友也？以德，则子事我者也，奚可以与我友？’千乘之君求与之友而不可得也，而况可召与？齐景公田，招虞人以旌，不至，将杀之。志士不忘在沟壑，勇士不忘丧其元。孔子奚取焉？取非其招不往也。”

曰：“敢问招虞人何以？”

曰：“以皮冠。庶人以旃，士以旂，大夫以旌。以大夫之招招虞人，虞人死不敢往；以士之招招庶人，庶人岂敢往哉？况乎以不贤人之招招贤人乎？欲见贤人而不以其道，犹欲其入而闭之门也。夫义，路也；礼，门也。惟君子能由是路，出入是门也。《诗》云：‘周道如砥，其直如矢；

---

① Duko Mu de Lu (surtrone 407-377 a. K.) kaj Zi Si aperas ankaŭ en la ĉapitro Gongsun Chou [2B11]. La vorto 士 havas multajn signifojn, ĉi tie mi tradukis ĝin per ‘vaganta saĝulo’, ĉar en la kunteksto ĝi ne estas ordinara klerulo, sed specialisto de reĝa konsilianto, kiel Zi Si kaj Mengzi mem.

君子所履，小人所视。’”

万章曰：“孔子，君命召，不俟驾而行；然则孔子非与？”

曰：“孔子当仕有官职，而以其官召之也。”

Wan Zhang diris: “Bonvolu diri al mi, laŭ kia justo vi ne iras renkonti landestrojn? ”

Mengzi diris: “Subulo, kiu loĝas en la urbo, estas nomata ‘subulo de merkato kaj puto’. Subulo, kiu loĝas sur la kampo, estas nomata ‘subulo de herboj’. Ambaŭ estas plebanoj. Sen prezenti omaĝaĵon tra peranto, plebanoj ne aŭdacas ricevi aŭdiencon ĉe landestroj, tio estas laŭ decreguloj.”

Wan Zhang diris: “Plebano iras labori, se alvokite. Sed, kiun la estro alvokus, dezirante vidi, ne iras renkonti la estron. Kial? ”

Mengzi diris: “Iri labori – tio estas ja laŭ justo. Tiuokaze ne iri renkonti estas maljuste. Kial la estro dezirus vidi lin? ”

Wan Zhang diris: “Ĉar tiu persono scias multe da informoj kaj estas saĝa.”

Mengzi diris: “La personon kun multe da informoj eĉ la ĉiela filo ne povus alvoki kiel majstron, des pli landestroj. Se temas pri la saĝulo, mi ankoraŭ ne aŭdis, ke iu, dezirante vidi saĝulon, alvokus lin.

Duko Mu ofte vidis Zi Si. Iam la duko diris: ‘Kiel vi opinias pri tio, ke antikve la reĝo de la regno je mil militĉaroj amikiĝis kun klerulo?’

Zi Si ne ĝojis je tio, dirante: “Antikvuloj parolis: ‘Eblas diri, ‘servi’, sed ĉu eblus diri, ‘amikiĝi’? Zi Si, ne ĝojante je tio, volus diri: ‘Laŭ rango vi estas reĝo, mi estas subulo. Kiel do mi povus fari la reĝon amiko? Laŭ virto vi sekvas min. Kiel do eblus fari min amiko?’ Eĉ la reĝo de mil militĉaroj ne povus fari majstron amiko, ĉu eblus alvoki lin?

Kiam Duko Jing de Qi-regno ĝuis ĉasadon, li volus alvoki iun gardiston de ĉasejo per signalo de la flago. Sed la gardisto ne alvenis, do la duko volus mortigi lin. Aspirplena persono ne forgesas, ke li ekzistas sur danĝera krutaĵo; bravulo ne forgesas, ke li okaze perdus la kapon. Kiel Konfuceo komprenis la situacion? – La gardisto prenis la alvokon kiel ne signon al si, do ne iris al la duko.”

Demandis: “Bonvolu diri al mi, per kiu signo oni devas alvoki gardiston? ”

Respondis: “Per ĉapo el pelto. Plebanon per flago, oficiston per standardo, grandoficiston per flago kun belaj plumoj. Se per flago por grandoficisto oni alvokus gardiston, la gardisto ne aŭdacas iri, eĉ se li mortus. Se per standardo por oficisto oni provus alvoki plebanon, la plemano ne aŭdacas iri. Des pli ĉe la alvoko de saĝulo, ĉu la saĝulo povas esti alvokita ne per la signo por saĝulo? Se iu dezirus vidi saĝulon, prenante nekonvenan vojon, tio signifas, ke tiu, dezirante enirigi iun, fermas al li la pordon. La justo estas strato; la decreguloj estas pordo. Nur noblulo povas iradi laŭ la strato, en- kaj eliradi tra la pordo. Estas dirite en *Poezio*: ' La Vojo de reĝoj en Zhou-dinastio estas simila al akrigoŝtono, kaj estas rekta kiel sago; nobluloj povas mem paŝi ĝin, malgranduloj nur preterrigardi ĝin.' ①"

Wan Zhang diris: "Konfuceo, kiam la reĝo alvokis lin, ekiris, ne atendante pretigon de la kaleŝo. Ĉu Konfuceo eraris? "

Mengzi diris: "Konfuceo tiam, enoficigite, havis la postenon en ofico, do li kondutis laŭ la oficiala alvoko."

17 [5B8]

孟子谓万章曰："一乡之善士斯友一乡之善士，一国之善士斯友一国之善士，天下之善士斯友天下之善士。以友天下之善士为未足，又尚论古之人。颂其诗，读其书，不知其人，可乎？是以论其世也。是尚友也。"

Mengzi diris al Wan Zhang: "Unu bona persono de vilaĝo② amikiĝas kun alia bona persono de la vilaĝo, unu bona persono de ŝtato amikiĝas kun alia bona persono de la ŝtato; unu bona persono de la mondo amikiĝas kun alia bona persono de la mondo. Se al li ne sufiĉas per la bona amiko de la nuna mondo, li retrospektive estimas la opiniojn de antikvuloj. Li povas recitadi la poemojn, legadi la librojn, ne sciante persone la antikvulojn, ĉu ne? Kiuj povas argumenti tiel pri la mondo kaj generacioj, tiuj estas ja estimindaj amikoj trans la tempo." ③

18 [5B9]

齐宣王问卿。孟子曰："王何卿之问也？"

王曰："卿不同乎？"

---

① Citaĵo el 诗经·小雅·大东.

② La vilaĝo 乡 xiang konsistis el 12500 familioj laŭ la rimarko de Zhou Li 周礼.

③ En tiu senco Esperantistoj havas avantaĝon, ke ili povas amikiĝi kun ĉiuj de la mondo kaj retrospektive en la historio pere de la komuna lingvo.

曰："不同。有贵戚之卿，有异姓之卿。"

王曰："请问贵戚之卿。"

曰："君有大过则谏；反复之而不听，则易位。"

王勃然变乎色。

曰："王勿异也。王问臣，臣不敢不以正对。"

王色定，然后请问异姓之卿。

曰："君有过则谏，反复之而不听，则去。"

Reĝo Xuan de Qi-regno demandis Mengzi pri la traktado de ministroj.

Mengzi diris: "Pri kiaj ministroj Via Moŝto demandas? "

La reĝo diris: "Ĉu ministroj malsamas unu de la alia? "

Mengzi diris: "Malsamas. Estas ministro laŭ deveno de la reĝa linio, kaj estas ministro laŭ la alia deveno."

La reĝo diris: "Diru al mi, mi petas, pri la ministro laŭ la deveno de la reĝa linio."

Mengzi diris: "Se li trovas sian reĝon farinta grandan eraron, admonas lin, sed se la reĝo ne aŭskultus spite la ripetatan admonon, tiam tiu ministro detronigus lin."

La reĝo subite ŝanĝis la vizaĝkoloron.

Mengzi diris: "Ne miskomprenu, Via Moŝto. Vi, kiel reĝo, demandis min, do mi, kiel via subulo, ne povas ne respondi rekte."

La reĝo kvietiĝis je la mieno, poste demandis pri la ministroj de la alia deveno.

Mengzi diris: "Se li trovas la reĝon erarinta, li admonas lin, kaj se la reĝo ne aŭskultus malgraŭ la ripetata admono, tiu ministro devus forlasi la landon."

告子（上）
GAO ZI (I)

1 [6A1]

告子曰："性，犹杞柳也，义，犹桮棬也；以人性为仁义，犹以杞柳为桮棬。"

孟子曰："子能顺杞柳之性而以为桮棬乎？将戕贼杞柳而后以为桮棬也？如将戕贼杞柳而以为桮棬，则亦将戕贼人以为仁义与？率天下之人而祸仁义者，必子之言夫！"

Gaozi diris: "Denaska naturo estas sama, kiel saliko; justo estas sama, kiel taso kaj bovlo. Fari bonvolecon kaj juston el la homa denaska naturo estas same, kiel fari tason kaj bovlon el saliko."

Mengzi diris: "Ĉu vi povas fari tason kaj bovlon laŭ la denaska naturo de saliko? Aŭ perforte detruinte la salikon vi faras tason kaj bovlon? Se vi perforte detruinte salikon faras tason kaj bovlon, ankaŭ perforte detruinte homojn vi faras bonvolecon kaj juston, ĉu ne? Kio, gvidante homojn de la mondo, damaĝas la bonvolecon kaj juston, tio estas nepre via opinio!" ①

2 [6A2]

告子曰："性犹湍水也，决诸东方则东流，决诸西方则西流。人性之无分于善不善也，犹水之无分于东西也。"

孟子曰："水信无分于东西，无分于上下乎？人性之善也，犹水之就下也。人无有不善，水无有不下。今夫水，搏而跃之，可使过颡；激而行之，可使在山。是岂水之性哉？其势则然也。

---

① Gaozi – iuj konsideras lin mohisto, sed aliaj dubas. La sama nomo Gaozi aperas en la libro Mozi, en la ĉapitro 孔孟篇 , sed apartenas al la alia epoko.

人之可使为不善，其性亦犹是也。”

Gaozi diris: “La denaska naturo estas sama, kiel kirliĝanta akvo. Se oni malfermas la elirejon al oriento, ĝi fluas orienten; se oni malfermas la elirejon al okcidento, ĝi fluas okcidenten. Laŭ denaska naturo homoj ne distingas la bonon kaj la malbonon, samkiel akvo ne distingas orienton kaj okcidenton.”

Mengzi diris: “Kvankam akvo certe ne distingas orienton kaj okcidenton, tamen ĉu ĝi ne distingas la supron kaj la subon? La homa denaska naturo estas bona same, kiel akvo fluas suben. Homo ne havas malbonecon, kiel akvo ne fluas ne suben. Se nun batite, la akvo eksaltas supren ol kapo, se barite je la irado, la akvo estas rezervita en la monto. Sed ĉu tio estas la denaska naturo de akvo? Akvo estiĝas tia per ekstera forto. Okazas, ke ankaŭ al homo estas devigate fari malbonon. Sed ĉu tio estas laŭ la homa denaska naturo? ”

3 [6A3]

告子曰：“生之谓性。”

孟子曰：“生之谓性也，犹白之谓白与？”

曰：“然。”

“白羽之白也，犹白雪之白，白雪之白犹白玉之白欤？”

曰：“然。”

“然则犬之性犹牛之性；牛之性犹人之性与？”

Gaozi diris: “Fenomeno de vivo estas de t. n. denaska naturo.”

Mengzi diris: “Se vivo estas de la t. n. denaska naturo, ĉu io blanka havas t. n. blankecon laŭ denaska naturo? ”

Gaozi diris: “Jes.”

Mengzi diris: “Se la blankeco de plumo estas identa al la blankeco de neĝo, ĉu la blankeco de neĝo estas identa al la blankeco de jado? ”

Gaozi diris: “Jes.”

Mengzi diris: “Tiuokaze la naturo de hundo devus esti sama, kiel la naturo de bovo. Ĉu la naturo de bovo estas sama, kiel la homa naturo? ” ①

4 [6A4]

告子曰："食色，性也。仁，内也，非外也；义，外也，非内也。"

孟子曰："何以谓仁内义外也？"

曰："彼长而我长之，非有长于我也；犹彼白而我白之，从其白于外也，故谓之外也。"

曰："异于白马之白也，无以异于白人之白也；不识长马之长也，无以异于长人之长欤？且谓长者义乎？长之者义乎？"

曰："吾弟则爱之，秦人之弟则不爱也，是以我为悦者也，故谓之内。长楚人之长，亦长吾之长，是以长为悦者也，故谓之外也。"

曰："耆秦人之炙，无以异于耆吾炙，夫物则亦有然者也，然则耆炙亦有外欤？"

Gaozi diris: "Deziro je manĝado kaj je seksumado estas la denaska naturo. Bonvoleco estas io interna pli ol ekstera, justo estas io ekstera pli ol interna."

Mengzi diris: "Kial vi opinias, ke la bonvoleco estas interna kaj la justo estas ekstera? "

Gaozi diris: "Kiu estas pliaĝa ol mi, tiun mi respektas kiel pli alta je jaraĝo. La pliaĝeco apartenas ne al mi. Kiu estas blanka, tiun mi rigardas blanka. La blankeco ne apartenas al mi, sed ekstere. Do mi nomas tiun ekstera."

Mengzi diris: "Se temas pri la diferenco, ne estas diferenco inter tio, ke blanka ĉevalo estas blanka, kaj tio, ke blanka homo estas blanka. Sed mi ne scias, ĉu ne estas diferenco en la traktado inter la pliaĝeco de pliaĝa ĉevalo kaj la pliaĝeco de pliaĝa homo? Koncerne la juston, ĉu justa estas t. n. pliaĝulo? aŭ ĉu justa estas tiu, kiu rigardas iun pliaĝa? "

Gaozi diris: "Ni amas plijunan fraton, ĉar li estas nia frato, tamen ni ne amas alies plijunan fraton de Qin-regno. Pro tio, ke mi sentas min ĝoja je mia frato. Do tio estas nomata 'io interna'. Ni rigardas pliaĝulon de Chu-regno pliaĝa, ankaŭ rigardas nian pliaĝulon pliaĝa. La pliaĝeco kaŭzas ĝojon. Do tio estas nomata 'io ekstera'."

---

① La teksto enhavas tre gravan temon en la ĉina filozofio, do Zhuxi komentas surbaze de sia pensmaniero 气 Qi kaj 理 Li: "Mi opinias, ke la denaska naturo 性 estas Li, kiun la homo ricevis de la Ĉielo; la vivo 生 estas Qi, kiun la homo ricevis de la Ĉielo. 性 estas metafizika, 气 estas fizika. [...] El la vidpunkto 气 ne diferencas inter homo kaj nehomo. El la vidpunkto 理, homo ricevis rezonon de bonvoleco, justo, decreguloj, saĝeco, sed tamen nehomo ne ricevas ion kompletan. [朱熹四书集注 332-333]

Mengzi diris: "Tio, ke Qin-regnanoj gustumas rostitan viandon, ne malsamas al nia gustumado de rostita viando. La aĵo donas al ni frandi ĝin same. Ĉu tial do frandi la rostitan viandon estas ankaŭ io ekstera? " ①

5 [6A5]

孟季子问公都子曰："何以谓义内也？"

曰："行吾敬，故谓之内也。"

"乡人长于伯兄一岁，则谁敬？"

曰："敬兄。"

"酌则谁先？"

曰："先酌乡人。"

"所敬在此，所长在彼，果在外，非由内也。"

公都子不能答，以告孟子。

孟子曰："敬叔父乎？敬弟乎？彼将曰：'敬叔父。'曰：'弟为尸，则谁敬？'彼将曰：'敬弟。'子曰：'恶在基敬叔父也？'彼将曰：'在位故也。'子亦曰：'在位故也。庸敬在兄，斯须之敬在乡人。'"

季子闻之，曰："敬叔父则敬，敬弟则敬，果在外，非由内也。"

公都子曰："冬日则饮汤，夏日则饮水，然则饮食亦在外也？"

Meng Jizi demandis Gongduzi, dirante: "Kial vi konsideras juston io interna? "

Gongduzi respondis: "Ni kondutas laŭ respekto, do la justo estas io interna."

Demandis: "Iu vilaĝano estas pliaĝa ol via pliaĝa frato je unu jaro, al kiu el du vi esprimas pli da respekto? "

Respondis: "Mi esprimas pli da respekto al mia pliaĝa frato."

Demandis: "Ĉe la vilaĝa festo, al kiu el du vi unue priverŝas vinon? "

Respondis: "Unue mi priverŝas al la vilaĝano."

---

① Mengzi konsideras bonvolecon kaj juston io interna. vd. [6A6] 仁义礼智，非由外铄我也，我固有之也 Bonvoleco, justo, decreguloj kaj intelekto ne estas io ekstera plakaĵo de mia memo, sed apartenas propre al mia memo. Gaozi vidas en la homa menso ion internan kaj ion eksteran laŭ sentivo. Apetito, seksdeziro, bonvolemo apartenas al interno. Justo, respekto al pliaĝuloj, apartenas al ekstero. En Japanio, Yoshida Shoin rigardas la bonvolecon kaj la juston internaj, kaj predikas, ke persono devas servi tutanime al gepatroj kun bonvoleco kaj al estroj kun sia 'interna' justo. [讲孟 288-289].

Meng Jizi diris: "Vi respektas unu, sed je pliaĝeco vi esprimas pli da respekto al la alia. Rezultas, ke tio estas ekstera, sed ne interna."

Gongduzi ne povis respondi kaj turnis sin al Mengzi.

Mengzi diris: "Kiun respekti pli, onklon aŭ plijunan fraton? Oni certe respondas: 'Respekti onklon.' Se oni faras la junan fraton mediumo de enpersonigita mortinto, tiuokaze kiun respekti pli? Oni certe respondas: 'Respekti la plijunan fraton.' Vi demandas: 'Je la unua kazo, kial oni devas respekti onklon?' Oni certe respondas: 'Pro la pozicio.' Ankaŭ vi diru: 'Pro la pozicio. Ordinare oni devas respekti pliaĝan fraton, sed depende de situacio oni devas esprimi pli da respekto al vilaĝano.'"

Jizi aŭdis tion kaj diris: "Kiam endas respekti onklon, vi respektas la onklon; kiam endas respekti plijunan fraton, vi respektas la fraton. Rezulte, la respektado dependas de io ekstera, sed ne de io interna."

Gongduzi diris: "En vintra tago oni trinkas varman akvon, en somera tago – malvarman akvon. Se tiel, laŭ vi, ĉu ankaŭ la trinkado dependas de io ekstera?" ①

6 [6A6]

公都子曰："告子曰：'性无善无不善也。'或曰：'性可以为善，可以为不善；是故文武兴，则民好善；幽厉兴，则民好暴。'或曰：'有性善，有性不善；是故以尧为君而有象；以瞽瞍为父而有舜；以纣为兄之子，且以为君，而有微子启、王子比干。'今曰：'性善'，然则彼皆非欤？"

孟子曰："乃若其情，则可以为善矣，乃所谓善也。若夫为不善，非才之罪也。恻隐之心，人皆有之；羞恶之心，人皆有之；恭敬之心，人皆有之；是非之心，人皆有之。恻隐之心，仁也；羞恶之心，义也；恭敬之心，礼也；是非之心，智也。仁义礼智，非由外铄我也，我固有之也，弗思耳矣。故曰：'求则得之，舍则失之。'或相倍蓰而无算者，不能尽其才者也。《诗》曰：'天生蒸民，有物有则。民之秉彝，好是懿德。'孔子曰：'为此诗者，其知道乎！故有物必有则；民之秉彝也，好是懿德。'"

Gongduzi diris: "Gaozi diris: 'En la denaska naturo ne estas bono, nek malbono'. Iu diras: 'La denaska naturo povas esti bono, povas esti malbono. Ĉe la reĝoj Wen kaj Wu la popolo estis bona; ĉe la reĝoj You kaj Li la popolo estis violentema.' La alia diras: 'Estas bona naturo kaj estas malbona naturo.

---

① Sento de respekto estas interna aŭ ekstera, en kio kuŝas la disputo. Mengzi, kun la boneco de denaska naturo, konsideras ĝin devenanta de interno. Oponanto konsideras ĝin devenigita de ekstero.

Do ĉe la estro Yao estiĝis Xiang; ĉe Gusou, la patro, estiĝis Shun; ĉe la tirano Zhou, kiel la frata filo kaj la reĝo, estiĝis Weizi Qi kaj princo Bi Gan.' Nun vi diras, ke la denaska naturo estas bona, ĉu ĉiuj opinioj supre menciitaj ne pravas? "

Mengzi diris: " Sed laŭ la dispozicio estas farebla la bono, tial do eblas diri, ke ' la naturo estas bona' . Se iu homo faras malbonon, en tio kulpas ne lia denaska kapablo. La koro de kompato kaj mizerikordo apartenas al ĉiu homo; la hontemo al malbono apartenas al ĉiu homo; la koro de ĝentileco kaj respektemo apartenas al ĉiu homo; la koro de juĝado je praveco kaj malpraveco apartenas al ĉiu homo. En la koro de kompato kaj mizerikordo estas bonvoleco. En la koro de honto je malbono estas justo; en la koro de ĝentileco kaj respekto estas decreguloj. En la koro de juĝado je praveco kaj malpraveco estas intelekto. Bonvoleco, justo, decreguloj kaj intelekto ne estas io ekstera plakaĵo de mia memo, sed ekzistas propre en mia memo. Nur mi mem ne atentas konscie al tio. Do estas dirite: ' Serĉu, vi akiros tion; forlasu, vi perdos tion.' La rezulto diferencas unu de la alia duoble, kvinoble, nekalkuleble, pro tio, ke iuj ne povas disvolvi sian denaskan kapablon. En *Poezio* estas dirite: ' La Ĉielo naskas la popolamason laŭ la leĝo de estaĵoj tiel, ke la popola dispozicio ŝatas la belan virton.' ① Konfuceo diris: ' Verkinto de tiu poemo scias la Vojo-Taon! Do nepre estas leĝo de estaĵoj, laŭ kiu la dispozicio de popolo ŝatas la belan virton' ."

7 [6A7]

孟子曰："富岁，子弟多赖；凶岁，子弟多暴，非天之降才尔殊也，其所以陷溺其心者然也。今夫麰麦，播种而耰之，其地同，树之时又同，浡然而生，至于日至之时，皆熟矣。虽有不同，则地有肥硗，雨露之养，人事之不齐也。"

"故凡同类者，举相似也，何独至于人而疑之？圣人，与我同类者。故龙子曰：'不知足而为屦，我知其不为蒉也。'屦之相似，天下之足同也。口之于味，有同耆也；易牙先得我口之所耆者也。如使口之于味也，其性与人殊，若犬马之与我不同类也，则天下何耆皆从易牙之于味也？至于味，天下期于易牙，是天下之口相似也。惟耳亦然。至于声，天下期于师旷，是天下之耳相似也。惟目亦然。至于子都，天下莫不知其姣也。不知子都之姣者，无目者也。故曰，口之于味也，有同耆焉；耳之于声也，有同听焉；目之于色也，有同美焉，至于心，独无所同然乎？心之所同

① Citaĵo el 诗经·大雅·烝民 . Sed estas skribite 秉彝 (posedi ĉiaman inklinon.)

然者何也？谓理也，义也。圣人先得我心之所同然耳。故理义之悦我心，犹刍豢之悦我口。”

Mengzi diris: “En la jaroj de abundeco multiĝas fidindaj bonaj junuloj. En la jaroj de sterilego multiĝas brutalaj junuloj, ne ĉar la Ĉielo donas al ili suben la apartan kapablon, sed ĉar estiĝas la koro pereiga kaj inercia. Se nun iu semas hordeon kaj kovras ĝin per grundo, kondiĉe de sama tero kaj de sama tempo je la semado, estos vigle ĝermanta, kaj kiam venos la tempo, en ĝusta momento tute maturiĝos, malgraŭ ke estiĝus iom da malsameco depende de grunda fekundeco, de kvanto je pluvo aŭ roso, kaj de malsama diligenteco de homoj. Kiuj apartenas al la sama speco, tiuj ĝenerale similas unu al la alia. Se temas nur pri homoj, ĉu iuj dubas je tiu sameco, ke eĉ sanktulo kaj mi havas ion saman? Longzi diris: ‘ Mi ne scias kiu fabrikas ŝuojn, sed mi scias, ke tiu nepre fabrikas ne korbojn.’ Ŝuoj similas unu al la alia, ĉar piedoj en la mondo estas samaj. Rilate al gustoj, frandaĵoj estas samaj, ke kuiristo Yi Ya unue komprenis, kio estas bongusta por nia buŝo. Se gustoj por buŝoj diferencus laŭ-nature inter ni tiom, kiom inter mi kaj hundoj-ĉevaloj, kial do ĉiuj en la mondo sekvas la bonguston, kuiritan de Yi Ya? Ke laŭ la gusto Yi Ya estas konsiderata kiel kuiristo de bongustaĵo, tio signifas, ke buŝoj en la mondo similas unu al la alia inter si. Estas same por oreloj. Koncerne de sonoj, muzikisto Kuang estas konsiderata de la mondo kiel majstro, ĉar oreloj en la mondo similas unu al la alia inter si. Estas same por okuloj. Ĉiuj en la mondo scias la ĉarmon de Zidu. Ne scias la ĉarmon de Zidu nur nehavanto de okuloj. Do estas dirite:Buŝoj gustumas la saman frandaĵon, oreloj aŭdas la saman belsonon, okuloj vidas la saman belecon je koloroj. Kial nur al koroj mankus la sameco? En kio kuŝas la sameco de koro? En t. n. rezono, justo. Sanktuloj unue komprenis ja la samecon je nia koro. La rezono kaj la justo donas ĝojon al nia koro, samkiel viandoj donas ĝojon al nia buŝo.” ①

8 [6A8]

孟子曰：“牛山之木尝美矣，以其郊于大国也，斧斤伐之，可以为美乎？是其日夜之所息，雨露之所润，非无萌蘖之生焉，牛羊又从而牧之，是以若彼濯濯也。人见其濯濯也，以为未尝有材焉，此岂山之性也哉？虽存乎人者，岂无仁义之心哉？其所以放其良心者，亦犹斧斤之于木也，

① Longzi estas antikva saĝulo, aperas ankaŭ en la 3-a ĉap “Duko de Wen en Teng” . Yi Ya estis kuiristo ĉe Duko Huan de Qi-regno. Kuang estis blinda muzikisto ĉe Duko Ping de Jin-regno. Koncerne de Zidu, iu imagas tiun bela viro, la alia – belulino. 刍 chu estas la viando de herbomanĝanta animalo, kiel ŝafo kaj bovo, 豢 huan estas la viando de cereal-manĝanta, kiel hundo kaj porko. Mi tradukis la vorton 理 li kiel rezonon, sed iu interpretas ĝin kiel principon, la alia – kiel ordon. Mi konjektas, ke 理 rilatas al la homa fizika flanko kaj 义 yi – la metafizika. Chengzi 程子 diris: “Kio estas ene de aĵoj estas li 理 ; kio regas aĵojn estas yi 义 .” [朱熹『四书集注』342]

旦旦而伐之，可以为美乎？其日夜之所息，平旦之气，其好恶与人相近也者几希，则其旦昼之所为，有梏亡之矣。梏之反复，则其夜气不足以存；夜气不足以存，则其违禽兽不远矣。人见其禽兽也，而以为未尝有才焉者，是岂人之情也哉？故苟得其养，无物不长；苟失其养，无物不消。孔子曰：'操则存，舍则亡；出入无时，莫知其乡。'惟心之谓与？"

Mengzi diris: " Arboj en la monto Bovo (Niushan) estis iam belaj. Sed la monto situas apud la granda urbo, do oni hakadis per toporoj la arbojn. Ĉu eblus resti belaj? Favorate kun la aero tagnokte, kun la pluvo kaj roso, nepre naskiĝis burĝonoj kaj ŝosoj, sed tamen oni paŝtas ĉi tie bovojn kaj ŝafojn, do la monto tute kalviĝis. Vidante ĝin kalva, oni pensus, ke neniam ĉi tie ekzistis arboj. Sed ĉu tia estas la denaska naturo de la monto? Se temas pri homoj, ĉu ili neniam havis la koron de bonvoleco kaj justo? Ke ili forlasis sian konsciencon aŭ bonan koron, tio similas la senĉesan hakadon de arboj per toporoj. Ĉu eblus konsideri tion bela? Spite ke estis antaŭe la tagnokta spirado kaj matena kvieta aero (Ĉjio), nun estas rare ke homoj estu proksimaj je la ŝato kaj malŝato unu al la alia. Tio estas ja la rezulto de ĉiama ago en mateno kaj tago, tiel do homoj iĝas katenite pereantaj. Ili, kvankam katenite, tamen ripetadas, kaj vivas en manko de nokta Ĉjio. Vivante en la manko de nokta Ĉjio, ili fariĝas ne malproksimaj al birdoj kaj bestoj. Vidante homon birdo-bestiĝanta, oni konsiderus, ke li neniam posedis la bonan kvaliton, sed ĉu tia estus la denaska homa sento? Kiun ajn oni povus nutradi sukcese, ĉiu ne povus ne kreski; kiun ajn oni ne sukcesus nutradi, ĉiu ne povas ne perdiĝi. Konfuceo diris: ' Bontenate, ĉiu ajn povas ekzisti, forlasite perdiĝas. Ne estas certe, kiam tio el- kaj en-iradas. Estas ne sciate, kie estas la hejmo.' Tiu eldiro koncernas la koron, ĉu ne? " ①

9 [6A9]

孟子曰："无或乎王之不智也。虽有天下易生之物也，一日暴之，十日寒之，未有能生者也。吾见亦罕矣，吾退而寒之者至矣，吾如有萌焉何哉？今夫弈之为数，小数也；不专心致志，则不得也。弈秋，通国之善弈者也。使弈秋诲二人弈，其一人专心致志，惟弈秋之为听。一人虽听之，一心以为有鸿鹄将至，思援弓缴而射之，虽与之俱学，弗若之矣。为是其智弗若与？曰：非然也。"

---

① 牛山 situis sude de la urbo Linzi 临淄 Multe da nunaj montoj en Shandong provinco estas kalvaj ne nur pro la hakado de arboj, sed ankaŭ pro la ekspluatado de cemento.

Mengzi diris: "Oni ne devas suspekti, ke al reĝo mankus intelekta aspiro. Rilate planton, kiu facile povas kreski, se oni elmetas ĝin al suno nur unu tagon sed kaŝas en malvarmo dek tagojn, la plantita ne povus kreski. Mi vidas la reĝon malofte, kaj post kiam mi retiriĝas, li restas en malvarmo. Kion mi povus fari, eĉ se io burĝonus en li? Nun supozu goo-ludon, kiu estas ludo de ŝtonokalkulo. Kvankam nura ludeto, tamen ne akireblas sen koro koncentrita por atingi. Goisto Qiu estas bonega ludanto tra la lando. Nun ĉe goisto Qiu estu du lernantoj de goo-ludo; unu kun koro koncentrita aŭskultas atenteme la instruon de Qiu, sed la alia, aŭdante la instruon, en sia koro dezirus arkpafi, vidante cignon alfluganta. Kvankam ambaŭ lernas kune la samon, tamen estas ne kompareble je la rezulto. Ĉu estas ne same, kiel je la intelekto supre menciita? Mi dirus, ke tio ne estas laŭ nepreco." ①

10 [6A10]

孟子曰："鱼，我所欲也；熊掌，亦我所欲也，二者不可得兼，舍鱼而取熊掌者也。生，亦我所欲也；义，亦我所欲也，二者不可得兼，舍生而取义者也。生亦我所欲，所欲有甚于生者，故不为苟得也；死亦我所恶，所恶有甚于死者，故患有所不辟也。如使人之所欲莫甚于生，则凡可以得生者，何不用也？使人之所恶莫甚于死者，则凡可以辟患者，何不为也？由是则生而有不用也，由是则可以辟患而有不为也，是故所欲有甚于生者，所恶有甚于死者。非独贤才有是心也，人皆有之，贤者能勿丧耳。一箪食，一豆羹，得之则生，弗得则死，嘑尔而与之，行道之人弗受；蹴尔而与之，乞人不屑也；万钟不辨礼义而受之。万钟于我何加焉？为宫室之美、妻妾之奉、所识穷乏者得我与？乡为身死而不受，今为宫室之美为之；乡为身死而不受，今为妻妾之奉为之；乡为身死而不受，今为所识穷乏者得我而为之，是亦不可以已乎？此之谓失其本心。"

Mengzi diris: "Mi deziras manĝi fiŝon, ankaŭ manĝi ursan polmon mi deziras. Se mi ne povas akiri ambaŭ kune, mi forlasas fiŝon kaj prenas la ursan polmon. Mi deziras vivon, mi deziras ankaŭ juston. Se mi ne povas akiri ambaŭ kune, mi forlasas la vivon kaj prenas la juston. Spite ke mi deziras la vivon, mi deziras ion pli altan ol la vivon, do mi ne aŭdacas alteniĝi al la vivo. Mi ne ŝatas morti, sed estas io, kion mi pli malŝatas. Do mi ne evitas danĝeron. Se al homoj estus nenio pli grava ol vivo, tiuokaze por konservi la vivon oni uzus kion ajn? Se al homoj estus nenio pli malbona ol morto, tiam por eviti la

① En la libro de Zhuxi estas citate: "Estas tendenco, ke saĝulo estas forigita kaj malgrandulo estas proksimigita. Tiel do malplimulto ne povas venki plimulton, justo ne povas venki maljuston." [四书集注 346]

morton oni farus kion ajn? Estas io, kion oni ne uzas, eĉ se per tio eblus konservi la vivon. Estas io, kion oni ne faras, eĉ se per tio eviteblus la danĝero. Tial do estas io dezirata pli ol la vivo kaj estas io malŝatata pli ol la morto. Tion posedas en koro ne nur saĝuloj, sed ĉiuj posedas tion. Sed saĝuloj nur povas ne perdi tion. Supozu, unu bovlon da manĝaĵo, unu tason da kaĉo el guŝo, – kiu ricevis, tiu travivos, kiu ne ricevas, tiu mortos. Se donate kun maldeca vekrio, ajna vojiranto ne akceptas. Se donate per piedo, al ajna almozulo malagrablas. Sed donate salajron je dek mil zhong, oni akceptas la postenon, ne zorgante kiel ajn tio konformus aŭ kontraŭus al decreguloj. Kio estos aldonata al mia vivo per tiu salajro je dek mil zhong? Beleco de ĉambroj kiel palaco, servo de edzino kaj konkubino, ebleco de helpo al miaj povraj konatoj? Kion antaŭe ne akceptis, eĉ mortus, sed nun faras tion por la beleco de palaca ĉambro; kion antaŭe ne akceptis, eĉ mortus, sed nun faras tion por la servo de edzino kaj konkubino; kion antaŭe ne akceptis, eĉ mortus, sed tion nun faras por la helpo al la povraj konatoj. Ĉu pro neeviteblaj cirkonstancoj? Tio estas nomata la perdo de la baza radiko en koro." ①

11 [6A11]

孟子曰："仁，人心也；义，人路也。舍其路而弗由，放其心而不知求，哀哉！人有鸡犬放，则知求之；有放心而不知求。学问之道无他，求其放心而已矣。"

Mengzi diris: "Bonvoleco estas homa koro; justo estas homa pado. Forlasinte la padon, oni neniigas la sekvontan, forlasinte la koron, oni ne scias kiel serĉi ĝin – kia domaĝo tio estas! Kiam perdiĝas koko aŭ hundo, oni povoscias serĉi ilin. Kiam perdiĝas la koro, oni ne scias serĉi ĝin. La Vojo de la lernado estas nenio alia ol serĉi la perditan koron." ②

12 [6A12]

孟子曰："今有无名之指，屈而不信，非疾痛害事也，如有能信之者，则不远秦楚之路，为指之不若人也。指不若人，则知恶之；心不若人，则不知恶，此之谓不知类也。"

---

① Zhong 钟 : mezurunuo de kvanto. Unu zhong egalas al 6 斛 hu 4 斗 dou. En la epoko de Zhou-dinastio 1 hu egalis al 19.4 L., do 64000 斛 estis 1241.6 kl da grenoj.

② Yoshida Shoin komentas: "Okazas, ke homoj mortigas la aliajn nome de bonvoleco kaj justo." Do gravas la lernado, ĉu tio estas laŭ la Vojo aŭ ne. [讲孟 309-310]

Mengzi diris: "Nun supozu, ĉe iu homo unu sennoma fingro iĝis kurba, ne rekta, sed ne tiom doloras, kiom ne eblas labori. Se troviĝas bona kuracisto, spite ajna distanco, li iros malproksimen eĉ al regno Qi aŭ Chu, ĉar lia fingro ne estas tia, kia de normala homo. Li malŝatas tion, ke li havas fingron ne saman, kiel la aliaj homoj. Sed li ne malŝatas tion, ke li havas koron ne homan. Tio estas nomata la nekompreno pri klasifiko de graveco." ①

13 [6A13]

孟子曰："拱把之桐梓，人苟欲生之，皆知所以养之者。至于身，而不知所以养之者，岂爱身不若桐梓哉？弗思甚也。"

Mengzi diris: "Ĉiu ajn scias kiel nutri apudajn arbojn, kiel plantidojn de paŭlovnio aŭ katalpo, teneblajn per unu aŭ du manoj, se nur oni volus kreskigi ilin. Tamen rilate al si mem, iuj homoj ne scias kiel nutri sian personecon. Ĉu al ili ami sin mem estas malpli grande ol ami paŭlovnion kaj katalpon? Ili ege preteratentas tion."

14 [6A14]

孟子曰："人之于身也，兼所爱。兼所爱，则兼所养也。无尺寸之肤不爱焉，则无尺寸之肤不养也。所以考其善不善者，岂有他哉？于己取之而已矣。体有贵贱，有小大。无以小害大，无以贱害贵。养其小者为小人，养其大者为大人。今有场师，舍其梧槚，养其樲棘，则为贱场师焉。养其一指而失其肩背，而不知也，则为狼疾人也。饮食之人，则人贱之矣，为其养小以失大也。饮食之人无有失也，则口腹岂适为尺寸之肤哉？"

Mengzi diris: "Koncernante sian korpon, homo amas ĝin totale. Ami totale estas nutri totale. Li amas en si eĉ malgrandan parton de haŭto, do li nutras sin eĉ ĝis malgranda parto de haŭto. Tial do por konsideri pri bono aŭ malbono al la korpo ne estas alia rimedo ol mem elekti. La korpo havas partojn altajn kaj malaltajn je rango, havas partojn grandajn kaj malgrandajn. Oni ne devas damaĝi la grandan por la bono de io malgranda, nek devas damaĝi la altan por la bono de io malalta. Kiu nutras la malgrandan, iĝas malgrandulo; kiu nutras la grandan, iĝas grandulo. Se iu ĝardenisto, forlasinte paŭlovnion kaj katalpon,

① Sennoma fingro signifas ringofingron.

nutras zizifarbon kaj dornon, li estas fi-ĝardenisto. Se iu kuracisto, ne sciante, perdigas al paciento ŝultron por nutri ties unu fingron, li estas aĉa kuracisto.① Voremulo kaj drinkemulo estas homoj aĉaj, perdintaj la grandan por nutri la malgrandan. Kiu drinkas kaj manĝas, perdus nenion, donante al sia buŝo kaj ventro ion konforman al sia malgranda haŭto, ĉu ne? ”

15 [6A15]

公都子问曰："钧是人也，或为大人，或为小人，何也？"

孟子曰："从其大体为大人，从其小体为小人。"

曰："钧是人也，或从其大体，或从其小体，何也？"

曰："耳目之官不思，而蔽于物。物交物，则引之而已矣。心之官则思，思则得之，不思则不得也。此天之所与我者。先立乎其大者，则其小者弗能夺也。此为大人而已矣。"

Gongduzi demandis, dirante: "Homoj estas egalaj, sed estas grandulo kaj estas malgrandulo, kial? "

Mengzi diris: "Kiu sekvas ion grandan, iĝas grandulo; kiu sekvas ion malgrandan, iĝas malgrandulo."

Demandis: "Homoj estas egalaj, sed iuj sekvas ion grandan, kaj la aliaj sekvas ion malgrandan, kial? "

Respondis: "Membroj kiel oreloj kaj okuloj ne havas kapablon pensi, do ili, iam kovrite per aĵoj, iam intermiksite kun aĵoj, estas nur altirataj al aĵoj. Membroj de koro kapablas pensi, perceptas pensante, aŭ, ne perceptas, ne pensante. Tiu kapablo, donite de la Ĉielo al mi, staras supera je la grandeco, do io malgranda ne povas forrabi tiun kapablon. Jen kio faras la personon granda." ②

16 [6A16]

孟子曰："有天爵者，有人爵者。仁义忠信，乐善不倦，此天爵也；公卿大夫，此人爵也。古之人修其天爵，而人爵从之。今之人修其天爵，以要人爵；既得人爵，而弃其天爵，则惑之甚者也，终亦必亡而已矣。"

① Pri la frazo 狼疾人 estas diversaj opinioj. Iu tradukas ĝin per 'homo lupa', alia, prenante 疾人 por malsanulo kaj 狼 por adjektivo 'kruela', tradukas same, kiel mi.

② Laŭ ĉi tiu logiko, ne ĉio el denaska naturo estas bona, sed koro estas bona. La koro povas fariĝi malbona depende de sentumo. En tiu pensmaniero pri sento la diferenco inter Xunzi kaj Mengzi ŝajnas malgranda.

Mengzi diris: "Estas la nobleco de la Ĉielo, estas la nobleco de homoj. Bonvoleco, justo, lojaleco, fideleco, ĝui bonon senlace, tio estas la ĉiela nobleco. Duko, ministro, grandoficisto, tiuj titoloj estas la homa nobleco. Antikvuloj unue kulturis la ĉielan noblecon, poste sekvis ilin la homa nobleco. Nuntempuloj lernas la ĉielan noblecon unue por gajni la homan noblecon, do ricevinte la homan noblecon, ili poste forĵetas la ĉielan noblecon. Kia perturbo estas tio. Finfine ili nepre nur pereos."

17 [6A17]

孟子曰："欲贵者，人之同心也。人人有贵于己者，弗思耳矣。人之所贵者，非良贵也。赵孟之所贵，赵孟能贱之。《诗》云：'既醉以酒，既饱以德。'言饱乎仁义也，所以不愿人之膏粱之味也；令闻广誉施于身，所以不愿人之文绣也。"

Mengzi diris: "Deziri noblecon estas same al homoj en la koro. Ĉiu homo posedas en si mem noblecon, sed nur ne pripensas tion. La nobleco, rigardata de homoj kiel nobla, ne estas bona nobleco. La nobleco donita al Zhao Meng povas esti malnobligita de Zhao Meng mem.① Estas dirite en *Poezio*: 'Regalinte nin per vino ĝis-ebrie, li plenigis nin per virto ĝissate.' ② La eldiro 'ĝissate' estas ĝoji je la bonvoleco kaj justo, do ne signifas avidi frandaĵon de grasa viando kaj grenoj. Se al kiu apartenas la bona famo kaj vasta honoro, tiu ne deziras vestojn, pompe broditajn."

18 [6A18]

孟子曰："仁之胜不仁也，犹水之胜火。今之为仁者，犹以一杯水救一车薪之火也；不熄，则谓之水不胜火，此又与于不仁之甚者也，亦终必亡而已矣。"

Mengzi diris: "Ke bonvoleco venkas malbonvolecon, similas al tio, ke akvo venkas fajron. Sed nuna bonvolemulo similas al tiu, kiu provus per unu taso da akvo savi la lignojn, brulantajn sur unu ĉaro. Ne sukcesinte estingi tion, li diras, ke la akvo ne venkas la fajron. Tiel do li cedas al malbonvoleco. Kaj li finfine nepre nur pereas."

---

① Zhao Meng estas titolo de grandoficisto en Jin-regno en la epoko de Printempo-Aŭtuno. Ĉi tie signifas potenculon.

② Citaĵo el 诗经·大雅·既醉. Originala signifo de la frazoj:Subuloj ebriiĝis je la vino donita de reĝo, kaj ĝuas ĝissate la favoron de la reĝo.

19 [6A19]

孟子曰："五谷者，种之美者也；苟为不熟，不如荑稗。夫仁，亦在乎熟之而已矣。"

Mengzi diris: "Kvin grenoj estas plej belaj el semoj. Se ili ne plenkreskas maturaj, ili restas malpli bonaj ol lolo kaj ekinoklo. Ankaŭ la bonvoleco vere valoras nur en la maturiĝo."

20 [6A20]

孟子曰："羿之教人射，必志于彀；学者亦必志于彀。大匠诲人必以规矩；学者亦必以规矩。"

Mengzi diris: "Kiam Yi instruis al homoj la arkarton, li nepre instruis la gravecon de aspiro ĉe streĉita arko. Ankaŭ al studantoj gravas nepre la aspiro ĉe streĉita arko. Granda metiisto edukas lernantojn nepre al la uzado de cirkelo kaj ortilo. Ankaŭ al studantoj gravas nepre cirkelo kaj ortilo."

告子（下）
GAO ZI (II)

21 [6B1]

任人有问屋庐子曰："礼与食孰重？"

曰："礼重。"

"色与礼孰重？"

曰："礼重。"

曰："以礼食，则饥而死；不以礼食，则得食，必以礼乎？亲迎，则不得妻；不亲迎，则得妻，必亲迎乎！"

屋庐子不能对，明日之邹以告孟子。

孟子曰："于答是也，何有？不揣其本，而齐其末，方寸之木可使高于岑楼。金重于羽者，岂谓一钩金与一舆羽之谓哉？取食之重者与礼之轻者而比之，奚翅食重？取色之重者与礼之轻者而比之，奚翅色重？往应之曰：'紾兄之臂而夺之食，则得食；不紾，则不得食，则将紾之乎？逾东家墙而搂其处子，则得妻；不搂，则不得妻，则将搂之乎？'"

Iu homo el Ren-lando demandis iam Wuluzi, dirante: "Kiu estas pli grava, decreguloj aŭ manĝaĵo?"

Respondis: "Pli gravas decreguloj."

Demandis: "Kio estas pli grava, seksumado aŭ decreguloj?"

Respondis: "Decreguloj pli gravas."

Ren-landano diris: "Se iu observus la decregulojn pli ol la manĝadon, mortus pro malsato, sed se ne observus la decregulojn pli ol la manĝado, akirus ion manĝi, – ĉu li devas nepre observi la decregulojn? Se la alia observus la decregulojn por akcepti novedzinon, ne povus akiri edzinon, sed ne observante, havus ŝancon havigi al si edzinon, – ĉu li nepre devus sekvi la decregulojn de la akceptado? ”

Wuluzi ne povis respondi, do en la alia tago li turnis sin al Mengzi en Zou.

Mengzi diris: “Kio malfacila estas por respondi? Se ne rigardi la subon, ligno longa je unu cun povus esti pli alta ol ĉielskrapanto. Oro estas pli peza ol plumo, sed ĉu eblus diri, ke unu peco da oro estas pli peza ol unu ĉaro da plumoj? Tia estas ja lia komparo inter decreguloj kaj manĝado, sed kia manĝado estas komparata kun kia regulo? Ankaŭ tia estas ja lia komparo inter decreguloj kaj seksumado, kiu seksumado estas komparata kun kia regulo? Iru kaj respondu al li: ‘ Supozu, iu povus akiri ion manĝi, se li rabus perforte de sia pliaĝa frato manĝaĵon, tordante al la frato manon; sed tamen ne estus havigebla al si manĝaĵo, krom se ne tordi la manon de frato, – ĉu li tordas? Supozu, la alia povus akiri edzinon, nur se li transirus la muron de najbara domo fortiri la knabinon; sed krom se ne fortiri ŝin, ne havigeblus al si edzino, – ĉu li fortiras ŝin?’ ” ①

22 [6B2]

曹交问曰：“人皆可以为尧舜，有诸？”

孟子曰：“然。”

“交闻文王十尺，汤九尺，今交九尺四寸以长，食粟而已，如何则可？”

曰：“奚有于是？亦为之而已矣。有人于此，力不能胜一匹雏，则为无力人矣；今曰举百钧，则为有力人矣。然则举乌获之任，是亦为乌获而已矣。夫人岂以不胜为患哉？弗为耳。徐行后长者谓之弟，疾行先长者谓之不弟。夫徐行者，岂人所不能哉？所不为也。尧舜之道，孝弟而已矣。子服尧之服，诵尧之言，行尧之行，是尧而已矣；子服桀之服，诵桀之言，行桀之行，是桀而已矣。”

曰：“交得见于邹君，可以假馆，愿留而受业于门。”

曰：“夫道若大路然，岂难知哉？人病不求耳。子归而求之，有余师。”

---

① Wuluzi estas nomo de unu el disĉiploj de Mengzi. Demando de Ren-landano ne estas facila por respondi. Kelkaj mortas pro manko de manĝaĵo kaj pro tio, ke ili ne povas peti alies helpon, ĉar tio estas hontinda kontraŭ decreguloj. Gravas la respondo de Mengzi “Komparu inter la peza kaj la malpeza 轻重比之”.

Cao Jiao demandis, dirante: "Ĉiu homo povas fariĝi kiel Yao kaj Shun, ĉu vere? "

Mengzi diris: "Jes."

Demandis: "Mi aŭdis, ke reĝo Wen estis alta je 10 chioj, Tang – je 9 chioj. Mi nun, alta je 9 chioj 4 cunoj, sentaŭgulo vane manĝanta milion. Kion mi devas fari por fariĝi tiaj sanktuloj? "

Mengzi diris: "Kio estas je tio? Nur faru kion vi povas. Jen estas iu homo. Li estas tiel malforta, ke li ne kapablas levi eĉ unu kokidon. Se nun li levas 100 junojn, li estas rigardata kiel fortulo. Kiu povas levi ion tiom pezan, kiom Wuhuo povis, tiu fariĝas granda fortulo, kiel Wuhuo. Ĉu al homo ne eblus venki ian malfortaĵon? Nur ne faras la fareblan. Devo de plijuna frato estas iri post la pliaĝa frato. Mankas la frateco, se rapide iri antaŭ la pliaĝa. Ĉu ne fareblus tia atentema konduto? Se ne, ĉar nur ne faras. La Vojo-Tao de Yao-Shun kuŝas nur en la fila pietato kaj Frateca Devo. Se vi vestiĝas en vesto de Yao, paroladas vortojn de Yao, kondutas laŭ la konduto de Yao, tiam vi fariĝos Yao. Se vi vestiĝas en vesto de Jie [tirano], paroladas vortojn de Jie, kondutas laŭ konduto de Jie, tiam vi fariĝos Jie."

Cao Jiao diris: "Mi, turnante min al landestro Zou, devas pruntepreni domon, por ke mi petu mian restadon ĉi tie kaj ricevu vian lekcion."

Mengzi diris: "La Vojo estas sama, kiel la granda strato. Kial estus malfacile sciiĝi? La malsano de homoj kuŝas nur en tio, ke ili ne serĉas ĝin. Vi revenu hejmen kaj serĉu ĝin, troviĝos da instruistoj multege." ①

23 [6B3]

公孙丑问曰："高子曰：'《小弁》，小人之诗也。'"

孟子曰："何以言之？"

曰："怨。"

曰："固哉，高叟之为诗也！有人于此，越人关弓而射之，则己谈笑而道之；无他，疏之也。其兄关弓而射之，则己垂涕泣而道之；无他，戚之也。小弁之怨，亲亲也。亲亲，仁也。固矣夫，高叟之为诗也！"

曰："《凯风》何以不怨？"

曰："《凯风》亲之过小者也；《小弁》，亲之过大者也。亲之过大而不怨，是愈疏也；亲之过

① Cao Jiao estis juna frato de landestro de Cao-lando. Wuhuo estis unu el fortuloj ĉe reĝo Wu (310-307 a. K.) en Qin-regno.

小而怨，是不可矶也。愈疏，不孝也；不可矶，亦不孝也。孔子曰：‘舜其至孝矣，五十而慕。’”

Gongsu Chou demandis, dirante: “S-ro Gao diris, ke la *Xiaopan* en *Poezio* estas poemo de malgrandulo.” ①

Mengzi diris: “Sur kio baziĝas la eldiro? ”

Gongsun Chou diris: “Li diras, ke senteblas venĝemo en la poemo.”

Mengzi diris: “Tro rigidanima estas la oldulo Gao pri la poemo. Se ĉi tie estus unu homo, kiun Yue-ano povintus arkpafi lin, li povus paroli poste pri tiu epizodo ridante, laŭ la kialo ne alia ol fremdeco je rilato. Se la pliaĝa frato povintus arkpafi lin, la juna frato devus paroli poste pri tiu epizodo plorkriante, laŭ kialo ne alia ol intimeco je rilato. La venĝemo en *Xiaopan* devenas de intimeco. La intimeco je rilato estas bonvoleco. Do tro rigidanima estas la opinio de s-ro olda Gao pri la poemo.”

Gongsun Chou diris: “Kial ne senteblas venĝemo en la poemo *Kaifeng*? ” ②

Mengzi diris: “En *Kaifeng* la kulpo de patrino estas malgranda, sed en *Xiaopan* la kulpo de patro estas granda. Oni sentas sin ne venĝema, kiam la kulpo de patro estas granda kaj lia rilato al la patro estas tro fremda. Oni iĝas venĝema, kiam la kulpo de patro estas malgranda sed oni ne povas konsiliĝi. Troa fremdeco estas kontraŭ fila pietato. Malebleco de konsiliĝo estas ankaŭ kontraŭ fila pietato. Konfuceo diris: ‘ Shun estis ja kulmino de fidela fileco, ĉar estante kvindek-jara, li sopiris al patro.’ ③”

24 [6B4]

宋牼将之楚，孟子遇于石丘，曰：“先生将何之？”

曰：“吾闻秦楚构兵，我将见楚王说而罢之。楚王不悦，我将见秦王说而罢之。二王我将有所遇焉。”

曰：“轲也请无问其详，愿闻其指。说之将何如？”

曰：“我将言其不利也。”

曰：“先生之志则大矣，先生之号则不可。先生以利说秦楚之王，秦楚之王悦于利，以罢三军之师，是三军之士乐罢而悦于利也。为人臣者怀利以事其君，为人子者怀利以事其父，为人弟

---

① Xiaopan estas unu poemo en 诗经・小雅. Kiam la reĝo You de Zhou-dinastio provis senheredigi la unuan filon Yi Ju, la instruisto de Yi Ju plendis kaj verkis la poemon.

② Gaifeng estas unu peco de poemo en 诗经・邶风. Al reedziniĝo de la patrino filoj akuzas sin mem kaj konsolas ŝin.

③ Vd. la ĉapitron Wan Zhang.

者怀利以事其兄，是君臣、父子、兄弟终去仁义，怀利以相接，然而不亡者，未之有也。先生以仁义说秦楚之王，秦楚之王悦于仁义，而罢三军之师，是三军之士乐罢而悦于仁义也。为人臣者怀仁义以事其君，为人子者怀仁义以事其父，为人弟者怀仁义以事其兄，是君臣、父子、兄弟去利，怀仁义以相接也，然而不王者，未之有也。何必曰利？”

Kiam Song Keng estis ĝuste iranta al Chu-regno, Mengzi renkontis lin en Shiqiu.

Mengzi demandis lin: “Sinjoro, kien vi iras nun? ”

Song Keng respondis: “Mi aŭdis, ke regnoj Qin kaj Chu estas pretaj je intermilito. Mi nun vizitos la reĝon de Chu-regno por persvadi lin eviti la militon. Se la reĝo de Chu ne ĝojus je mia propono, mi iros al la reĝo de Qin por persvadi lin eviti la militon. Du reĝoj certe povos konsenti kun mi.”

Mengzi diris: “Mi, Ke, ne aŭdacas demandi vin skrupule pri detaloj, tamen dezirus aŭdi eĉ la epitomon. Kiel vi intencas persvadi ilin? ”

Song Keng diris: “Mi intencas prediki pri la malprofito de milito.”

Mengzi diris: “Via intenco, sinjoro, estas granda, sed via argumento estas ne bona. Sinjoro, vi predikos al reĝoj de Qin kaj Chu pri la malprofito, kaj se la reĝoj de Qin kaj Chu ekĝojus je la profito kaj ĉesigus sian triopan armeon ekmiliti, tiuokaze soldatoj de la triopa armeo plezuriĝus pri la evito de milito kaj ĝojus je la profito. Tiam kiel subuloj oni servos al sia estro celante la profiton, kiel filoj oni servos al sia patro celante la profiton, kiel junaj fratoj oni servos al pliaĝaj fratoj celante la profiton. Rezultos, ke estro kaj subuloj, patro kaj filo, fratoj pliaĝaj kaj junaj, finfine forlasos bonvolecon kaj juston, celante la profiton en la reciproka interrilato. Tiuokaze estos neniu, kiu ne pereos. Se, sinjoro, vi predikos al la reĝoj de Qin kaj Chu pri bonvoleco kaj justo, kaj la reĝoj de Qin kaj Chu, ĝojante je la bonvoleco kaj la justo, evitos la militon inter la triopaj armeoj, kaj soldatoj de la triopa armeo plezuriĝos pri la evito de milito kaj ekĝojos je la bonvoleco kaj la justo, tiam, kiel subuloj oni servos al la estro celante al la bonvoleco kaj la justo, kiel filoj oni servas al sia patro celante al la bonvoleco kaj la justo, kiel plijunaj fratoj oni servas al siaj pliaĝaj fratoj celante al la bonvoleco kaj la justo. Rezultos, ke la estro kaj la subuloj, la patro kaj la filo, fratoj forlasos la profitamon, celante al la bonvoleco kaj la justo en la reciproka interrilato. Tiele neniu ankoraŭ ne povis fariĝi vera reĝo. Kial vi nepre devus paroli pri la profito? ” ①

① Song Keng estis unika pensulo en la Epoko de Militaj Regnoj. Li, kiel L. Tolstoj, predikis senperfortismon. Zhuangzi kaj aliaj pensuloj respektoplene skribadis pri li. La argumento de Mengzi estas sama, kiel en la komenco de la unua ĉap Liang Hui en ĉi tiu libro.

25 [6B5]

孟子居邹，季任为任处守，以币交，受之而不报。处于平陆，储子为相，以币交，受之而不报。他日，由邹之任，见季子；由平陆之齐，不见储子。屋庐子喜曰："连得间矣。"问曰："夫子之任，见季子；之齐，不见储子，为其为相与？"

曰："非也。《书》曰：'享多仪，仪不及物曰不享，惟不役志于享。'为其不成享也。"

屋庐子悦。或问之。屋庐子曰："季子不得之邹，储子得之平陆。"

Kiam Mengzi loĝis en Zou, princo Ji de Ren-lando, estante la substituito de landestro, alsendis al Mengzi donacon, kaj Mengzi akceptis ĝin, sed ne reciprokis tuj. Kiam Mengzi estis en Pinglu, s-ro Chu, ministro, alsendis al li donacon, kaj li akceptis ĝin sen reciproki. En la alia tago Mengzi iris de Zou al Ren kaj vizitis s-ron Ji, sed kiam Mengzi iris de Pinglu al Qi, li ne vizitis s-ron Chu.

Wuluzi amuziĝinte diris: " Mi, Lian, vidas malakordon en la konduto de Majstro. – kaj demandis, – En Ren vi, Majstro, vizitis s-ron Ji, sed en Qi vi ne vizitis s-ron Chu, kial? Ĉar li estas nur ministro? "

Mengzi diris: " Ne pro tio. En *Dokumentoj* estas skribite: ' Je la donaco bezonatas multe da deco. Se ne sufiĉus la deco, perdiĝas la signifo de la donaco. Ĉar la donaco ne ludas rolon por esprimi sincerecon.' La donaco de s-ro Chu ne konstituis sufiĉe la decon."

Wuluzi estas kontenta je la respondo. Kiam iu demandis pri tio, Wuluzi diris: " Al s-ro Ji mem ne eblas veni al Zou, sed al s-ro Chu mem eblus veni al Pinglu." ①

26 [6B6]

淳于髡曰："先名实者，为人也；后名实者，自为也。夫子在三卿之中，名实未加于上下而去之，仁者固如此乎？"

孟子曰："居下位，不以贤事不肖者，伯夷也；五就汤，五就桀者，伊尹也；不恶污君，不辞小官者，柳下惠也。三子者不同道，其趋一也。一者何也？曰：仁也。君子亦仁而已矣，何必同？"

曰："鲁缪公之时，公仪子为政，子柳、子思为臣，鲁之削也滋甚。若是乎，贤者之无益于国也！"

---

① S-ro Ji estis plijuna frato de landestro en Ren. Ren-lando situis okcidente de Zou je dek lioj. Pinglu estas lokonomo en Qi-regno. Citaĵo el 尚书・周书・洛诰 .

曰："虞不用百里奚而亡，秦穆公用之而霸。不用贤则亡，削何可得欤？"

曰："昔者王豹处于淇，而河西善讴；绵驹处于高唐，而齐右善歌；华周、杞梁之妻善哭其夫而变国俗。有诸内，必形诸外。为其事而无其功者，髡未尝睹之也。是故无贤者也；有则髡必识之。"

曰："孔子为鲁司寇，不用，从而祭，燔肉不至，不税冕而行。不知者以为为肉也，其知者以为为无礼也。乃孔子则欲以微罪行，不欲为苟去。君子之所为，众人固不识也。"

Chunyu Kun diris: "Kiu konsideras la honoran nomon kaj meritan realon la unua, tiu estas altruisto, faranta por la aliaj. Kiu konsideras la nomon-realon la posta, tiu estas egoisto, faranta por si mem. Vi, Majstro, estante unu el la Tri ministroj, spite ke ankoraŭ ne plenumis la nomon-realon al supro aŭ al subo, foriras nun. Ĉu tia estus la persono de bonvoleco? " ①

Mengzi diris: "Kiu, estante sube, ne servis per sia saĝo al netaŭgulo, tiu estis Boyi; kiu submetiĝis kvin fojojn al Tang kaj kvin fojojn al tirano Jie, tiu estis Yiyin.② Kiu, ne malŝatante malpuran landestron, ne rezignis eĉ malgrandan oficon, tiu estis Lixia Hui. La vojo de tri personoj estis malsama, sed estas unu sama je la celo. En kio estas la unueco? Mi diras: 'En la bonvoleco.' Kio estas atendita de noblulo, tio estas nur la bonvoleco. Kial bezonatas nepre la sameco? "

Chunyu Kun diris: "En la epoko de Duko Mu en Lu-regno, Gongyizi administris la registaron kaj Ziliu kaj Zi Si estis ministroj, sed la teritorio de Lu reduktiĝis pli kaj pli. Montriĝas, ke t. n. saĝuloj estas senutilaj por la lando!" ③

Mengzi diris: "La lando Yu ne povis uzi Baili Xi kaj pereis, sed Duko Mu de Qin-regno uzis lin kaj fariĝis supera reĝo. Kiu ne uzas saĝulon, tiu pereas. La reduktiĝo estas ne pli serioza ol la pereo, ĉu ne." ④

Chunyu Kun diris: "Antaŭe iu ĉantisto Wang Bao loĝis apud la rivero Qi, tiam loĝantoj okcidente de la Flava Rivero ekĉantis bone. Kiam kantisto Mien Ju loĝis en Gao Tang, *Qi-regnanoj* de dekstra parto

---

① Chnyu Kun estis persono humura. Vd. [4A17]. Pri la vorto 名 实, multaj esploristoj interpretas ĝin kiel reputacion kaj meriton. Rekta traduko estas nomo-realo, t. e., formo kaj enhavo. Koncerne de Tri ministroj 三卿 estas du diferencaj opinioj. Iu komprenas tion ministro supra, meza kaj suba 上卿, 亚卿, 下卿. La alia – ministroj 相, generaloj 将, gasto-ministroj 客卿.

② Laŭ komentariisto Zhao Qi 赵岐, Tang sendadis Yiyin al Jie kiel tributon, sed Jie ne utiligis lin.

③ Duko Mu (407-377; 425-383 a. K.). Gongyi Xiu estis la ĉefministo de Lu-regno. Ziliu estas Xieliu (vd. [2B11]), kaj Zi Si estas nepo de Konfuceo.

④ Yu estis malgranda lando, pereigita de Jin-regno. Baili Xi aperas en la ĉap. Wan Zhang [5A9].

ekkantis bone. Edzinoj de Huazhou kaj Qiliang plorkriis bone, sopirante mortintajn edzojn, do la moro de la regno ŝanĝiĝis.① Se ene estas io reala, tiam nepre ĝi manifestiĝas, prenante la eksteran formon. Ke iu, farante la realan aferon, restas senmeritulo, tion mi, Kun, ankoraŭ neniam observis. Mi, Kun, konas nepre tion, ke iu, estante sensaĝa, ne povas fari ion realan." ②

Mengzi diris: "Konfuceo fariĝis ministro de justico en Lu-regno, sed ne uzate ĝuste, li, apenaŭ demetinte la porfestan ĉapon, foriris, kiam ĉe la festo oni ne disdonis al li pecon de oferita viando. Kiu ne sciis la situacion, tiu vidis la kaŭzon en la viando ne donita al li. Kiu sciis, tiu rigardis la kaŭzon en la manko de decreguloj. Fakte, Konfuceo deziris trovi malgrandan pretekston por foriri, li ne dezirus foriri sen ajna kaŭzo. La konduton de la noblulo la popolamaso neniel povas kompreni."

27 [6B7]

孟子曰："五霸者，三王之罪人也；今之诸侯，五霸之罪人也；今之大夫，今之诸侯之罪人也。天子适诸侯曰巡狩，诸侯朝于天子曰述职。春省耕而补不足，秋省敛而助不给。入其疆，土地辟，田野治，养老尊贤，俊杰在位，则有庆，庆以地。入其疆，土地荒芜，遗老失贤，掊克在位，则有让。一不朝，则贬其爵；再不朝，则削其地；三不朝，则六师移之。是故天子讨而不伐，诸侯伐而不讨。五霸者，搂诸侯以伐诸侯者也，故曰，五霸者，三王之罪人也。五霸，桓公为盛。葵丘之会，诸侯束牲载书而不歃血。初命曰，诛不孝，无易树子，无以妾为妻。再命曰，尊贤育才，以彰有德。三命曰，敬老慈幼，无忘宾旅。四命曰，士无世官，官事无摄，取士必得，无专杀大夫。五命曰，无曲防，无遏籴，无有封而不告。曰，凡我同盟之人，既盟之后，言归于好。今之诸侯皆犯此五禁，故曰，今之诸侯，五霸之罪人也。长君之恶其罪小，逢君之恶其罪大。今之大夫皆逢君之恶，故曰，今之大夫，今之诸侯之罪人也。"

Mengzi diris: "*Kvin hegemoniuloj* estis *kulpuloj* antaŭ la reĝoj de tri dinastioj. Nunaj landestroj estas kulpaj antaŭ *kvin hegemoniuloj*. Nunaj grandoficistoj estas kulpaj antaŭ la nunaj landestroj. Ke la ĉiela filo vizitadis landestrojn, tio estis nomata la rondira ĉasado. Ke landestroj vizitadis la ĉielan filon, tio estis nomata la raporto de devoj. En printempo, se reduktiĝas la terkulturado, oni kompletas la malsufiĉon; en aŭtuno, se reduktiĝas la rikolto, oni helpas liveradon de io mankanta. Se la ĉiela filo, enirante iun

① Huazhou alinome Hua Xuan 华旋, Qiliang estis grandoficisto de Qi-regno.

② Chunyu Kun tiel kritikis Mengzi pro tio, ke la lasta foriras sen ajna reala rezulto. Sed la libro Mengzi estas la rezulto.

landon, trovas la terenon plugebligita, la kampon kaj la herbejon bone mastrumata, trovas maljunulojn nutrataj, saĝulojn respektataj, elstaruloj postenigitaj, tiuokaze li favoras la landestron kaj rekompencas lin per multigo de tero. Se li, enirante iun landon, trovas la teron dezertita, maljunulojn forlasitaj, saĝulojn perditaj, sentaŭgulojn postenigitaj, tiuokaze li igas la landestron cedi la tronon. Se iu landestro ne venis al la kortego por viziti lin unu fojon, li malpromocias la rangon; se ne venis du fojojn, li reduktas la teritorion de la lando; se ne venis tri fojojn, li sendas ses diviziojn por abdikigi la landestron. Tiel do la ĉiela filo punas oponantojn, mem ne ekspedicias, sed aliaj landestroj nur ekspedicias, tamen ne ili estas tiu, kiu punas. Kvinopo de hegemoniuloj implikis iujn landestrojn por bati aliajn landestrojn, do estas dirite: ' Kvinopo de hegemoniuloj estis kulpaj antaŭ la reĝoj de tri dinastioj.' Inter kvin hegemoniuloj plej forta estis Duko Huan. Dum la kunveno en Kuiqiu landestroj oferis bestojn kunligitajn, surmetis la dokumenton de ĵurpromeso sen ŝmiri buŝojn per sango. En la unua ĵuro estis skribite: ' Akuzi malfidelajn filojn, ne ŝanĝi la starigitan heredonton, ne fari konkubinon edzino.' En la dua – ' Estimi la saĝan kaj kreskigi la kapablan, honori la virtulon.' En la tria – ' Respekti maljunulojn kaj kompati infanojn, ne forgesi zorgon pri gastoj-vojaĝantoj.' En la kvara – ' Ne fari ofican postenon hereda, ne fari ofican funkcion kumula, elekti nepre la taŭgan personaron, ne mortigi arbitre grandoficiston.' En la kvina – ' Ne kurbigi la digojn, ne bari transliman komercon de grenoj, ne feŭdi landon sen raporti.' Kaj dirite – ' Ĉiuj membroj de nia ligo, post la kunligiĝo, tenu la bonan interrilaton.' Ĉiuj nuntempaj landestroj transpaŝas la kvin malpromesojn. Do mi diras: ' Nunaj landestroj estas kulpaj antaŭ la kvinopo de hegemoniuloj. ' Lasi la reĝon fari malbonon estas kulpo malgranda, sed inciti la reĝon fari malbonon estas kulpo granda. Ĉiuj nunaj grandoficistoj, incitas la reĝon al malbono. Do mi diras: ' Nunaj grandoficistoj estas kulpuloj.' ①"

28 [6B8]

鲁欲使慎子为将军。孟子曰："不教民而用之，谓之殃民。殃民者，不容于尧舜之世。一战胜齐，遂有南阳，然且不可……"

慎子勃然不悦曰："此则滑厘所不识也。"

---

① Kvin hegemoniuloj estas Duko Huan de Qi-regno, Duko Wen de Jin-regno, Duko Mu de Qin-regno, la duko Xiang de Song-regno kaj la reĝo Zhuang de Chu-regno. Tri reĝoj 三王 estas la reĝo Yu de Xia dinastio, la reĝo Tang de Shang-dinastio, kaj la reĝoj Wen kaj Wu de Zhou-dinastio. La kunveno en Kuiqiu estis okazigita en 651 a. K.

曰："吾明告子。天子之地方千里；不千里，不足以待诸侯。诸侯之地方百里；不百里，不足以守宗庙之典籍。周公之封于鲁，为方百里也；地非不足，而俭于百里。太公之封于齐也，亦为方百里也；地非不足也，而俭于百里。今鲁方百里者五，子以为有王者作，则鲁在所损乎，在所益乎？徒取诸彼以与此，然且仁者不为，况于杀人以求之乎？君子之事君也，务引其君以当道，志于仁而已。"

Lu-regno deziris fari Shenzi la komandanto de la armeo.

Mengzi diris: "Se anticipe ne instruante la popolon, mobilizi estas pereigi la popolon. Kiu pereigas la popolon, tiu ne estis tolerata en la epoko de Yao-Shun. Eble, unu fojon vi venkus Qi-regnon kaj okupus Nanyang, sed tio ne estas farenda."

Shenzi kun vizaĝkoloro ŝanĝita diris malkontente: "Tio estas ja la afero ne koncernanta min mem, Huali."

Mengzi diris: "Mi klarigos tion al vi. La ĉiela filo posedas teritorion je mil lioj kvadrate. Per teritorio malpli ol mil lioj kvadrate, ne sufiĉas al li akceptadi landestrojn. La landestro posedas la landon je cent lioj kvadrate. Se malpli ol cent lioj kvadrate, ne sufiĉas al li protekti maŭzoleon kaj *Dokumentojn*. Duko Zhou estis feŭdita en Lu kun teritorio je cent lioj kvadrate. Ne pro tio, ke mankis la tero, sed por modesteco estis limigite regi ĝis cent lioj kvadrate. Taigong Wang estis feŭdita en Qi kun teritorio je cent lioj kvadrate. Ne pro manko de la tero, sed por modesteco estis limigite je cent lioj kvadrate. Nun Lu-regno posedas kvin teritoriojn po cent lioj kvadrate. Laŭ vi, se la vera reĝo ekaperos, ĉu Lu-regno reduktiĝos, aŭ profitos? Se nur forpreni de iuj kaj doni al la aliaj, tion ne faros bonvolemuloj. Des pli ili ne serĉas tion pere de la mortigo de homoj. Nobluloj devas servi al sia reĝo por lasi la reĝon iri laŭ la ĝusta Vojo kaj strebi nur al la bonvoleco." ①

29 [6B9]

孟子曰："今之事君者曰：'我能为君辟土地，充府库。'今之所谓良臣，古之所谓民贼也。君不乡道，不志于仁，而求富之，是富桀也。'我能为君约与国，战必克。'今之所谓良臣，古之

① Duko Zhou 周公旦 la juna frato de la reĝo Wu. Taigong estas 太公望. Rilate al Shenzi, estas diversaj opinioj. Iu konsideras lin Qin Huali 禽滑釐, la unua disĉiplo de Mozi 墨子. La alia konjektas, ke Shenzi estis unu el lernantoj de 禽滑釐. La tria konsideras lin Shen Dao 慎到.

所谓民贼也。君不乡道不志于仁，而求为之强战，是辅桀也。由今之道，无变今之俗，虽与之天下，不能一朝居也。”

Mengzi diris: “Nunaj servantoj de estro diras: ‘Mi povas por la estro kultivebligi la teron kaj plenigi la trezorejon.’ Nunaj t. n. bonaj subuloj devus esti en-antikve rabistoj de la popolo. Kiam la estro ne iras laŭ la Vojo nek strebas al bonvoleco, riĉigi la estron estas same, kiel riĉigi la tiranon Jie. ‘Mi povas promesi al la estro prosperigi la landon kaj nepre venki militojn pere de la alianciĝo.’ – diras nunaj t. n. bonaj subuloj, sed ili devus esti en-antikve rabistoj de la popolano. Kiam la estro ne iras laŭ la Vojo nek strebas al bonvoleco, deziri forte militi por tia estro estas same, kiel asisti la tiranon Jie. Kvankam laŭ la nuna vojo, ne ŝanĝante la nunan moron, oni farus la mondon prospera, tamen oni ne povus loĝi en tiu mondo eĉ unu matenon.” ①

30 [6B10]

白圭曰：“吾欲二十而取一，何如？”

孟子曰：“子之道，貉道也。万室之国，一人陶，则可乎？”

曰：“不可，器不足用也。”

曰：“夫貉，五谷不生，惟黍生之；无城郭、宫室、宗庙、祭祀之礼，无诸侯币帛饔飧，无百官有司，故二十取一而足也。今居中国，去人伦，无君子，如之何其可也？陶以寡，且不可以为国，况无君子乎？欲轻之于尧舜之道者，大貉小貉也；欲重之于尧舜之道者，大桀小桀也。”

Bai Kui diris: “Mi volas establi la imposton je unu dudekono, kion vi opinias?”

Mengzi diris: “Via vojo estas la vojo de barbaro Mo. Se en la lando el dek mil familioj, ĉu povus sufiĉi nur per unu potisto?”

Bai Kui diris: “Ne eblus. Mankus argilaĵoj.”

Mengzi diris: “La barbaro Mo ne produktas kvin cerealojn, sed nur milion. Ili ne havas urbon kun muroj, nek palacon, nek maŭzoleon, nek ritojn de festoj. Ĉe ili ne estas ceremonio de donacoj nek bankedo por akcepti landestrojn, nek cent oficistoj-funkciuloj, tial do al ili sufiĉas imposto je unu

① La teksto ŝajne estas direktita al la kritiko de Qin Huali, mohisto 墨者, kiu deziris defendi malgrandajn landojn per sia lerteco je milita taktiko.

dudekono. Nun loĝante en la Meza Lando, kiel oni povus administri, seniginte la homan rilaton kaj noblulojn? Pro malmulte da potistoj ne eblus subteni la landon, ĉu eblus sen nobluloj? Kiu volas malpliigi imposton ol ĉe la Vojo de Yao-Shun, tiu egalas al barbaro Mo aŭ barbareto pli-malpli. Kiu volas tro pliigi imposton ol ĉe la Vojo de Yao-Shun, tiu egalas al tirano Jie aŭ tiraneto pli-malpli." ①

31 [6B11]

白圭曰："丹之治水也愈于禹。"

孟子曰："子过矣。禹之治水，水之道也，是故禹以四海为壑。今吾子以邻国为壑。水逆行谓之洚水，洚水者，洪水也，仁人之所恶也。吾子过矣。"

Bai Kui diris: " Mi, Dan, regas akvon pli bone ol Yu."

Mengzi diris: " Vi ne pravas. Yu reguligis akvon laŭ la vojo de la akvo, do Yu kanalizis la riverojn al kvar maroj. Sed vi kanalizis kaj fluigis akvon nur en najbarajn landojn. Kiam la akvo retrofluos, okazos t. n. diluvo, la diluvo estas inundo, kiun bonvolemuloj malamas. Vi eraras."

32 [6B12]

孟子曰："君子不亮，恶乎执？"

Mengzi diris: " Se noblulo ne tenas sin rezoluta, kiel li povus plenumi la taskon? " ②

33 [6B13]

鲁欲使乐正子为政。孟子曰："吾闻之，喜而不寐。"

公孙丑曰："乐正子强乎？"

曰："否。"

"有知虑乎？"

曰："否。"

"多闻识乎？"

---

① Bai Kui estis ministro ĉe Reĝo Hui de Wei, li estis fama je la konstruo de digoj. Mo estis la nomo de norda tribo. La Vojo de Yao-Shun signifas la imposton de 'unu dekono'.

② La teksto estas tre lakona, ke allasas diverse kompreni signifon. Iu interpretas: "Noblulo ne estas tro naiva, ĉar li malŝatas alteniĝi." La alia tradukas: "Se noblulo ne estas honesta, kiel li regus sin？"

曰："否。"

"然则奚为喜而不寐？"

曰："其为人也好善。"

"好善足乎？"

曰："好善优于天下，而况鲁国乎？夫苟好善，则四海之内，皆将轻千里而来告之以善；夫苟不好善，则人将曰：'訑訑，予既已知之矣。'訑訑之声音颜色，距人于千里之外，士止于千里之外，则谗谄面谀之人至矣。与谗谄面谀之人居，国欲治，可得乎？"

Lu-regno deziris igi Yuezheng-zi administri la registaron.

Mengzi diris: "Aŭdinte tion, mi tiom ekĝojis, ke mi ne povis enlitiĝi."

Gongsun Chou demandis: "Ĉu Yuezheng-zi estas forta persono?"

Mengzi respondis: "Ne."

Demandis: "Ĉu li estas prudenta?"

Respondis: "Ne."

Demandis: "Ĉu li multe aŭdis kaj scias?"

Respondis: "Ne."

Demandis: "Se tiel, kial vi ĝojegis tiom, ke vi ne povis enlitiĝi?"

Respondis: "Ĉar li estas persono, amanta la bonon."

Demandis: "Ĉu ami la bonon sufiĉas por la posteno?"

Respondis: "Ami la bonon estas tre grave en la mondo, des pli en Lu-regno. Al tiu, kiu amas la bonon, alvenas spite mil liojn ĉiuj el la mondo ene de kvar maroj por anonci la bonon. Kiu ne ŝatas la bonon, tiu certe diras: 'Pri tio estas bone konate, mi jam scias tion.' La saĝŝajniga voĉo kaj mieno forigas homojn ekster mil liojn. Se kleruloj restas ekster mil lioj, tiam alproksimiĝas kalumniuloj, flatemuloj kaj jesuloj. Estante kune kun kalumniuloj, flatemuloj kaj jesuloj, ĉu iu povus regi la landon?" ①

34 [6B14]

陈子曰："古之君子何如则仕？"

孟子曰："所就三，所去三。迎之致敬以有礼；言，将行其言也，则就之。礼貌未衰，言弗

① Yuezheng-zi, Lu-regnano, estas unu el disĉiploj de Mengzi. Vd. [1B16]

行也，则去之。其次，虽未行其言也，迎之致敬以有礼，则就之。礼貌衰，则去之。其下，朝不食，夕不食，饥饿不能出门户，君闻之，曰：‘吾大者不能行其道，又不能从其言也，使饥饿于我土地，吾耻之。’周之，亦可受也，免死而已矣。”

Chengzi diris: “Kiel antikva noblulo tenis sin je la servado aŭ la neservado? ”

Mengzi diris: “Estis tri kondiĉoj je la servado kaj tri kondiĉoj je la eksiĝo. Unue, akceptate respektoplene kaj dece, se liaj vortoj estos ĝuste praktikataj laŭvorte, li enoficiĝis. Eĉ akceptate ankoraŭ ne maldece, se liaj vortoj ne estas praktikataj, li foriris. Due, kvankam ne estas praktikataj liaj vortoj, akceptate respektoplene kaj dece, li enoficiĝis, sed ne akceptate jam dece, li foriris. Trie, kiam li, ne havante ion manĝi matene kaj vespere, ne povas pro malsato eliradi el de la pordo, la landestro, aŭdinte tion, diras: ‘Mi ne povas praktiki lian vojon nek sekvi lian vorton, sed estas por mi hontinde, se en nia lando mi lasus lin malsata.’ Se tiel, li povis akcepti la oficon. Sed nur por eviti la morton.”

35 [6B15]

孟子曰：“舜发于畎亩之中，傅说举于版筑之间，胶鬲举于鱼盐之中，管夷吾举于士，孙叔敖举于海，百里奚举于市。故天将降大任于是人也，必先苦其心志，劳其筋骨，饿其体肤，空乏其身，行拂乱其所为，所以动心忍性，曾益其所不能。人恒过，然后能改；困于心，衡于虑，而后作；征于色，发于声，而后喻。入则无法家拂士，出则无敌国外患者，国恒亡。然后知生于忧患而死于安乐也。”

Mengzi diris: “Shun startis en la kampo inter sulkoj kaj irigacioj; Fu Yue leviĝis el inter terkonstruado; Jiao Ge leviĝis el inter fiŝado kaj salfarado; Guan Yiwu leviĝis el inter karcero; Sunshu Ao leviĝis el inter maro, Baili Xi leviĝis el inter merkato. Al kiu la Ĉielo konfidas la grandan taskon, al tiu ĝi unue donas suferi je la koro kaj la strebo, labori per muskolo kaj osto, donas malsaton en la korpo kaj haŭto, donas malplenon kaj mizeron en la vivo, obstaklon kaj perturbon en la praktiko de la agado. Tiel do kreskas la personeco, havante aktivan koron kaj paciencon kaj disvolvante la avantaĝon konkeri ion ajn nefareblan. Homoj ĉiam misas kaj eraras, kaj poste kapablas pliboniĝi. Suferante en la koro, barite en la zorgado, kaj poste oni kreas ion. La personeco, apenaŭ rimarkebla en la vizaĝkoloro, aŭdeblas en la voĉo, poste finfine estos konebla al la alia. Tiel do ofte pereis la landoj, kie ene mankas juro kaj malaperas fortaj personoj kaj ekstere mankas malamikoj kaj minacoj. Rezulte, estas sciate, ke io naskiĝas en la zorgoplena suferado kaj mortas en la paca plezuro."

36 [6B16]

孟子曰："教亦多术矣，予不屑之教诲也者，是亦教诲之而已矣。"

Mengzi diris: " Je la instruado estas multe da rimedoj. Iam mi eĉ ne volus instrui iun, ankaŭ tio estas por tiu la instruado."

尽心（上）
EL TUTA KORO (I)

1 [7A1]

孟子曰：“尽其心者，知其性也。知其性，则知天矣。存其心，养其性，所以事天也。殀寿不贰，修身以俟之，所以立命也。”

Mengzi diris: “Kiu ĝisfunde ekzamenas sian koron, tiu scias sian naturon. Kiu scias la naturon, tiu scias la Ĉielon. Ekzisti laŭ la koro kaj nutri la naturon estas ja la servado al la Ĉielo. Kiom ajn mallonga aŭ longa estu la vivdaŭro, kulturadi dumvive sin mem je personeco estas ja vivi firme laŭ la ĉiela ordono.”

2 [7A2]

孟子曰：“莫非命也，顺受其正，是故知命者不立乎岩墙之下。尽其道而死者，正命也；桎梏死者，非正命也。”

Mengzi diris: “Ekzistas nenio sen la ĉiela ordono, do oni devas humile akcepti ĝin ĝusta. Do, kiu scias la ĉielan ordonon, tiu ne staras sub rompiĝema muro. Morti, ĝisfunde serĉante la Vojon, estas laŭ la ĝusta ĉiela ordono. Morti katenite ne estas laŭ la ĝusta ĉiela ordono.”

3 [7A3]

孟子曰：“求则得之，舍则失之，是求有益于得也，求在我者也。求之有道，得之有命，是求无益于得也，求在外者也。”

Mengzi diris: "Kion oni serĉas, tion oni akiras; kion oni forĵetas, tion oni perdas, ĉar serĉi ion utilan estas por akiri ĝin kaj io serĉata troviĝas en mi mem. Sed, kvankam troviĝus la vojo por serĉi tamen estas la ĉiela ordono por la akirado, tiuokaze oni povas akiri, serĉante nenian utilecon, ĉar io serĉata ekzistas ekstere." ①

4 [7A4]

孟子曰："万物皆备于我矣。反身而诚，乐莫大焉。强恕而行，求仁莫近焉。"

Mengzi diris: "Ĉio estas en mi mem. Se mi ekzamenas min, retrorigardante min mem, kaj iĝas honesta, tiam nenia plezuro estas pli granda ol tio. Se mi per ĉiuj fortoj kondutas kun toleremo, tiam serĉi bonvolecon iĝas tre proksime."

5 [7A5]

孟子曰："行之而不著焉，习矣而不察焉，终身由之而不知其道者，众也。"

Mengzi diris: "Estas iu, kiu faras ne sciante kion, lernas ne komprenante kion, ĝis fine vivas tiel ne sciante la Vojon. Tiu estas homgrego."

6 [7A6]

孟子曰："人不可以无耻，无耻之耻，无耻矣。"

Mengzi diris: "Homo ne devas esti senhontema. Kiu hontas je sia senhonteco, tiu ne estas hontigita."

7 [7A7]

孟子曰："耻之于人大矣，为机变之巧者，无所用耻焉。不耻不若人，何若人有？"

Mengzi diris: "Honto-sento estas granda parto por la persono. Kiu lertas ŝanĝiĝi por kamufli sin laŭokaze, tiu elturniĝas senti honton. Se iu ne sentus honton pri sia eco malpli alta ol la alies, kial tiu povus

① Multaj esploristoj konsideras, ke 'en mi mem' estas virto, bonvoleco, justo, kaj 'ekstere' ekzistas riĉo, rango, honoro. Sed la teksto ne estas klara je la signifo, ĉar laŭ Mengzi la vorto 'utileco 益', samkiel profito 利, ne havas ĉiam pozitivan signifon.

fariĝi tiel alta kiel la alia homo? ”

8 [7A8]

孟子曰：“古之贤王好善而忘势，古之贤士何独不然？乐其道而忘人之势。故王公不致敬尽礼，则不得亟见之。见且由不得亟，而况得而臣之乎？”

(1). 犹：或作“由”。《孟子正义》作“由”。

Mengzi diris: “Antikve saĝaj reĝoj ŝatis la bonon kaj forgesis la potencavidon. Kial ne saĝaj personoj estis ankaŭ tiaj? Ili ĝojis je la Vojo-Tao kaj forgesis homan potencon. Do eĉ reĝoj-dukoj ne povis vidi ilin ofte sen montri respekton kaj kompletajn decregulojn. Estis ne facile eĉ vidi ilin ofte, do des pli reteni ilin kiel subulojn.”

9 [7A9]

孟子谓宋勾践曰：“子好游乎？吾语子游。人知之，亦嚣嚣；人不知，亦嚣嚣。”曰：“何如斯可以嚣嚣矣？”

曰：“尊德乐义，则可以嚣嚣矣。故士穷不失义，达不离道。穷不失义，故士得己焉；达不离道，故民不失望焉。古之人，得志，泽加于民；不得志，修身见于世。穷则独善其身，达则兼善天下。”

Mengzi parolis al Song Goujian, dirante: “Ĉu vi ŝatas esti vaganta prelegisto? Mi priparolu al vi, kia devas esti la vaganto. Estu aplomba, kiam oni konas vin, kaj estu aplomba ankaŭ tiam, kiam oni ne konas vin.”

Song Goujian demandis: “Kion fari por ke mi povu esti aplomba? ”

Mengzi diris: “Respektu virton kaj ĝoju pri justo, tiam eblas esti aplomba. Forta persono, eĉ se estante povra, ne perdas juston, se sukcesinte, ne forlasas la Vojon. En la povreco ne perdinte juston, li kulturas sin mem je la personeco. Ĉar en la sukceso li ne forlasas la Vojon, la popolo ne perdas esperon al li. Antikvaj personoj, sukcesinte en kariero, aldonis beneficon vaste al la popolo; ne sukcesinte en kariero, kulturis sin mem je la personeco kaj manifestiĝis al la mondo. En la povreco ili sola faras sin mem bona, en la sukceso ili faras bonon universale al la mondo." ①

10 [7A10]

孟子曰："待文王而后兴者，凡民也。若夫豪杰之士，虽无文王犹兴。"

Mengzi diris: "Kiu ekstaras, atendante la aperon de reĝo Wen, tiu estas ordinara popolano. Se li elstara persono, li stariĝas eĉ sen reĝo de Wen." ②

11 [7A11]

孟子曰："附之以韩魏之家，如其自视欿然，则过人远矣。"

Mengzi diris: "Se, apartenante al la riĉegaj familioj, kiel Han kaj Wei, iu rigardas sin malkontenta, tiu superas multe pli ol ordinaruloj." ③

12 [7A12]

孟子曰："以佚道使民，虽劳不怨。以生道杀民，虽死不怨杀者。"

Mengzi diris: "Se uzate laŭ la Vojo por plibonigi la popolan vivon, la popolo ne havas rankoron eĉ pro al peniga laboro; se mortigite por la Vojo konservi la popolan vivon, la popolo havas rankoron eĉ pro mortiginton." ④

13 [7A13]

孟子曰："霸者之民驩虞如也，王者之民皞皞如也。杀之而不怨，利之而不庸，民日迁善而不知为之者。夫君子所过者化，所存者神，上下与天地同流，岂曰小补之哉？"

Mengzi diris: "La popolo sub hegemoniulo ŝajnas foje fi-ĝojeganta. Sed la popolo sub la vera reĝo

---

① 游 you, estas vaganta konsilisto, kiu prelegas al landestroj kaj reĝoj pri la politiko. Tia estas ankaŭ Mengzi. Estas ne sciate, kiu estas Song Goujian.

② Reĝo Wen estas la patro de reĝo Wu, kiu fondis Zhou-dinastion, disbatinte Yin-dinastion. Sed tradicie oni rigardas ambaŭ reĝojn la fondintoj de Zhou-dinastio.

③ Han kaj Wei estis potencaj en Jin-regno en la periodo Printempo-aŭtuno. El tia vidpunkto de Mengzi, superfluaj personoj de rusa nobelaro en XIX-a jc. povas esti alte taksataj.

④ La demando kuŝas en tio, ke la konformeco al la Vojo malkaŝiĝos nur poste.

de la reĝoj ŝajnas pure kontenta. Estante ne venĝema eĉ mortigite, estante indiferenta eĉ profitigite, la popolo pliboniĝas ĉiutage, ne sciante kiu faras ĝin tia. Por la nobluloj la estinto transformiĝas kaj la estanto iĝas dieca. La supro kaj la subo kunfluas kune kun la Ĉielo kaj la Tero. Ĉu eblus diri, ke la reciproka kompletigo estas malgranda? " ①

14 [7A14]

孟子曰："仁言不如仁声之入人深也，善政不如善教之得民也。善政民畏之；善教民爱之。善政得民财，善教得民心。"

Mengzi diris: "Bonvoleca vorto skribita penetras en homojn malpli profunde ol bonvoleca voĉo aŭdata. Bona politiko gajnas la popolon malpli ol bona instruado. La bonan politikon la popolo time respektas sed la bonan instruon la popolo amas. La bona politiko donas al la popolo monon sed la bona instruo donas al la popolo koron."

15 [7A15]

孟子曰："人之所不学而能者，其良能也；所不虑而知者，其良知也。孩提之童无不知爱其亲者，及其长也，无不知敬其兄也。亲亲，仁也；敬长，义也；无他，达之天下也。"

Mengzi diris: "Ke homoj povas fari ion sen lerni, tio estas pro la denaske bona kapablo. Ke homoj scias ion sen pripensi, tio estas pro la denaske bona scio. Infano naive ridanta, portate en manoj, amas sen ajna scio siajn gepatrojn. Kiu sufiĉe kreskis, tiu respektas, nenion sciante, siajn pliaĝajn fratojn. Intimi al gepatroj estas ja bonvoleco, respekti pliaĝulojn estas ja justo. Necesas nenio alia ol etendi tion al la mondo."

16 [7A16]

孟子曰："舜之居深山之中，与木石居，与鹿豕游，其所以异于深山之野人者几希。及其闻一善言，见一善行，若决江河，沛然莫之能御也。"

① Multaj esploristoj prenas la ideogramon 过 por pasado, 存 por ekzistado, kaj prenas la frazon 小补 kiel komparon inter hegemoniulo kaj vera reĝo. Mi prenis la frazon 所过者化、所存者神 kiel "historio estas senĉesa transformiĝo, kaj kio ekzistas nun, estas racia-dieca."

Mengzi diris: "Kiam Shun, loĝante en profunda monto, vivis kun arboj kaj ŝtonoj, ludadis kun cervoj kaj aproj, tiam li apenaŭ diferencis de sovaĝuloj en la profunda monto. Sed unu fojon aŭdante bonan vorton, unu fojon vidante bonan agon, li fariĝis tia persono rezoluta, kiel Jangzio kaj la Flava Rivero, ke nenio povas deteni la torenton kaskadegan." ①

17 [7A17]

孟子曰："无为其所不为，无欲其所不欲，如此而已矣。"

Mengzi diris: "Ne faru kion oni ne devas fari tion; ne deziru kion oni ne devas deziri tion. Jen estu tia." ②

18 [7A18]

孟子曰："人之有德、慧、术、知者，恒存乎疢疾。独孤臣孽子，其操心也危，其虑患也深，故达。"

Mengzi diris: "Posedanto de virto, saĝo, arto kaj scio estas tiu, kiu ĉiam havis malsanon kaj suferon. Soleca subulo kaj bastardo, zorgantaj elkore pri danĝero kaj timantaj profunde pri malfeliĉo, penetras kaj atingas."

19 [7A19]

孟子曰："有事君人者，事是君则为容悦者也；有安社稷臣者，以安社稷为悦者也；有天民者，达可行于天下而后行之者也；有大人者，正己而物正者也。"

Mengzi diris: "Estas tiu, kiu, servante al la estro, servas por ke la estro ĝoju kun la ĝojplena mieno. Estas tiu, kiu, gardante en paco la altaron al la dio de tero kaj greno, gardas ĝin por ke la ŝtato ĝoju. Estas La ĉiela popolo, kiu, komprenante ion fareblan por la mondo, poste praktikas ĝin. Estas la granda persono, kiu ĝustigas sin mem, kaj la estaĵoj ĉirkaŭ li iĝas ĝustaj."

---

① La monto, kie loĝis Shun, estas Li 历山 . Shun estas ideala modelo de vekiĝinta persono.

② Pri tiu teksto argumentas la artikolo de David S. Nivison, "Problems in the Mengzi:7A17" in The Ways of Confucianism, ed. Bryan W.Van Norden, 167-73, 1996.

20 [7A20]

孟子曰："君子有三乐，而王天下不与存焉。父母俱存，兄弟无故，一乐也；仰不愧于天，俯不怍于人，二乐也；得天下英才而教育之，三乐也。君子有三乐，而王天下不与存焉。"

Mengzi diris: "Noblulo havas tri ĝojojn, kun kiuj ne rivalas eĉ la reĝa trono sur la mondo. Ke patro kaj patrino ambaŭ estas vivaj kaj fratoj vivas sen problemo, tio estas la unua ĝojo. Ke li mem havas nenian konsciencriproĉon antaŭ la Ĉielo kaj nenion hontindan antaŭ la aliaj homoj, tio estas la dua ĝojo. Ke li povas instrui talentulojn, alvenantajn de la mondo, tio estas la tria ĝojo. La noblulo havas tri ĝojojn, kun kiuj ne rivalas eĉ la reĝa trono sur la mondo."

21 [7A21]

孟子曰："广土众民，君子欲之，所乐不存焉；中天下而立，定四海之民，君子乐之，所性不存焉。君子所性，虽大行不加焉，虽穷居不损焉，分定故也。君子所性，仁义礼智根于心，其生色也睟然，见于面，盎于背，施于四体，四体不言而喻。"

Mengzi diris: "Ke estu vasta la teritorio kaj estu multe da popolo, tion deziras landestro, sed ne en tio kuŝas lia ĝojo. Starante en centro de la mondo, stabiligi la popolojn ene de kvar maroj – pri tio ĝojas la landestro, sed la kvintesenco de lia naturo ne ekzistas en tio. La kvintesenco de la landestro ne pliiĝas per granda ago, nek malpliiĝas per mizera vivo, sed fiksite estas asignata. La kvintesenco de la landestro konsistas el bonvoleco, justo, decreguloj, saĝeco, radikiĝintaj en la koro. Koloro de lia viveco estas videbla klare en la vizaĝo, vigle surdorse, ĉie en la kvar membroj de la korpo, kiuj ne parolas, sed implicas."

22 [7A22]

孟子曰："伯夷辟纣，居北海之滨，闻文王作，兴曰：'盍归乎来，吾闻西伯善养老者。'太公辟纣，居东海之滨，闻文王作，兴曰：'盍归乎来，吾闻西伯善养老者。'天下有善养老，则仁人以为己归矣。五亩之宅，树墙下以桑，匹妇蚕之，则老者足以衣帛矣。五母鸡，二母彘，无失其时，老者足以无失肉矣。百亩之田，匹夫耕之，八口之家足以无饥矣。所谓西伯善养老者，制其田里，教之树畜，导其妻子使养其老。五十非帛不暖，七十非肉不饱。不暖不饱，谓之冻馁。

文王之民无冻馁之老者，此之谓也。”

Mengzi diris: “Boyi forfuĝis de la tirano Zhou, kaj loĝis ĉe la bordo de Norda maro. Aŭdinte, ke reĝo Wen ekleviĝis, li diris: ‘Estas tempo reveni tien! Mi aŭdis, ke la okcidenta grafo, Wen, bone nutras maljunulojn.’ Taigong forfuĝis de la tirano Zhou, kaj loĝis ĉe la bordo de Orienta maro. Aŭdinte, ke reĝo Wen ekleviĝis, li diris: ‘Estas tempo reveni tien! Mi aŭdis, ke la okcidenta grafo bone nutras maljunulojn.’ Kie en la mondo estas bone nutrataj la maljunuloj, tien bonvoleculoj turnas sin, revenante. Kiam ĉe la farmodomo estas tereno vasta je kvin muoj kun morusarboj plantitaj apud la muro, se la dommastrino kulturas silkraŭpojn, sufiĉe eblas doni al maljunuloj vestaĵojn el silko. Kiam iu bredas kvin kokinojn kaj du porkinojn, se ne perdus la ĝustan tempon, tiu povas sufiĉe doni al maljunuloj manĝi viandojn. Kiam unu kamparano kulturas la kampon je cent muoj, ok buŝoj en la familio povas sufiĉe manĝi sen malsato. Do la okcidenta grafo bone nutris jen kiel – li establis la reĝimon de farmkampo kaj loĝloko, instruis la plantadon kaj la bredadon, kondukis edzinojn kaj gefilojn por ke ili nutru la maljunulojn. Kvindekjar-aĝuloj sen silkaĵo ne povas teni sin en varmo, sepdekjar-aĝuloj sen viando ne povas satmanĝi. Sen varmo, sen satmanĝado, – tio signifas, ke oni frostiĝas kaj malsatiĝas. Ke el la popolo de reĝo Wen ne troviĝis frostiĝantaj kaj malsatiĝantaj maljunuloj, tio signifas la supre menciitan.”

23 [7A23]

孟子曰：“易其田畴，薄其税敛，民可使富也。食之以时，用之以礼，财不可胜用也。民非水火不生活，昏暮叩人之门户求水火，无弗与者，至足矣。圣人治天下，使有菽粟如水火。菽粟如水火，而民焉有不仁者乎？”

Mengzi diris: “Faru la farmkampon facile kultivata, la imposton malmulta, tiam la popolo povas ĝui la riĉon. La popolon manĝigu konforme al sezonoj, uzu ilin laŭ decreguloj, kaj la riĉaĵo estos ne forkonsumebla. La popolo ne povas vivi sen akvo kaj fajro. Se iu en vesperiĝo frapas la alies pordon, petante la akvon kaj fajron, al tiu rifuzas neniu, ĉar estas sufiĉe da ili. Kiam la sanktulo regas la mondon, li faras guŝojn kaj cerealojn abundaj kiel akvo kaj fajro. Se estas abunde daguŝoj kaj cerealoj, ĉu el inter la popolo aperus malbonvolecaj homoj?”

24 [7A24]

孟子曰："孔子登东山而小鲁，登泰山而小天下，故观于海者难为水，游于圣人之门者难为言。观水有术，必观其澜。日月有明，容光必照焉。流水之为物也，不盈科不行；君子之志于道也，不成章不达。"

Mengzi diris: " Kiam Konfuceo supreniris la orientan monton, li vidis Lu-regnon malgranda; kiam li supreniris la monton Taishan, li vidis la mondon malgranda. Tiel do kiu vidas maron, al tiu estas malfacile vidi akvon laŭ kutime; kiu envagis la pordon de sanktulo por lerni, al tiu estas malfacile aŭdi alies eldiron laŭ-kutime. Estas arkano por observi akvon. Nepre observu la ondon. La suno kaj la luno lumas, kaj la lumo nepre reflektas sur subtilaj faldetoj. Fluanta akvo ne iras antaŭen sen plenigi ĉiujn kavojn. Eĉ se noblulo strebus al la Vojo, li ne povus atingi la celon sen la irado per ŝtupo post ŝtupo."

25 [7A25]

孟子曰："鸡鸣而起，孳孳为善者，舜之徒也；鸡鸣而起，孳孳为利者，跖之徒也。欲知舜与跖之分，无他，利与善之间也。"

Mengzi diris: " Kiu, ellitiĝante kun kokeriko, faradas diligente la bonon, tiu estas similulo de la reĝo Shun. Kiu, ellitiĝante kun kokeriko, serĉadas diligente la profiton, tiu estas similulo de rabisto Zhi. Se vi deziras scii distingon inter Shun kaj Zhi, ĝi estas nenio alia ol diferenco inter celoj de profito kaj bono." ①

26 [7A26]

孟子曰："杨子取为我，拔一毛而利天下，不为也。墨子兼爱，摩顶放踵利天下，为之。子莫执中。执中为近之。执中无权，犹执一也。所恶执一者，为其贼道也，举一而废百也。"

Mengzi diris: " Yangzi teniĝis al egoismo nur por si mem, kaj eĉ se surkoste de lia unu hareto povus esti profiteble al la mondo, li ne volis fari por la aliaj. Mozi predikis la universalan amon, kaj sinoferante kun kapo kalviĝinta kaj kun kalkanoj disfrotitaj, li praktikis la amon por profitigi la mondon. Zimo provis

① Ĉi tie videblas troa idealismo de Mengzi. Plej multe da nunaj homoj devas labori de frua mateno por vivtenadi sian familion. Ĉu la laboro ne estas por gajni monon-profiton? Nenie oni povas vivi sen labori por gajni monon. Sed la devizo 'fari bonon de ellitiĝo' estas arkano al ideala vivo en nuna tempo de kapitalismo.

teni la mezon, li provis aliri al la temo, tenante por si la mezon. Ĉe la tenado de la mezo mankis ekvilibro, do li alteniĝis al la unu. Estis malbone alteniĝi al la unu, ĉar tio difektis la Vojon, t. e., li prenis unu kaj ignoris centon." ①

27 [7A27]

孟子曰："饥者甘食，渴者甘饮，是未得饮食之正也，饥渴害之也。岂惟口腹有饥渴之害？人心亦皆有害。人能无以饥渴之害为心害，则不及人不为忧矣。"

Mengzi diris: "Al malsatiĝinto estas bongusta ajna manĝaĵo, al soifanto estas dolĉa ajna trinkaĵo. Ili ankoraŭ ne povas trinki kaj manĝi normale, ĉar malsato kaj soifo malhelpas guston. Ĉu nur buŝo kaj ventro ricevas la damaĝon de malsato kaj soifo? Ankaŭ ĉiu homa koro ricevas damaĝon pro tio. Kiu povas ne damaĝi sian koron pro malsato kaj soifo, al tiu jam ne necesas ĉagreniĝi pro la vivkondiĉo pli povra ol de la aliaj."

28 [7A28]

孟子曰："柳下惠不以三公易其介。"

Mengzi diris: "Liuxia Hui ne ŝanĝis sian kredon eĉ postenigite je la plej alta rango de Tri Dukoj." ②

29 [7A29]

孟子曰："有为者辟若掘井，掘井九轫而不及泉，犹为弃井也。"

Kiu faras aferon, tiu similas al putfosisto. Se fosinte profunde je naŭ renoj, li ne atingis akvofonton, ankaŭ rezigni la fosadon de la puto estas la afero." ③

---

① Estas ne sciate, kiu estas Zimo 子莫. Laŭ la kunteksto li prenis la mezan pozicion inter Yang kaj Mo (利己・利他), t. e., ĉiuj tri pensuloj konstruis sian ideologion surbaze de 'profito', kritikata en la antaŭa teksto 7A26, kiel teorio de rabisto.

② 三公 La plej alta posteno, asistanta la ĉielan filon, en Zhou-dinastio – 太师, 太傅, 太保.

③ Inter esploristoj troviĝas du diversaj opinioj pri la signifo de la lasta frazo. Multaj prenas ĝin kiel "Se ne daŭrigas la fosadon, li jam forlasas la celon ne atingitan." Sed mi preferas traduki laŭ litere, konsiderante rilaton al determinismo. Vidu [7A2, 7A3]. Ren 轫, 仞 estis la antikva mezurunuo. Unu reno estis 7 chioj 尺 aŭ 8 chioj. Unu chio estis ĉ. 22.5 cm, do 8 renoj estas ĉ. 14.4m.

30 [7A30]

孟子曰：“尧舜，性之也；汤武，身之也；五霸，假之也。久假而不归，恶知其非有也。”

Mengzi diris: “Yao kaj Shun havis ĝin laŭ denaska naturo, Tang kaj Wu havigis ĝin al si per sinkultivado. Kvin hegemoniuloj prunteprenis ĝin. Nur pruntepreninte ĝin dumlonge, ili ne revenis al si mem. Kiel oni scius, ke al ili fakte ne apartenis ĝi? ” ①

31 [7A31]

公孙丑曰：“伊尹曰：‘予不狎于不顺，放太甲于桐，民大悦。太甲贤。又反之，民大悦。’贤者之为人臣也，其君不贤，则固可放与？”

孟子曰：“有伊尹之志，则可；无伊尹之志，则篡也。”

Gongsun Chou diris: “Yiyin, dirante: ‘Mi ne volus kutimiĝi al malĝusta direkto’, forpelis Taijia, nepon de la reĝo Tang, al Tong. La popolano ĝojegis je tio. Poste Taijia saĝiĝis kaj Yiyin igis lin denove reveni, la popolo ankaŭ ĝojegis je tio. Se saĝa estas la subulo, tamen la estro estas malsaĝa, ĉu tiam la subulo povas forpeli la estron? ”

Mengzi diris: “Se kun la alta idealo de Yiyin, povas. Sen la alta idealo de Yiyin, tio estas ja la uzurpado.” ②

32 [7A32]

公孙丑曰：“《诗》曰：‘不素餐兮。’君子之不耕而食，何也？”

孟子曰：“君子居是国也，其君用之，则安富尊荣；其子弟从之，则孝悌忠信。‘不素餐兮’，孰大于是？”

Gongsun Chou diris: “En *Poezio* estas dirite: ‘Oni ne manĝas sen labori’.③ Sed nobluloj manĝas sen terkulturadi. Kial? ”

---

① 之 estas potenco surbaze de 仁 bonvoleco. Ĉirkaŭ la lasta frazo estas diversaj opinioj. Zhuzi konsideras, ke io prunteprenita estas ne vere posedata. Zhaoqi opinias, ke se ili longe pruntprenis, neniu povus scii tion prunteprenita.

② Taijia estas nepo de la reĝo Tang, surtroniĝis kiel la kvara reĝo de Yin-dinastio. Yiyin, kiu asistis al Tang fondi la dinastion, ne estis kontenta je Taijia, malobeema al la vojo de Tang, do forpelis lin al la loko Tong, kie estis entombigita Tang.

③ Citaĵo el 诗经・魏风・伐檀 .

Mengzi diris: "Jen tial. Iu noblulo loĝas en iu lando kaj la landestro dungas lin. Tiam la lando iĝas paca, riĉa, respektinda, kaj prosperas. Tieaj filoj kaj fratoj, sekvante lin, havigas al si filan pietaton, respektadon de pliaĝuloj inter fratoj, lojalecon kaj fidelecon. Tio estas ja bonega modelo de la vorto ' Ne manĝi sen labori' ."

33 [7A33]

王子垫问曰："士何事？"

孟子曰："尚志。"

曰："何谓尚志？"

曰："仁义而已矣。杀一无罪非仁也；非其有而取之非义也。居恶在？仁是也；路恶在？义是也。居仁由义，大人之事备矣。"

Reĝido Dian demandis, dirante: "Kion faras vaganta klerulo, persono de shi-rangulo? " ①

Mengzi diris: "Li strebas al alta idealo."

Dian demandis: "Kio estas t. n. la alta idealo? "

Mengzi diris: "Nur bonvoleco kaj justo. Se mortigi eĉ unu senkulpan – tio ne estas bonvoleco. Se vi prenas tion, kio ne apartenas al vi, – tio ne estas justo. En kio oni devas loĝi? – En la bonveleco. Laŭ kia vojo oni devas iri? – Laŭ justo. Vivi en la bonvoleco per justo, jen per kio ili akiras la kvaliton de la grandulo."

34 [7A34]

孟子曰："仲子，不义与之齐国而弗受，人皆信之，是舍箪食豆羹之义也。人莫大焉亡亲戚君臣上下。以其小者信其大者，奚可哉？"

Mengzi diris: "Ke Chen Zhongzi ne ricevus eĉ la regnon Qi, se estas maljuste ricevi, tion kredas ĉiuj homoj. Sed lia justo estas tia speco, kia estas rifuzo de korbo da manĝaĵo kaj supo el guŝo. Por homoj

---

① Dian estas kosiderata kiel la filo de Reĝo Xuan de Qi-regno. Shi 士 estas socia tavolo en la antikva Ĉinio inter superaj ŝtatoficistoj kaj ordinaraj popolanoj. Ili estis kleruloj aŭ militistoj. La kategorio estas simila al kavaliro en okcidento aŭ samurajo en Japanio. Ĉi tie temas ankaŭ pri kleruloj, ankoraŭ ne enoficigitaj. Mengzi ignoras gajni profiton, do postulo de vagantaj kleruloj estas tro severa por la vivtenado.

nenia kulpo estas pli granda ol perdi la rilaton de parenco, de estro kaj subulo, de supro kaj subo. Kiel oni povas kredi la grandecon de iu persono, vidante la malgrandan konduton? ” ①

35 [7A35]

桃应问曰：“舜为天子，皋陶为士，瞽瞍杀人，则如之何？”

孟子曰：“执之而已矣。”

“然则舜不禁与。”

曰：“夫舜恶得而禁之？夫有所受之也。”

“然则舜如之何？”

曰：“舜视弃天下犹弃敝蹝也。窃负而逃，遵海滨而处，终身䜣然，乐而忘天下。”

Tao Ying demandis, dirante: “ Kiam Shun estas surtrone kiel la ĉiela filo, se lia patro Gusou farus krimon de hommortigo, kion farus Hao Yao kiel ministro de justico? ”

Mengzi diris: “ Li nur arestus lin.”

Demandis: “ Ĉu tiuokaze Shun ne malpermesus la areston? ”

Mengzi respondis: “ Kial Shun povus malpermesi? Tiel endas akcepti laŭ-leĝe.”

Demandis: “ Tiam kion farus Shun? ”

Mengzi diris: “ Shun vidas, ke forlasi la mondon estas same, kiel forĵeti eluzitajn ŝuojn. Do li, sekrete portante la patron, fuĝus kaj ekloĝus ĉe la bordo de maro. Kaj li vivus trankvile ĝis la morto, ĝuante kaj forgesinte la mondon.” ②

36 [7A36]

孟子自范之齐，望见齐王之子，喟然叹曰：“居移气，养移体，大哉居乎！夫非尽人之子与？”

孟子曰：“王子宫室、车马、衣服多与人同，而王子若彼者，其居使之然也；况居天下之广居者乎？鲁君之宋，呼于垤泽之门。守者曰：‘此非吾君也，何其声之似我君也？’此无他，居相似也。”

---

① 陈仲子 estis Qi-regnano, fama kiel honesta persono. Sed Mengzi ne taksas lin alte pro tio, ke li forlasis sian familion. Vd. [3B10].

② Tao Ying estas unu el disĉiploj de Mengzi. Hao Yao estis la ministro de justico ĉe Shun. Por Mengzi fila pietato estas pli grava ol la regado de la mondo. Tiele la fila pietato estas starigita kiel absoluta kriterio por la mezurado de personoj.

Irante de la urbo Fan al la ĉefurbo de Qi-regno, Mengzi de fore vidis reĝidon de Qi-regno kaj suspiris, dirante: "La pozicio transdonas la atmosferon, samkiel la nutraĵo formigas la korpon. Kiel granda estas la influo de la pozicio! Ĉu ne tiaj estas ĉiuj infanoj de homoj?"

Mengzi daŭre diris: "Palaco, ĉaroj kaj ĉevaloj, vestoj de la reĝido multe samas kun tiuj de la aliaj, sed kio faras la reĝidon tia, estas la pozicio, okupita de li. Des pli granda estas influo de la pozicio, okupita de granduloj vaste en la mondo.① Iam la regnestro de Lu vizitis Song-regnon, li alvokis pordogardiston ĉe la pordo nomata Dieze. La pordogardisto diris: 'Li ne estas nia reĝo, sed tamen kial lia voĉo similas al la voĉo de nia reĝo?' Ili similas unu al al alia pro la pozicio okupita de ili." ②

37 [7A37]

孟子曰："食而弗爱，豕交之也；爱而不敬，兽畜之也。恭敬者，币之未将者也。恭敬而无实，君子不可虚拘。"

Mengzi diris: "Doni al iu manĝi sed ne ami estas trakti tiun samkiel porkon. Ami sed ne respekti iun estas trakti tiun samkiel beston kaj animalon. Ĝentila respekto devas anticipi la donacon. Se al kiu mankas sincereco en la ĝentila respektado, tiu ne povas teni ĉe si noblulojn."

38 [7A38]

孟子曰："形色，天性也；惟圣人然后可以践形。"

Mengzi diris: "La korpo kaj vizaĝo estas denaska naturo ricevita de la Ĉielo. Nur sanktulo povas poste solidigi la korpon."

39 [7A39]

齐宣王欲短丧。公孙丑曰："为期之丧，犹愈于已乎？"

孟子曰："是犹或紾其兄之臂，子谓之姑徐徐云尔，亦教之孝悌而已矣。"

王子有其母死者，其傅为之请数月之丧。公孙丑曰："若此者何如也？"

曰："是欲终之而不可得也。虽加一日愈于已，谓夫莫之禁而弗为者也。"

---

① La frazo 居天下之广居者 signifas pozicion de Granda universo por bonvoleca grandulo, laŭ [3B2].

② Dieze estas nomo de la pordo, situanta oriente-sude de la ĉefurbo de Song.

Reĝo Xuan de Qi-regno volis mallongigi la funebron.

Gongsun Chou diris: "Okazigi unu-jaran funebron estas pli bone ol nenion fari, ĉu ne? "

Mengzi diris: "Tio estas same, kiel vi tordas brakon de pliaĝa frato, dirante ĉu estus pli bone malrapide tordi. Rilate al tia homo estas preferinde instrui nur pri fila pietato kaj frateca devo."

Patrino de iu reĝido mortis, lia guvernisto petis por li funebron de kelk-monatoj.

Gongsun Chou diris: "Tiuokaze, kion fari? "

Mengzi diris: "Li dezirus plenumi la funebron ne allaseblan. Se eblus plilongigi ĝin eĉ je unu tago, estus bone. Mia eldiro koncernas tiun, kiu ne plenumas ion ne malpermesatan." ①

40 [7A40]

孟子曰："君子之所以教者五：有如时雨化之者，有成德者，有达财者，有答问者，有私淑艾者。此五者，君子之所以教也。"

Mengzi diris: "Nobluloj kreskas, edukate mem per kvin manieroj:unu transformiĝas mem kvazaŭ sub la favora pluvo, la alia fariĝas kompleta surbaze de sia virto, la tria disvolvas sian rezervitan talenton, la kvara ekzercas sin per la respondado al demandoj, la kvina memlernas kaŝe admirante majstrojn. Jen la kvin manieroj, laŭ kiuj nobluloj estas edukataj." ②

41 [7A41]

公孙丑曰："道则高矣，美矣，宜若登天然，似不可及也。何不使彼为可几及而日孳孳也？"

孟子曰："大匠不为拙工改废绳墨，羿不为拙射变其彀率。君子引而不发，跃如也。中道而立，能者从之。"

Gongsun Chou diris: "La Vojo estas tre alta kaj bela, kvazaŭ supreniri al la Ĉielo, ke ŝajnus neatingebla. Kial ne faru ĝin iomete proksima, atingebla per ĉiutaga diligenta penado? "

Mengzi diris: "Majstro-metiisto ne ŝanĝas la mezurilojn por mallerta lernanto, pafarkisto Yi neniam ŝanĝis la gradon de fortika pafarko cedante al mallerta lernanto. Noblulo streĉiĝas sen relaso, plena je

---

① Al konfuceanoj nepre necesas tri-jara funebro por gepatroj, dum mohistoj pledis por mallongigo. La patrino de reĝido ne estis reĝa edzino, sed kromvirino, do al la neplenaĝa reĝido ne allaseblas plenumi la tri-jaran funebron.

② Multaj esploristoj prenas tiun tekston kiel 'Nobluloj instruas...', sed mi prenas pasive.

aktiveco, kaj staras celante por trafi la Vojon. Nur kapabluloj sekvas lin."

42 [7A42]

孟子曰："天下有道，以道殉身；天下无道，以身殉道；未闻以道殉乎人者也。"

Mengzi diris: " Se troviĝas la Vojo en la mondo, dediĉu sin al la Vojo; se ne troviĝas la Vojo en la mondo, kulturu sin mem por serĉi la Vojon. Mi ankoraŭ ne aŭdas iun flatanta homojn pere de la Vojo."

43 [7A43]

公都子曰："滕更之在门也，若在所礼，而不答，何也？"

孟子曰："挟贵而问，挟贤而问，挟长而问，挟有勋劳而问，挟故而问，皆所不答也。滕更有二焉。"

Gongduzi diris: " Kiam Teng Keng, la reĝa frato, vizitis vin sufiĉe laŭ decreguloj, vi ne respondis al li. Kial？"

Mengzi diris: " Kiuj demandas fierante pri sia alta rango, demandas fierante pri sia saĝeco, demandas fierante pri sia pliaĝeco, demandas fierante pri sia merito en kariero, demandas fierante pri siaj konatoj, al ĉiuj mi ne respondas. Teng Keng havas du el tiuj difektoj."

44 [7A44]

孟子曰："于不可已而已者，无所不已。于所厚者薄，无所不薄也。其进锐者，其退速。"

Mengzi diris: " Kiu ĉesas tie, kie ne endas ĉesi, tiu ĉiam ĉesas mezvoje. Kiu agas malzorgeme tie, kie endas agi zorgeme, tiu nenie ne malzorgas. Kiu iras tro haste antaŭen, tiu ankaŭ retiriĝas haste."

45 [7A45]

孟子曰："君子之于物也，爱之而弗仁；于民也，仁之而弗亲。亲亲而仁民，仁民而爱物。"

Mengzi diris: " Rilate al vivestaĵoj, noblulo amas ilin, sed sen bonvolemo. Rilate al la popolo, noblulo estas bonvolema al ili, sed sen intimeco. Estu intima kun parencoj, kaj poste estu bonvoleca al la popolo. Estu bonvoleca al la popolo, kaj poste amu la vivestaĵojn." ①

46 [7A46]

孟子曰："知者无不知也，当务之为急；仁者无不爱也，急亲贤之为务。尧、舜之知而不遍物，急先务也；尧、舜之仁不遍爱人，急亲贤也。不能三年之丧，而缌小功之察；放饭流歠，而问无齿决，是之谓不知务。"

Mengzi diris: "Intelektulo, kvankam nenion ne povus scii, tamen urĝe okupiĝas je la nuna tasko; bonvoleculo, neniun ne povus ami, tamen urĝe plenumas la taskon por la parenco kaj saĝuloj. Yao kaj Shun ne etendis sian saĝon al universala afero, sed antaŭ ĉio plenumis urĝe la tujnecesan taskon. Yao kaj Shun ne etendis sian bonvolecon al universala amo de homoj, sed urĝe zorgis pri la parenco kaj la saĝuloj. Ne povante plenumi la tri-jaran funebron, esploradi skrupule pri funebro de tri aŭ kvin monatoj, manĝante voreme kaj drinkante ekscese, priatenti la maldecon je manĝetiketo de viando – tio estas nomata la konduto 'ne scianta pri la tasko'." ②

① Teksto estas tro lakona, ke malfacile estus kompreni la signifon. Sed temas pri disputo inter konfuceanoj kaj mohistoj ĉirkaŭ bonvoleco kaj universala amo. Ŝlosila vorto de mohismo estas 'amo' 爱, tiu de konfuceismo – 'bonvoleco' 仁. Vidu [3A5]. 物 laŭ Zhuzi signifas 禽兽草木. Mozi kritikis konfuceismon pro '别' aparta amo.

② Ĉi tie estas kritikataj ne nur mohistoj, sed ankaŭ harfende detalemaj konfuceanoj.

尽心（下）
EL TUTA KORO (II)

47 [7B1]

孟子曰：“不仁哉梁惠王也！仁者以其所爱及其所不爱，不仁者以其所不爱及其所爱。”

公孙丑问曰：“何谓也？”

“梁惠王以土地之故，糜烂其民而战之，大败。将复之，恐不能胜，故驱其所爱子弟以殉之，是之谓以其所不爱及其所爱也。”

Mengzi diris: “Kiel malbonvoleca estis Reĝo Hui de Liang! La bonvoleculo amas ion gravan pli ol ion malpligravan. La malbonvoleculo amas ion malpligravan pli ol la gravan.”

Gongsun Chou demandis, dirante: “Kion signifas via eldiro? ”

Mengzi diris: “Reĝo Hui de Liang pro la teritorio igis la popolon vane morti kaj batali, kaj ege venkite, ripetadis la militon plu. Timante, ke la milito estus malvenka, li igis ankaŭ siajn amatajn filojn kaj fratojn batalmorti. Tio signifas, ke li preferis ami ion negravan ol la gravan.”

48 [7B2]

孟子曰：“春秋无义战。彼善于此，则有之矣。征者，上伐下也，敌国不相征也。”

Mengzi diris: “En la kroniko Printempo-aŭtuno ne estis ajna justa milito. Troviĝas nur, ke iu estis kompare pli bona ol la alia. La milita sankcio estas la punado, farata de la supro al la subo. Rivalaj landoj ne povus sankcii unu la alian.” ①

---

① La punado 征 estas farata nur laŭ la ordono de la ĉiela filo. Do Mengzi diras, ke maljusta estas la milito sen lia ordono.

49 [7B3]

孟子曰：“尽信《书》，则不如无《书》。吾于《武成》，取二三策而已矣。仁人无敌于天下。以至仁伐至不仁，而何其血之流杵也？”

Mengzi diris: “ Se oni kredus tute je *Dokumentoj*, estus pli bone, ke *Dokumentoj* tute ne estu. Mi mem el la ĉapitro *Wucheng* prenas nur du-tri ekstraktaĵojn. Mi kredas, ke neniu en la mondo povas rivali kun la bonvoleculo. Se la plej bonvoleca atakus la plej malbonvolecan, tiuokaze kial okazus la sangoverŝado, kiel eĉ ŝildegoj flosas sangoŝmirite? ” ①

50 [7B4]

孟子曰：“有人曰：‘我善为陈，我善为战。’大罪也。国君好仁，天下无敌焉。南面而征，北夷怨；东面而征，西夷怨，曰：‘奚为后我？’武王之伐殷也，革车三百两，虎贲三千人。王曰：‘无畏！宁尔也，非敌百姓也。’若崩厥角稽首。征之为言正也，各欲正己也，焉用战？”

Mengzi diris: “ Estas iu, kiu diras: ‘ Mi povas bone deploji soldatojn, mi estas lerta je batalo.’ Granda krimo! Landestro, ŝatanta bonvolecon, estas senrivala en la mondo. Se li turnas sin al sudo, la norda barbaro ofendiĝas, se li turnas sin al oriento, la okcidenta barbaro ofendiĝas, dirante: ‘ Kial li prokrastas savi nin?’ Kiam reĝo Wu batis Yin-dinastion, li mobilizis 300 militĉarojn kaj 3000 soldatojn. La reĝo diris al popolanoj de Yin: ‘ Ne timu! Mi donos al vi ripozi, mi ne estas malamiko al popolanoj’ . Ili lavange klinis kapojn surteren. Vorto ‘ sankcii’ signifas ‘ rektigi’ . Se ĉiu volus esti rektigita, kial estus bezonata la milito? ”

51 [7B5]

孟子曰：“梓匠、轮舆能与人规矩，不能使人巧。”

Mengzi diris: “ Metiistoj, kiel septfaristo, ĉarpentisto, radisto, ĉaristo, povas doni al lernantoj cirkelon kaj ortilon, sed ne transdoneblas la lerteco.”

---

① La Libro estas 尚书 , citaĵo estas el 尚书・周书・武政 . Sed nun ekzistanta 武政 estas konsiderata kiel falsaĵo. Laŭ Zhuxi vorto 杵 estas skribita en la alia libro per 卤 , kiu signifas ŝildon 楯 . [朱熹 417] Multaj rigardas la opinion de Mengzi tro optimismeca, ĉar la sangoverŝado nepras en ajna milito, interalie laŭ mi, ene de la sama lando unu mortigas la alian sub la preteksto de malamikaj spionoj.

52 [7B6]

孟子曰：“舜之饭糗茹草也，若将终身焉；及其为天子也，被袗衣，鼓琴，二女果，若固有之。”

Mengzi diris: “Kiam Shun manĝis sekigitan cerealon kaj herbojn, li pasigis la vivon, kvazaŭ dumvive tio estus normala. Post kiam li fariĝis la ĉiela filo , li, vestite per broditaj vestaĵoj, ludadis tamburon kaj kotoon, kaj estis akompanata de du virinoj, kvazaŭ tia vivo estus al li propra kaj normala.”

53 [7B7]

孟子曰：“吾今而后知杀人亲之重也：杀人之父，人亦杀其父；杀人之兄，人亦杀其兄。然则非自杀之也，一间耳。”

Mengzi diris: “Mi nun kaj por ĉiam komprenas, kiel serioza estas mortigo de alies parenco. Se iu mortigis la alies patron, ankaŭ la lasta mortigos patron de la unua; se iu mortigis la alies pliaĝan fraton, ankaŭ la alia mortigos la patron de la unua. Tiel do, kvankam iu ne mortigus rekte la sian, tamen tio egalas, ke li mortigis la sian nur nerekte.”

54 [7B8]

孟子曰：“古之为关也，将以御暴；今之为关也，将以为暴。”

Mengzi diris: “Antikve la landlima bariero estis starigita por bari kruelaĵon. Sed nun la landlima bariero estas starigita por fari kruelaĵon.”

55 [7B9]

孟子曰：“身不行道，不行于妻子。使人不以道，不能行于妻子。”

Mengzi diris: “Kiu ne iras mem laŭ la Vojo, ties edzino kaj gefiloj ankaŭ ne iras. Se iu igas la aliajn iri ne laŭ la Vojo, tiu ne povas igi siajn edzinon kaj gefilojn iri laŭ la Vojo.”

56 [7B10]

孟子曰：“周于利者凶年不能杀，周于德者邪世不能乱。”

Mengzi diris: “Kiu utile rezervas[①] en la jaro de abundeco, tiu ne lasas homojn morti en la jaro de malsatego; kiu kompletas je virto, tiu ne lasas al al korupta mondo malordi.”

57 [7B11]

孟子曰：“好名之人，能让千乘之国；苟非其人，箪食豆羹见于色。”

Mengzi diris: “Kiu estimas la nomon grava, povas cedi la regnon de mil milit-ĉaroj; kiu ne estas tia, ties avideco montriĝas en vizaĝo ĉe la vido de bovlo da manĝaĵo kaj supo.”

58 [7B12]

孟子曰：“不信仁贤，则国空虚；无礼义，则上下乱；无政事，则财用不足。”

Mengzi diris: “Sen fidi bonvolecon kaj saĝon, la regno estas vanta; sen decreguloj kaj justo, la supro kaj la subo malordiĝas; sen politiko ĉe administrado, mankas la kapitalo.”

59 [7B13]

孟子曰：“不仁而得国者，有之矣；不仁而得天下，未之有也。”

Mengzi diris: “Troviĝas iu, kiu havigas la regnon al si sen bonvoleco, sed ankoraŭ ne troviĝas tiu, kiu sen bonvoleco akiris la mondon.”

60 [7B14]

孟子曰：“民为贵，社稷次之，君为轻。是故得乎丘民而为天子，得乎天子为诸侯，得乎诸侯为大夫。诸侯危社稷，则变置，牺牲既成，粢盛既洁，祭祀以时，然而旱干水溢，则变置社稷。”

---

① Ĉi tie estas uzata ideogramo 利 por pozitiva signifo.

Mengzi diris: " La popolo estas la plej estiminda, la altaro de la tero kaj grenoj estas la sekva, kaj la estro estas la plej malpeza. Do kiu gajnas estimon de la popolamaso, fariĝas la ĉiela filo; kiu gajnas estimon de la ĉiela filo, fariĝas landestro; kiu gajnas estimon de la landestro, fariĝas grandoficisto. Se iu landestro endanĝerigos la altaron de la tero kaj grenoj, tiu estos anstataŭigita. Spite ke ĉe la oferfesto estis kompleta la oferaĵo kaj estis purigitaj la ujoj por oferata manĝaĵo, se okazis sekego aŭ inundo, tiam estas anstataŭigita la altaro de la tero kaj grenoj." ①

61 [7B15]

孟子曰："圣人，百世之师也，伯夷、柳下惠是也。故闻伯夷之风者，顽夫廉，懦夫有立志；闻柳下惠之风者，薄夫敦，鄙夫宽。奋乎百世之上，百世之下，闻者莫不兴起也。非圣人而能若是乎？而况于亲炙之者乎？"

Mengzi diris: " Sanktuloj estas instruistoj por cent generacioj. Tiaj estis Boyi kaj Liuxia Hui. Aŭdante pri personeco de Boyi, obstinulo ŝanĝiĝas honesta, timemulo ŝanĝiĝas en personon, strebantan al la starigita celo. Aŭdante pri personeco de Liuxia Hui, facilanimulo ŝanĝiĝas prudenta, malgrandulo iĝas tolerema. Vekiĝintoj antaŭ cent generacioj povas nepre starigi aŭdontojn post cent generacioj. Se ne sanktuloj, ĉu iu ajn povus fari tion. Kiaj iĝas tiuj, kiuj rekte povas lerni ĉe la sanktuloj? "

62 [7B16]

孟子曰："仁也者，人也。合而言之，道也。"

Mengz diris: " Bonvoleco estas homeco. Se sintezi ambaŭ, oni diras tion la Vojo." ②

63 [7B17]

孟子曰："孔子之去鲁，曰：'迟迟吾行也'，去父母国之道也。去齐，接淅而行，去他国之道也。"

---

① 社稷 Sheji: 社 estis dio de la tero, 稷 estis dio de grenoj. Tio estis la ŝtata sanktejo kaj signifis la ŝtaton kaj la societon.

② Pri tiu teksto estas diversaj opinioj inter esploristoj. Mi sekvas Zhaoqi kaj Zhuzi. Zhuzi konsideras 仁 kiel rezonon kaj 人 kiel materion, ka rezono plus materio faras la Vojon 理＋物＝道 . [朱熹 423] Estas la alia esploristo, kiu supozas, ke daŭre estus frazo 义也者宜也 .

Mengzi diris: " Konfuceo, forlasante Lu-regnon, diris: ' Mi foriras lante kaj lante laŭeble.' Ĉar tio estas la forira Vojo el la lando de gepatroj. Forlasante Qi-regnon, li foriris tuj subite kun rizo apenaŭ lavita. Ĉar tio estis la forira Vojo el la alies lando."

64 [7B18]

孟子曰："君子之厄于陈、蔡之间，无上下之交也。"

Mengzi diris: " Noblulo, kiel Konfuceo, suferis turmentite inter landoj Chen kaj Caj, pro tio, ke tie li ne povis proksimiĝi nek kun la supro nek kun la subo." ①

65 [7B19]

貉稽曰："稽大不理于口。"

孟子曰："无伤也。士憎兹多口。《诗》云：'忧心悄悄，愠于群小。' 孔子也。'肆不殄厥愠，亦不殒厥问。' 文王也。"

Mo Ji diris: " Pri mi oni ege klaĉas senrezone."

Mengzi diris: " Sen problemo. Elstara persono estas ofte malamata kaj priklaĉata multe. Estas dirite en *Poezio*: ' Koro morne malĝojas, malamate de grego da malgranduloj.' Ankaŭ Konfuceo estis tia. Estas dirite: ' La kalumnio ne eviteblas, tamen li ne falis en la intervenon.' Tia estis reĝo Wen." ②

66 [7B20]

孟子曰："贤者以其昭昭，使人昭昭；今以其昏昏，使人昭昭。"

Mengzi diris: " Saĝulo per sia iluminiĝo lasas la aliajn ilumini sin. Sed nun, estante mem obskura, oni provas ilumini la aliajn."

---

① Diversas opinioj kie mankas la interkomuniko, inter Konfuceo kaj la supro-subo de la landoj, aŭ inter la subo kaj la supro en la landoj, aŭ inter la landoj.

② La unua citaĵo el 诗经・邶风・柏舟 , la dua – el 诗经・大雅・绵篇 . Esploristoj prenas la vorton 问 por 闻 honoro aŭ famo. Sed mi prenas ĝin por interveno de kalumniuloj.

67 [7B21]

孟子谓高子曰："山径之蹊间，介然用之而成路；为间不用，则茅塞之矣。今茅塞子之心矣。"

Mengzi parolis al Gaozi, dirante: "Pado en monto, kiun oni uzas ofte, fariĝas la strato. Se ne uzate dumlonge, ĝi estos ŝtopita, kovrite de herbaĉo. Nun la herbaĉo ŝtopas al vi la koron." ①

68 [7B22]

高子曰："禹之声尚文王之声。"

孟子曰："何以言之？"

曰："以追蠡。"

曰："是奚足哉？城门之轨，两马之力与？"

Gaozi diris: "La muziko de Yu estas pli alta ol la muziko de reĝo Wen."

Mengzi diris: "Kial vi opinias tiel？"

Gaozi diris: "Pro konsumiĝinta tenilo de sonorilo."

Mengzi diris: "Ĉu tio estas sufiĉa pruvo? Ĉu radsulkoj antaŭ la urba pordo estiĝis per la forto de du-ĉevala ĉaro？" ②

69 [7B23]

齐饥。陈臻曰："国人皆以夫子将复为发棠，殆不可复。"

孟子曰："是为冯妇也。晋人有冯妇者，善搏虎，卒为善士。则之野，有众逐虎。虎负嵎，莫之敢撄。望见冯妇，趋而迎之。冯妇攘臂下车。众皆悦之，其为士者笑之。"

Okazadis malsatego en Qi-regno. Chen Zhen diris: "Ĉiuj regnanoj esperas, ke vi, Majstro, denove malfermos la grenejon de Tang por savi, ĉu tio preskaŭ ne eblus denove？"

---

① 高子 estis unu el lernantoj de Mengzi, sed laŭ Zhaoqi li poste foriris al la alia.

② Zhuxi diris, ke ne klaras la signifo de tiu teksto.[朱熹 426]

Mengzi diris: " Tio estus la agmaniero de Feng Fu. En Jin-regno estis iu, nomata Feng Fu. Li lertis kapti tigrojn, poste fariĝis bona kavaliro. Iam homamaso estis ĉasanta tigron en la kampo. La tigro fuĝis en monta angulo, neniu aŭdacis tuŝi la tigron. Vidante fore Feng Fu, oni kuris al li por venigi lin. Feng Fu, refaldante manikojn, descendis de la ĉaro. Ĉiuj popolanoj ĝojegis je tio, sed al kleruloj estis ridinda lia aŭdaco." ①

70 [7B24]

孟子曰："口之于味也，目之于色也，耳之于声也，鼻之于臭也，四肢之于安佚也，性也，有命焉，君子不谓性也。仁之于父子也，义之于君臣也，礼之于宾主也，知之于贤者也，圣人之于天道也，命也，有性焉，君子不谓命也。"

Mengzi diris: " Gusto al buŝo, koloro al okuloj, sono al oreloj, odoro al nazo, komforto al kvar membroj – tiuj estas naturo. Estas ordono, kiun nobluloj ne nomas naturo. Bonvoleco en rilato inter patro kaj filo, justo en rilato inter estro kaj subulo, decreguloj en rilato inter gasto kaj gastiganto, intelekto de saĝuloj, sanktuloj en la ĉiela vojo – tiuj estas ordono. La naturo estas tiu, kiun nobluloj ne nomas ordono." ②

71 [7B25]

浩生不害问曰："乐正子何人也？"

孟子曰："善人也，信人也。"

"何谓善？何谓信？"

曰："可欲之谓善，有诸己之谓信，充实之谓美，充实而有光辉之谓大，大而化之之谓圣，圣而不可知之之谓神。乐正子，二之中，四之下也。"

Haosheng Buhai demandis, dirante: " Kia persono estas Yuezheng-zi? "

Mengzi diris: " Bona persono, kaj persono kun konvinko."

---

① Malfermi la grenejon por savi malsatiĝantojn estas konduto de la bonvoleco. Mengzi faris tion antaŭe, sed laŭ tiu teksto li ne volas denove konduti same. Eble, li jam malesperis je konsilo al la reĝo kaj decidis forlasi Qi-regnon.

② La lasta frazo 命也，有性焉，君子不谓命也 estas grava por karakterizi la pensmanieron de Mengzi, konsideranta la altan koron disvolviĝo de la denaska naturo. Ĝenerale la etika koncepto apartenas al 'libero' de persona konduto, sed Mengzi nomas tion ordono, samkiel devo de deterministo.

Demandis: "Kio estas nomata la bona? Kio estas nomata la konvinko? "

Respondis: "Povi deziri ion estas nomata la bona, havigi al si fidon je io estas nomata la konvinko. Kio estas plena je esenco, tio estas nomata la 'bela'; kio estas plena je esenco kaj havas lumon-brilon, tio estas nomata la 'granda'; kio estas granda kaj transformas ion, tio estas nomata la 'sankta'; kio estas sankta sed neatingeble sankta, tio estas nomata la 'dieca'. Yuezheng-zi havas la unuajn du en meza grado, sed la lastajn kvar en malalta grado." ①

72 [7B26]

孟子曰："逃墨必归于杨，逃杨必归于儒。归，斯受之而已矣。今之与杨、墨辩者，如追放豚，既入其苙，又从而招之。"

Mengzi diris: "Kiu fuĝis de Mohismo, nepre rifuĝas en Yang-ismo. Kiu fuĝis de Yang-ismo, nepre rifuĝas en Konfuceismo. Ĉi tiu lasta devus nur akcepti la rifuĝintojn. Tamen nunaj oponantoj al Yang-Mo, kvazaŭ alligus porkojn, fuĝintajn sed enirintajn jam en porkejon, altrudas ilin, por ke ili obeu." ②

73 [7B27]

孟子曰："有布缕之征，粟米之征，力役之征。君子用其一，缓其二。用其二而民有殍，用其三而父子离。"

Mengzi diris: "Estas imposto per teksaĵoj kaj fadenoj, imposto per cerealoj kaj grenoj, imposto per laboro. Noblulo postulas unu el ili kaj postmetas modere la du aliajn. Se postulate du el ili, estiĝas mortintoj pro malsato en la popolo. Se depreni tri, patroj kaj filoj disiĝas."

74 [7B28]

孟子曰："诸侯之宝三：土地、人民、政事。宝珠玉者，殃必及身。"

Mengzi diris: "Por landestroj estas tri trezoroj – tero, popolo, politiko. Se ili konsideras perlon kaj

① Haosheng Buhai estas Qi-regnano. Laŭ tiu respondo koneblas tio, kion Mengzi postulis de siaj disĉiploj krom bonvoleco kaj justo.
② Iuj prenas la frazon 又从而招之 kiel ligi krurojn de porkoj. Sed mi tradukis laŭ litere. Mengzi ĉi tie kritikas konfuceanojn, kiuj tro zorgas konverti adeptojn de Mohismo kaj Yang-ismo. Ŝajnas, ke Mengzi memkonfidas, ke Mohismo kaj Yang-ismo estas jam tute venkitaj. Pri kritiko fare de Mengzi vidu [3B9] kaj [7A26].

jadon trezoroj, tiam ilin nepre atakos la plago."

75 [7B29]

盆成括仕于齐，孟子曰："死矣盆成括！"

盆成括见杀，门人问曰："夫子何以知其将见杀？"

曰："其为人也小有才，未闻君子之大道也，则足以杀其躯而已矣。"

Pencheng Gua enoficiĝis en Qi-regno. Mengzi diris: "Pencheng Gua mortos!"

Oni vidis, ke Pencheng Gua mortis. Lernantoj demandis, dirante: "Kiel vi, Majstro, antaŭvidis ĝuste lian morton?"

Mengzi diris: "Kiel personeco, li estas malgranda sed talenta, kaj ankoraŭ ne aŭdis la grandan Vojon por nobluloj. Do estas sufiĉe je la kaŭzo, kial li mortis." ①

76 [7B30]

孟子之滕，馆于上宫。有业屦于牖上，馆人求之弗得。或问之曰："若是乎从者之廋也？"

曰："子以是为窃屦来与？"

曰："殆非也。夫子之设科也，往者不追，来者不距。苟以是心至，斯受之而已矣。"

Mengzi iris al Teng-lando kaj loĝis en la domo de Supra Palaco. Estis metita unu paro da pajlsandaloj sur la fenestran bazon, la servanto de la domo serĉadis, sed ne povis trovi ilin. Iu demandis lin, dirante: "Ĉu, eble, kaŝis ilin sekvanto de Mengzi?"

(Mengzi) diris: "Ĉu vi konsideras, ke ni venis por ŝteli sandalojn?"

(Iu demandinto) diris: "Apenaŭ." (Mengzi diris): "Mi fondis la lernejon, kun jena principo – 'Ne postkuri la forirantan, ne repeli la alvenantan.' Depende de tiu koro ĉiu ajn estas akceptita." ②

77 [7B31]

孟子曰："人皆有所不忍，达之于其所忍，仁也；人皆有所不为，达之于其所为，义也。人能充无欲害人之心，而仁不可胜用也；人能充无穿窬之心，而义不可胜用也；人能充无受尔汝之

---

① Pengcheng Kuo estis unu el lernantoj de Mengzi, sed ŝajne foriris de li.

② En tiu teksto estas malfacile distingi, kiu diris kion al kiu. Estas alia traduko, ke diris la lastan frazon ne Mengzi, sed iu alia.

实，无所往而不为义也。士未可以言而言，是以言餂之也；可以言而不言，是以不言餂之也，是皆穿逾之类也。”

Mengzi diris: “Ĉiu homo havas senton pri io neeltenebla preteratenti malfeliĉon de la alia. Se etendi la senton pri io eltenebla, oni atingas la senton de bonvoleco. Ĉiu homo havas senton pri io ne farenda. Se etendi la senton pri io farenda, oni atingas la konscion de justo. Se homoj povus plenigi sian koron per sento ne malhelpi la aliajn, oni ne bezonus speciale uzi la vorton de bonvoleco. Se homoj povus plenigi sian koron per sento ne ŝteli aŭ rabi, oni ne bezonus uzi la vorton de justo. Se homoj povus plenigi sian realan konduton per respekto al la aliaj por ne ‘ci-diri’ maldece, oni ĉie kaj ĉiam ne povas ne fari juston. Se iu persono parolas, kiam li ne devus paroli, tiuokaze li intencas preni al si ian avantaĝon per tiu parolado; se li ne parolas, kiam li devus paroli, tiuokaze li intencas preni al si ian avantaĝon per tiu senparolado – ĉio estas la konduto simila al ŝtelisto-rabisto.”

78 [7B32]

孟子曰：“言近而指远者，善言也；守约而施博者，善道也。君子之言也，不下带而道存焉；君子之守，修其身而天下平。人病舍其田而芸人之田——所求于人者重，而所以自任者轻。”

Mengzi diris: “Bona vorto estas io simple dirita kaj enhavanta profundan signifon. Bona Vojo estas io simple komprenebla kaj vasta je la praktikado. Io dirita de noblulo entenas la Vojon proksime, ne malpli sube ol zono. La disciplino observata de noblulo estas kulturi sin mem kaj doni pacon al la mondo. Estas malsano, ke homoj emas sarki alies kampon, forlasante sian propran kampon, kaj emas postuli de la aliaj ion pezan, tamen de si mem la malpezan.” ①

79 [7B33]

孟子曰：“尧舜，性者也；汤武，反之也。动容周旋中礼者，盛德之至也。哭死而哀，非为生者也。经德不回，非以干禄也。言语必信，非以正行也。君子行法，以俟命而已矣。”

Mengzi diris: “Yao kaj Shun kondutis laŭ sia naturo; Tang kaj Wu kondutis memretrorigardante. En

① 不下带 Ĉiuj esploristoj komprenas tiun frazon kiel bruston, sinon aŭ koron.

tuta agmaniero kaj vizaĝo estis decreguloj, tio estas ja la kulmino de plena virto. Plorkrii pri la mortinto kaj tristi estas ne por la vivantoj. Sekvi la virton sen-devie estas ne por la salajro. La vortoj parolataj estas nepre fidindaj, tio estas ne por la ' akurata' irado. Noblulo, irante laŭleĝe, atendas nur la ĉielan ordonon."

80 [7B34]

孟子曰："说大人，则藐之，勿视其巍巍然。堂高数仞，榱题数尺，我得志，弗为也；食前方丈，侍妾数百人，我得志，弗为也。般乐饮酒，驱骋田猎，后车千乘，我得志，弗为也。在彼者，皆我所不为也；在我者，皆古之制也。吾何畏彼哉？"

Mengzi diris: "Kiam vi konsilos al grandulo, imponu per via digno al li, por ke vi ne vidu lian majestecon giganta. Ĉe li la halo estas alta je kelk-renoj, la ĉevrono estas dika je kelk-chioj, kion mi ne povus havigi al mi kiom ajn mi deziregus. Ĉe li la manĝotablo estas granda je unu zhang kvadrate, servantaj kromvirinoj estas kelk-cent, kion mi ne povus havigi al mi kiel ajn mi dezirus. Plenplena plezuro kaj drinkado de vino, ĉevalvetkurado kaj ĉasado, kun mil ĉaroj sekvantaj, kion mi ne povus havigi al mi kiel ajn mi dezirus. Kio apartenas al li, ĉio ne akireblas por mi. Ĉio, kio estas ĉe mi, estas antikva valoraĵo de kulturo. Do kion mi devus timi antaŭ li? " ①

81 [7B35]

孟子曰："养心莫善于寡欲。其为人也寡欲，虽有不存焉者，寡矣；其为人也多欲，虽有存焉者，寡矣。"

Mengzi diris: "Nenio estas pli bona ol nutri la koron en malgrandigo de avido. Inter tiuj, kiuj faras la avidon malgranda, troviĝas perdiĝintoj de koro, sed da tiaj estas malmulte. Inter tiuj, kiuj faras la avidon granda, troviĝas havantoj de koro, sed da tiaj estas malmulte."

82 [7B36]

曾皙嗜羊枣，而曾子不忍食羊枣。公孙丑问曰："脍炙与羊枣孰美？"

孟子曰："脍炙哉！"

---

① La frazo 说大人，则藐之 montras fierecon de Mengzi antaŭ altranguloj por teni digne la memstarecon. Laŭ mi, la frazo admonas, ke vi ne estu humilaĉa, nek flatema antaŭ potenculoj.

公孙丑曰："然则曾子何为食脍炙而不食羊枣？"

曰："脍炙所同也，羊枣所独也。讳名不讳姓，姓所同也，名所独也。"

Zeng Xi, la patro de Zengzi, ŝatis jujubon, sed lia filo, Zengzi, ne aŭdacis manĝi la jujubon. Gongsun Chou demandis, dirante: "Kiu estas pli bongusta, kebabo aŭ jujubo？"

Mengzi diris: "Kebabo!" .

Gongsun Chou diris: "Kial Zengzi manĝis kebabon, sed ne manĝis jujubon？"

Mengzi diris: "La kebabo plaĉas al ĉiuj, sed la jujubo al aparta solulo, lia patro. Tiel same, oni evitas voki iun per la persona nomo kiel tabua, sed ne evitas la familian nomon. La familia nomo estas komuna, sed la persona nomo estas sola." ①

83 [7B37]

万章问曰："孔子在陈曰：'盍归乎来！吾党之士狂简，进取，不忘其初。'孔子在陈，何思鲁之狂士？"

孟子曰："孔子'不得中道而与之，必也狂狷乎！狂者进取，狷者有所不为也。'孔子岂不欲中道哉？不可必得，故思其次也。"

"敢问何如斯可谓狂矣？"

曰："如琴张、曾皙、牧皮者，孔子之所谓狂矣。"

"何以谓之狂也？"

曰："其志嘐嘐然，曰'古之人，古之人'。夷考其行，而不掩焉者也。狂者又不可得，欲得不屑不洁之士而与之，是狷也，是又其次也。孔子曰：'过我门而不入我室，我不憾焉者，其惟乡原乎！乡原，德之贼也。'"

曰："何如斯可谓之乡原矣？"

曰："何以是嘐嘐也？言不顾行，行不顾言，则曰：'古之人，古之人。行何为踽踽凉凉？生斯世也，为斯世也，善斯可矣。'阉然媚于世也者，是乡原也。"

万子曰："一乡皆称原人焉，无所往而不为原人，孔子以为德之贼，何哉？"

曰："非之无举也，刺之无刺也，同乎流俗，合乎污世，居之似忠信，行之似廉洁，众皆悦

① Zeng Xi kaj Zengzi ambaŭ estis disĉiploj de Konfuceo. Zengzi estas la aŭtoro de *La sutro de fila* pietato 孝经 .

之，自以为是，而不可与入尧舜之道，故曰‘德之贼’也。孔子曰：恶似而非者：恶莠，恐其乱苗也；恶佞，恐其乱义也；恶利口，恐其乱信也；恶郑声，恐其乱乐也；恶紫，恐其乱朱也；恶乡原，恐其乱德也。君子反经而已矣。经正，则庶民兴；庶民兴，斯无邪慝矣。”

Wan Zhang demandis, dirante: “Kiam Konfuceo vagadis en Chen-lando, li diris: ‘Mi revenu hejmen! Personoj de mia partio, naive fanatikaj, progresemaj, ne forgesas la unuan aspiron.’ ① Kion pensis pri la fanatikuloj de Lu-regno Konfuceo, estante en Chen? ”

Mengzi diris: “Konfuceo, ‘ne povante akiri irantojn de Meza Vojo, nepre probable serĉis strion de espero inter fanatikuloj kaj puritanoj! Kiu fanatika, tiu progresema; kiu purema, tiu iam intencas nenion fari.’ ② Ĉu Konfuceo ne dezirus Mezan Vojon? Vidante tion tute ne farebla, li pripensis la duan.”

Demandis: “Bonvolu diri al mi, kiuj estas t. n. fanatikuloj? ”

Respondis: “Tiuj, kiel Qin Zhang, Zeng Xi, kaj Mu Pi, estis t. n. fanatikaj laŭ Konfuceo.”

Demandis: “Pro kio ili estis nomataj kiel fanatikuloj? ”

Respondis: “Ilia strebo estas grandega, ili diradis: ‘Ni estu kiel antikvulo, antikvulo.’ Kion simple ili pensas, tion ili praktikas malkaŝe. Se ne akireblas al li la fanatikaj, li deziris akiri personojn, kiuj abomenas malpuron – tiuj estas puritanoj, dezirataj kiel la sekva de la dua. Konfuceo diris: ‘El pasantoj preter mia pordo, iuj ne eniras mian domon. Mi ne bedaŭras, ke ne alvenus tiuj homoj, t. n. provincaj hipokrituloj! Provincaj hipokrituloj estas perfiduloj de virto’ .”

Demandis: “Kiuj estas t. n. provincaj hipokrituloj? ”

Respondis: “Kritikante la fanatikajn, tiuj diras: ‘Kial ili strebas fiere, parolas sen retrorigardi la praktikadon, praktikas sen retrorigardi la paroladon, nur dirante – Antikvuloj, antikvuloj?’ Kritikante puritanojn, tiuj diras: ‘Kial ili kondutas dogmeme kaj memkontente? Se vi vivas en la nuna mondo, faru, kiel mondanoj. Estas bone fari tiel.’ Eŭnuko-similaj flatemuloj al nuna mondo estas provincaj hipokrituloj.”

Wanzi diris: “Ĉiuj en la tuta provinco laŭdas ilin kiel bonulojn, kaj ĉie ajn ili agas kiel bonuloj, sed kial Konfuceo konsideris ilin perfiduloj de la virto? ”

---

① *Analektoj*, la ĉap. Gongyechang 21.

② *Analektoj*, la ĉap. Zilu 21.

Mengzi diris: "Provu mallaŭdi ilin, sed nenio mallaŭdinda; provu riproĉi ilin, sed nenio riproĉinda. Ili vivas fluante same, kiel mondanoj, vivas konforme al malpura mondo. Ili tenas sin kvazaŭ lojalaj kaj fidelaj, kondutas kvazaŭ honeste kaj pure. Ĉiuj en homamaso ĝojas je ili, kaj ili mem konsideras sin tiaj. Sed ili ne povas eniri en la Vojon de Yao kaj Shun. Tial do estas dirite, ke ili estas perfiduloj de la virto. Konfuceo diris: 'Mi malamas tiun, kiu, estante simila, ne estas vera. Mi malamas cinozuron, kiun oni povus konfuzi kun rizido, malamas flatulon, kiun oni povus konfuzi kun justulo, malamas ruzulon, kiun oni povus konfuzi kun fidelulo, malamas kanton de Zheng, kiun oni povus konfuzi kun la muziko, malamas purpuron, kiun oni povus konfuzi kun vermiljono, malamas hipokritulon, kiun oni povus konfuzi kun virtulo.' Noblulo revenas nur al principo. Se la principo pravas, tiam la simplaj popolamasoj leviĝas; se la simplaj popolamasoj leviĝas, neniiĝos la aĉaj kaŝaĵoj."

84 [7B38]

孟子曰："由尧舜至于汤，五百有余岁；若禹、皋陶，则见而知之；若汤，则闻而知之。由汤至于文王，五百有余岁，若伊尹、莱朱，则见而知之；若文王，则闻而知之。由文王至于孔子，五百有余岁，若太公望、散宜生，则见而知之；若孔子，则闻而知之。由孔子而来至于今，百有余岁，去圣人之世若此其未远也，近圣人之居若此其甚也，然而无有乎尔，则亦无有乎尔。"

Mengzi diris: "De Yao kaj Shun ĝis Tang pasis pli ol 500 jaroj, personoj kiel Yu kaj Gao Yao reale vidis kaj konis ilin. Tang aŭdis pri ili, tamen ne konis ilin. Se de Tang ĝis reĝo Wen pasis pli ol 500 jaroj, personoj kiel Yiyin kaj Lai Zhu vidis kaj konis lin, sed reĝo Wen sciiĝis pri li, nur aŭdante. De reĝo Wen ĝis Konfuceo pasis pli ol 500 jaroj, personoj kiel Taigong Wang kaj San Yisheng vidis kaj konis la reĝon, sed Konfuceo sciiĝis pri li, nur aŭdante. De Konfuceo ĝis nun pasis pli ol 100 jaroj, post la forpaso de la sanktulo la tempo pasis nemalproksime, kaj krome ni loĝas tre proksime al loĝloko de la sanktulo. Sed tamen postsekvas lin krom mi neniu – tiel do lin sekvas neniu krom mi." ①

① Lai Zhu estis ministro ĉe la reĝo Tang, iu konsideras ke li estas Zhong Hui 仲虺, kiu regis 薛. Sanyi Sheng estis unu el kvar ministroj ĉe reĝo Wen. Ĉirkaŭ la lasta frazo 无有乎尔 ekzistas diversaj opinioj inter esploristoj, do mi tradukis laŭ kuntekste. La ideogramo 尔 havas ĝenerale signifon 'vi, ci'.

后记POSTPAROLO

En la libro, titolita *Mengzi* 孟子, estas registritaj la eldiroj kaj la agado de Mengzi, kiu estas honorata kiel la dua plej sankta pensulo亚圣post Konfuceo. Granda estas la influo de Mengzi al ĉinoj, koreoj kaj japanoj, kiuj estis iam fervore lernantaj konfuceismon en diversaj epokoj. Kiu do estis la aŭtoro de *Mengzi*?

Iuj konsideras Mengzi mem la aŭtoro de la libro, titolita *Mengzi*, kiel konstatis Sima Qian司马迁, k. a. La kialo estas laŭ kohera enhavo de eldiroj. La aliaj konsideras disĉiplojn de Mengzi aŭtoroj. Han Tuizi 韩退之, k. a. La bazo de ilia argumento kuŝas laŭforme en tio, ke la nomoj de reĝoj estas skribitaj per la postmortaj nomoj kaj la nomo de Mengzi – kun respekta sufikso子-zi. Ankaŭ troviĝas eklektikaj opinioj, ke iuj ĉapitroj estas verkitaj per propra mano de Mengzi mem kaj la aliaj – per manoj de disĉiploj.

VIVO KAJ AGADO

Biografio de Mengzi estas ege malklara pro tio, ke diversas datoj laŭ kalendaroj. Kelkaj skribas, ke li vivis en 391-308 a. K. (ĉefe laŭ Historio de ses regnoj en *Shiji* 史记de Sima Qian), tamen multaj esploristoj nun supozas, ke Mengzi naskiĝis la duan tagon de la kvara monato en 372 a. K. en Zou-lando 邹, kaj mortis en 289 a. K. (depende de La *Bambua Kroniko*竹书纪年). Mengzi mem diris, ke li naskiĝis ĉirkaŭ cent jarojn poste de la morto de Konfuceo. Nunaj esploristoj inklinas al la dua opinio.

Estas dirite, ke familinomo de Meng devenis de Meng Sun, unu el filoj de Duko Huan (711-694 a. K.) de Lu-regno. Sed se juĝi laŭ la legendo de lia patrino, verŝajne, li naskiĝis kaj kreskis ne en la riĉa altranga familio, sed en la familio de vidvino. Sima Qian skribis:

Meng Ke [Mengzi] estas Zou-landano. Li lernis ĉe disĉiploj de Zi Si子思. Post la ellernado de Vojo ekservis al Xuan, la reĝo de Qi-regno. Reĝo Xuan ne povis utiligi la kapablon de Mengzi, do ĉi tiu foriris al la urbo Liang. La reĝo de Liang ne povis kompreni tion, kion diris Mengzi. La reĝo konsideris lian opinion tro ĉirkaŭira, ne konformanta al realeco. Tiutempe, en Qin-regno oni enkondukis la politikon de Shang Yang por la regna riĉigo kaj armea fortigo. La regnoj de Chu kaj Wei adoptis taktikon de generalo Wu Qi por venki en militoj kaj por malfortigi malamikojn. La reĝoj de Qi-regno, Wei kaj Xuan, dungis taktikistojn Sun Bing kaj Tian Ji, kaj landestroj turnis sin orienten subiĝeme al Qi-regno. Oni en la tuta subĉiela mondo klopodis nur por t. n. perpendikla koalicio aŭ vertikala alianco合纵连卫, kaj tiel rigardis la atakadon-konkeron sagaca. Sed Meng Ke predikis pri la virto de tri generacioj de Sanktaj reĝoj, Tang-Yu. Tial li ne konformis al la samtempa kuranta realeco. Eksiĝinte, li verkadis librojn kune kun siaj lernantoj, kiel Wan Zhang, prezentadis la ideojn de Zhong Ni, kaj komponis la libron de Mengzi, konsistantan el sep ĉapitroj.[①]

Laŭ tiu priskribo, la ĉapitroj de libro *Mengzi*, kiun legis Sima Qian, estis vicigitaj alie ol ni vidas nun, ĉar li rigardis la aŭdiencon de Xuan, la reĝo de Qi-regno, pli frua ol tiun de Hui, la reĝo de Liang. En la libro de Zhu Xi 朱熹 estas skribite laŭ Yang Xiong杨雄:

La libro de Mengzi postulas la rektigon de la homa koro kaj la kreskigon de la koro laŭ la denaska naturo, ne lasante interalie la koron agi arbitre libervole kiel 收其放心. Parolante pri bonvoleco, justo, decreguloj kaj intelekto, li faras la korinklinon de kunsuferemo, hontemo, cedemo kaj distingo kiel gravan motivon. Rilate al malutilo de hereza pensmaniero, li predikas ĝian danĝerecon de malbona influo al la politiko. Se temas pri la servado al estroj, nepre necesas korekti la eraron, se la koro de la estro misagas. Se la estro rektiĝas, la regno iĝas stabila.[②]

Mengzi asertas, ke homo estas bona laŭ la denaska naturo, do li havas al si la firman konvinkon, ke ajna homo povas fariĝi bona. Sed li ne prenis la pozicion de Lao kaj Zhuang老庄, lasantan al homoj vivi libere laŭ la naturo. Yang Xiong skribis: " Sekvi la denaskan naturon estas vivi konforme al la ĉiela rezono 天理." [③] Post la 13 jc., kiam Zhu Xi inkluzivigis la verkon de Mengzi en la kvar librojn kaj la kvin sutrojn 四书五经, la ideo de Mengzi havis grandan influon sur la orient-aziaj landoj. La penso kaj agmaniero de

① Shiji 史记・孟荀列传 .
② 朱熹，四书集注（下），东京，明德出版社 p.72，朱子学体系 8,1972。
③ Samloke 73.

Mengzi fariĝis la modelo de inteligencio, strebanta al la savado de popoloj.

PREDIKO-VAGADO DE MENGZI

Escepte de *Historio de Qin-regno*, ĉiuj libroj pri la historio de regnoj estis bruligitaj. Kaj en *La libro de Qin* estis skribite pri la datoj tre malklare. Sima Qian kompilis la tablon de *Historio de ses regnoj*, sed estas la diferenco de datoj inter fontoj: *Shiji kaj Bambua Kroniko* [Historio de Wei-regno ĝis la 20-a jaro (299 a. K) de reĝo Xiang]. Aldone tiam la jaro komenciĝis de la unua monato en oktobro. Do ne eviteblas ekarto je jaroj. Nunaj historiistoj pri Mengzi inklinas apogi sin sur la *Bambua Kroniko*. Laŭ ĝi la surtrona periodo de la reĝoj Hui kaj Xuan descendas je 20 jaroj ol laŭ *Shiji*. Kaj tio pli konformas al historiaj okazintaĵoj. Koncerne de la renkontiĝo de Mengzi kaj reĝo Hui, ĝi okazis en 322 aŭ 321 a. K. La renkontiĝo kun Reĝo Xuan de Qi-regno – en 319 aŭ 318 a. K. Diversas opinioj pri la tempo de lia servado en Teng-lando, (iuj supozas antaŭ, aliaj – post la servado en Qi-regno).

402 a. K. Zi Si子思, nepo de Konfuceo, mortis.

372 Naskiĝis Mengzi en la lando, nomata Zou邹.

362 Wei-regno魏 translokigis la ĉefurbon al Da Liang大梁.

341 Filo de Reĝo Hui de Wei-regno申 iĝis militkaptita en la milito Maling.

338 Shang Yang 商鞅 estis mortigita.

336 Komencis la predik-vagadon.

334 Hui, la reĝo de Wei, laŭ la plano de Huishi惠施 renkontiĝis kun regnestroj, kaj nomiĝis Wang.

330 Wei-regno donis al Qin-regno la teritorion okcidentan de la flava rivero.

328 Zhang Yi 张仪 fariĝis la ĉefministro de Qin-regno.

322 Zhang Yi fariĝis la ĉefministro de Wei-regno.

322 Tian Yingzi田婴子estis feŭdita en Xue薛de Qi-regno.

323 Chu-regno venkis Wei-regnon ĉe Xiang Ling.

321 Aŭdienco per Reĝo Hui en Liang梁惠王. Su Qin苏秦mortis.

319 Aŭdienco per la reĝo Xiang襄 en Liang. Mengzi iris al Qi-regno.

319 Aŭdienco per Reĝo Xuan 宣王de Qi-regno. Reviglîĝo de la rondo de pensuloj en la ĉefurbo de Qi-regno稷下之学.

318 Vertikala Alianco de kvin regnoj合纵estas venkita de Qin-regno.

318 Meng Changjun孟尝君fariĝis ministro de Wei-regno魏.

317 Zhang Yi denove fariĝis ĉefministro de Qin-regno.

316 La reĝo de Yan-regno, Hui哙, cedis tronon al Zi Zhi子之.

314 Qi-regnanoj venkobatis Yan-regnon.

312 Iris al Song-regno, survoje renkontiĝis kun Song Keng宋牼en Shiqiu.

312 Yan-regnanoj ribelis kontraŭ Qi-regno.

308 Duko Wen de Teng-lando renkontiĝis kun Mengzi survoje al Song-regno.

306 Duko Ding de Teng-lando forpasis. Ran You demandis pri la funebro.

304 Mengzi pasloĝis en la supra palaco de Teng-lando.

303 La disĉiplo Yuezheng-zi estas postenigita je alta rango en Lu-regno.

301 Mengzi ne ricevis aŭdiencon de Duko Ping de Lu-regno.

298 Qu Yuan屈原mortis.

289 Mengzi mortis. Zhuangzi庄子mortis.

Instrui reĝojn aŭ landestrojn kaj prediki al ili la konfuceisman politikan idealon pri la regado estas la plej grava celo de Mengzi. Por kio li vagadis de landoj al landoj kun granda kolektivo de siaj disĉiploj kaj lernantoj.

Laŭ la vicordo de la libro, estas skribite, ke unue Mengzi predikis al reĝo Hui de Liang (Wei) pri graveco de justo en la regado. Post la morto de la reĝo Mengzi forlasis la regnon, ne povante esperi je la sekva reĝo Xiang. Sekve Mengzi estis invitita kiel la vizitanta ministro 客卿en Qi-regno sub Reĝo Xuan, kun kiu troviĝas multe da konversacioj en la ĉapitroj de *Mengzi*. Mengzi esperis je Xuan kaj atendis la efektivigon de ideala politiko en Qi-regno. Sed kontraŭ la espero Mengzi devis forlasi Qi-regnon.

Atendante ne nur de grandegaj regnoj, sed ankaŭ de malgrandaj landoj, Mengzi konsilis landestron de Teng-lando滕, la dukon Wen文公, do estadis multe da enhavoriĉaj konversacioj inter ili. Mengzi volus fari Teng-landon滕 modelon por sia realigo de konfuceisma ideo.

Kun Duko Ping平公de Lu-regno Mengzi ne povis renkontiĝi, kvankam la peranto estis lia disĉiplo. Interalie, Mengzi ricevis monon de Song-regno, kaj de Xue-lando薛, kie iam regis la fama Meng Changjun孟尝君.

Estas notinde, ke iom poste pereis ĉiuj regnoj kaj landoj, kiujn Mengzi vizitadis: Song estis detruita de Qi en 286 a. K., Qi estis venkita de alianco sub la generalo Yue Yi 乐毅 en 284 a. K., Lu estis pereigita de Chu en 256 a. K. Pri la tempo de la servado al la reĝoj Xuan kaj Hui, multaj esploristoj, kontraŭ Sima Qian, prenas la servadon al Hui pli frue ol la servadon al Xuan.

EPIZODO PRI LA PATRINO

Pri la mortotempo de lia patro ankaŭ diversas opinioj. Laŭ *Biografio de elstaraj virinoj*烈女传 lia patro mortis, kiam li estis 3-jara, sed laŭ la ĉapitro *Reĝo Hui de Liang*梁惠王de *Mengzi*, estas skribite, ke li plenumis la taskon de funebro por sia patro, kiel la rango de Shi士 kavaliro. Ŝajnas, ke diversus la informoj pri la tempo de morto de lia patro. Sed estus nekredeble, se la aŭtoro de *Biografio de elstaraj virinoj* ne legus la libron de *Mengzi*. Laŭ mia kompreno, la funebron de la patro plenumis la postlasita familio, t. e. patrino kaj trijara filo.

La nomo de lia patro estis 激公宜Ji Gongyi, nomo de lia patrino estis 仉Zhang. La patrino mortis, kiam Mengzi estis grandoficisto de Qi-regno, do li funebris la patrinon pli lukse ol la patron. Sed pro tio kalumniis la asiduisto al Duko Ping平公de Lu-regno, tiel do sub tiu preteksto la duko malakceptis Mengzi.

En la vivo de juna Mengzi la patro restas en ombro de la patrino tiom, ke estas fidinda la informo, ke la patro mortis tre frue. Fama estas la epizodo ' Instruo per trifoja translokiĝo fare de la patrino de Mengzi.孟母三迁' Tia decido estus nefarebla al ŝi sola, se vivus la edzo. Estas skribite en La Instruo per trifoja translokiĝo jen tiel:

Familio de Mengzi loĝis najbare de tombejo, lia patrino vidis lin faranta funebroludon kaj ŝi pensis, ke tiu loko ne estas konvena por eduki la filon, do ŝi translokiĝis apud merkato. Tie ŝi trovis sian filon ludanta negocadon, kaj pensis, ke ankaŭ tiu loko ne estas bona. Do ŝi translokiĝis al la najbaro de lernejo. Tie ŝi trovis la filon ludanta riton kaj decregulojn, do ŝi finfine decidis tie kreskigi la filon.

La epizodo rakontas, kiel granda estas la influo de patrino, kaj kiel decida estas ĉirkaŭa kondiĉo en la formiĝo de personeco. En aziaj landoj oni lernas la gravecon de medio pere de tiu epizodo. Alia fama epizodo estas ke la patrino admonis sian filon daŭrigi la lernadon, rompinte la teksaĵon sur teksilo:

Aŭdinte, ke la filo lernas malserioze, la patrino rompis la teksaĵon kaj diris al li, ke maldiligenta lernado estas sama, kiel perdo de laborprodukto mezvoje. Mengzi profunde pentis sian maldiligentecon, kaj okupiĝis je la lernado pli serioze, kiel disĉiplo en la skolo de konfuceano Zi Si. (Epizodo pri la rompigo de teksaĵo 孟母断机)

Epizodo, ke la patrino disrompis teksaĵon 断机, okazis dum la lernado de Mengzi. Li mem konfesis, ke li ekmemlernis, respektante iun konfuceanon kiel sian instruiston. Estas skribite en *Shiji*, ke Mengzi lernis en la skolo de Zi Si, la nepo de Konfuceo, do li lernis ĉe iu el disĉiploj de Zi Si. En la libro *Mengzi* estas menciite pri Zengzi 曾子 multfoje. Tio signifas, ke Mengzi apartenas al la skolo de konfuceanoj, heredintaj la skolon de Zeng Chen kaj Zi Si. Eble ekzistis privata lernejo, kie estis instruate ĉefe pri doktrinoj de la skolo. Aŭ la lernejo similas al Xiangxu Xuexiao 庠序学校, proponata de Mengzi en la ĉapitro *Duko Wen de Teng*.

La epizodo de la patrino montras, ke la daŭrigo estas esence grava por fari la lernadon perfekta, kaj kiel grava estas la alta aspiro de la patrino al la infanoj. Virinoj en orienta Azio, lernantaj la epizodojn pri la patrino de Mengzi, strebadis eduki siajn filojn laŭ la severeco de la patrino.

Post kiam Mengzi edziĝis, li iam volus divorci pro maldeca konduto de sia edzino. La patrino de Mengzi deadmonis al sia filo, ke li mem estis kulpa je sia malprudenta konduto.

Iam edzino de Mengzi estis sidanta sidvange rekte sur la planko kun kruroj malfermitaj. Enirante la pordon, li vidis ŝin tia, kaj diris al sia patrino: ‘ Al mia edzino mankas deco, permesu min divorci de ŝi.’ La patrino diris: ‘ Kion ŝi faris?’ Li diris: ‘ Ŝi estis sidanta glutee sur la planko kun kruroj malfermitaj.’ La patrino demandis: ‘ Kial vi eksciis tion?’ Li respondis: ‘ Mi mem vidis tion.’ La patrino diris: ‘ Mankas deco ne al ŝi, sed al vi, ĉar estas dirite en decreguloj, ke, enirante pordon, unue demandu, ĉu estas iu ene aŭ ne; suprenirante la halon, nepre anoncu laŭte. Antaŭ ol eniri pordon, nepre atentu humile por ke ne hontigu la alian pro senpreteco. Nun vi iris al la edzino, kaj, enirinte senvoĉe, vidis ŝin sidanta kun kruroj malfermitaj. En tio, pro manko de decreguloj kulpas vi, sed ne kulpas via edzino.' Tiel do Mengzi akuzis sin mem, kaj ne divorcis de la edzino. 韩诗外传

Laŭ ĉi tiu epizodo, granda estis la influo de la patrino sur la filo eĉ je la hejma eduko de decreguloj. Mengzi kutimiĝis al decreguloj dank' al sia patrino. Estas esploristo Cui Dongbi 崔东壁, kiu dubas la realecon de epizodoj, sed tiu epizodo pri la divorco de Mengzi estis tiom fama, ke ankaŭ *Xunzi* 荀子 citas ĝin.

Estas la alia epizodo, ke la patrino kritikis sian filon, Mengzi, pro ŝanceliĝo je decido pri sia retiriĝo pretekste de fila devo al la patrino.

Kiam Mengzi loĝis en Qi-regno, li aspektis trista, apogante sin al pilastro. Vidante lin, la patrino diris ': Kial vi ĉagreniĝas?'

Li respondis:<...>'Nun ne uzate bone en Qi-regno, mi dezirus foriri. Sed havante la patrinon maljunan, mi ŝanceliĝas triste.'Lia patrino diris ': La decreguloj de virino kuŝas en la skrupula zorgado prepari kvin manĝaĵojn kaj aranĝi da vinoj kaj trinkaĵoj, kaj nutradi gebopatrojn kaj kudradi vestaĵojn. Do virino havas devon ene de la hejmo, ne havas deziron trans tia limo de konduto; ne havas scion de justo en la politiko, sed havas la vojon de trifoja obeo – t. e. en la juneco obeu la gepatrojn, post geedziĝo obeu la edzon, post la morto de edzo obeu la filojn, jen kio estas laŭ decreguloj. Nun la filo plenkreskis, kaj mi maljuniĝis. Vi iru, kaj ankaŭ mi faru la saman juston de mia filo. Je kio do mi ĉagreniĝas, sekvante decregulojn de mia filo?' 烈女传

La epizodoj transdonas al posteuloj, kiel granda estis la edukado hejme, t. e. la influo de la patrino al la formiĝo de virta personeco por filoj. Aŭ postaj konfuceanoj faris la epizodon de patrino gravega por kreskigi personecon kiel bona konfuceano. Mengzi, kreskante en la senpatra familio, havigis al si memstaran devsenton helpi vidvinon. Epizodo de la patrino montras, ke la denaska naturo povas kreski nur per la severa hejma edukado fare de la patrino, kiu mem havas altan aspiron. La alta celo de vidvino nepre transdoniĝas al la filo, kies fila pietato sen la patro iĝas profunda devsento subteni la patrinon. Tio, verŝajne, estis la fundamento de forta karaktero ĉe Mengzi mem.

KRITIKO AL LA IDEOLOGIO DE YANGZHUISMO KAJ MOHISMO:NEADO DE PROFITAMO

Mengzi starigis al si la taskon disbati tiamajn ĉefajn skolojn, kiel Mohismon kaj Yangzhuismon杨墨. Devizo de Mohismo estas '兼爱交利 Universala amo kaj reciproka profitigo', kaj devizo de Yang Zhu 杨朱estas ultraliberalismo kaj egoismo. Mengzi rigardas ambaŭ skolojn similaj unu al la alia surbaze de la laŭdado de profito-utileco.

Mengzi diris: "Yangzi tenis sin favore al egoismo nur por si mem, kaj eĉ se surkoste de lia unu hareto povus esti profiteble al la mondo, li ne volis fari por la aliaj. Mozi predikis la universalan amon, kaj sinoferante kun kapo kalviĝinta kaj kun kalkanoj disfrotitaj, li praktikis la amon por profiti la mondon." [7A26]

Bedaŭrinde restas neniu, skribita de Yang Zhu, krom unu ĉapitro en Liezi列子, traktanta la disputon inter Yang Zhu kaj mohisto Qin Guli. Tie estas skribite:

*"Movu vin mem laŭ via propra koro, ne kontraŭante al la naturo, kaj ne forlasu la ŝatatan de vi plezuron, kiu konformas al via korpo. Ne faru ion, instigate per nominala honoro. Ludadu laŭ via naturo, ne kontraŭante al ĉio."*①

"Ne kontraŭi al la naturo" – tia devizo similas al la pensmaniero de Laozi kaj Zhuangzi. Mi opinias, ke la liberalismo de Yang Zhu similas al la ideoj de Lao kaj Zhuang老庄. Ke la pecoj de lia eldiro estas restigita en Liezi, tio atestas lian apartenon al la skolo de Lao-Zhuang. Sed tia opinio, ke 'oni devas konduti sekvante sian koron' (从心), estas transsalto de taoismo al egoismo, ĉar la taoismo predikas la obeon al la naturo. Yang Zhu diras:

"Sen la moralo de lojaleco-justeco, la supro kaj subo ĉiuj trankvile povas vivi kaj homoj mem unu la aliaj kune ĝuas profiton – jen tia estis la ideala ekzistado de la antikva societo." ②

---

① *Liezi, Yang Zhu 2*, p. 171 从心而动、不违自然、从性而游、不逆万物.

② Samloke, Liezi, ĉap. 7, 17.

La simileco de la pensmaniero de Yang Zhu al tiu de Laozi kaj Zhuangzi videblas ankaŭ en la suba eldiro. Yang Zhu predikas, ke oni lasu ĉion laŭ la naturo.

Homo, se naskiĝis, lasu sin laŭ la naturo, forĵetinte ajnan kalkulon, faru ĉion, kion li deziras...①

Tian pensmanieron oni povas vidi en *Zhuangzi*. Originala opinio de Yang Zhu estas en lia kritiko de mohismo pro ideo pri tutmonda profitigo:

Se homoj ne intencus viktimigi eĉ unu hareton por la aliuloj, nek profitigi la mondon, tiam efektiviĝus la vera paco en la mondo.②

La ideo de egoismo de Yang Zhu aperis rezulte de la kritiko de la universala amo de mohismo. Kaj Mengzi skribas, ke la adeptoj de mohismo transiris al Yangzhu-ismo.

Mengzi diris: "Kiu fuĝis de Mohismo, nepre rifuĝas en Yang-ismo. Kiu fuĝis de Yang-ismo, nepre rifuĝas en Konfuceismo." [7B26]

En la libro *Mengzi*, ne estas menciitaj rekte la nomoj Laozi kaj Zhuangzi. Mi supozas, ke kritikante Yang Zhu, Mengzi kritikas ankaŭ taoismon de Lao kaj Zhuang. Esploristoj opinias, ke la ideologio de Yang Zhu estas ekstrema individualismo aŭ egoismo. Mi konjektas, ke lia pensmaniero similas al utilismo, konsideranta la personan liberecon plej grava. Se Yang Zhu povus disvolvi sian ideon, li atingus liberalisman ekonomikon surbaze de merkato kaj principo de *Laissez faire*, similan al fundamenta principo en nuntempa kapitalismo. Sed tre bedaŭrinde perdiĝis lia ideo en la historio de Ĉinio.

Ankaŭ Mozi vidas profitigon grava, ne individuan, sed reciprokan (兼爱交利). Ideologio de Mozi estas rigardata kiel prototipo de komunismo kaj socialismo. Tial do Mengzi kritikis Yangzhuismon kaj mohismon pro inklino al liberalismo, anarĥismo, socialismo kaj komunismo, kiel pensmanieron je la ignorado de patro kaj reĝo 无君・无父. Yang Zhu, aperinte post Mozi, pledis por la supereco de individua profito ol reciprokeco. Mengzi severe kritikas ambaŭ Yan Zhu kaj Mozi jene:

La mondo iĝis plenigita per vortoj de Yang Zhu kaj Mo Di. Amasopinoj de la mondo apartenas se ne al Yang, tiam al Mo. Yang pledas por egoismo, tio implicas neniigon de suvereno. Mo pledas por universala Makroamo, tio implicas neniigon de patroj. Neniigi la patrojn kaj suverenon estas egale al rabobirdoj kaj bestoj. <...> Se ne ĉesas la Vojoj de Yang kaj Mo, ne elmontriĝas la Vojo de Konfuceo.

---

① Samloke, Liezi, ĉap. 7, 10.

② Samloke, Liezi, ĉap. 7:11.

Dum falsaj ideoj trompas la popolon, estas ŝtopitaj la bonvoleco kaj la justo. Se ŝtopitaj la bonvoleco kaj la justo, tiam oni lasus la bestojn formanĝi homojn kaj homoj manĝus homojn unu la aliaj reciproke. Mi timas tion kaj gardas la Vojon de antaŭaj sanktuloj, kontraŭante al Yang kaj Mo, al arbitraj diboĉaj vortoj, por ke ne povu disvastiĝi falsaj ideoj. [3B9]

En ĉi tiu citaĵo estas dirite pri la rilato inter konfuceismo kaj Yang Zhu-Mozi, per la forta frazo. Mengzi konstatas, ke sen konfuceismo la mondo estus forlasita en kaoso de bataloj, kie ' homoj manĝus homojn.'

MOHISMO

Kiel ni vidas en *Mengzi*, la ideo de Yang Zhu aperis post la ideo de Mozi. Mozi, kritikante Konfuceon, konstruis sian ideon de universala amo兼爱(makroamo). Unue ekzistis la konfuceisma ideo pri aparta amo别爱(mikroamo), distinganta diferencon aŭ diskriminacion inter klasoj. Mozi predikis la egalrajton inter homoj, estimante egalan homan valoron. Mengzi konsideris la egalismecan ideologion de Mozi malhelpanta la konfuceanismon, laŭdantan obeon de la subo al la supro.

Yang Zhu siavice estimas la propran individuan valoron, eĉ insistas per ekstrema egoismo kontraŭ la universala amo kaj reciproka profitigo en Mozi. Tiu egoismo memorigas nin pri la protagonisto en *La Notoj el Subtera Kelo* de F. M. Dostoevskij kontraŭ la racia egoismo en *Kion Fari* de N. G. Ĉernyŝevskij. Li krias: " Lasu la mondon eĉ perei, estus bone, se mi povus trinki teon!"

Mengzi retaksis la konfuceismon, tra la kritiko de Mozi kaj Yang Zhu, t. e. tra egalismo kaj tra egoismo denove al la ideo de bonvoleco kaj justo surbaze de fila pietato. Gravas, ke post la kritiko de Mozi kaj Yang Zhu estis predikota de Mengzi ankaŭ lia egalismeca politekonomio, ekzemple, pri ' naŭonaĵa reĝimo' (井田法), kaj la ideo de persona digno simila al individualismo de Yang Zhu, kion ni vidas en la fiera sendependa sinteno de Mengzi al reĝoj. Tiel do Mengzi provis, laŭ mia opinio, ne nur kritiki, sed, ĉerpante bonajn flankojn de antaŭirintoj, alte transpaŝi ambaŭ ideojn.

Sed tamen, el la vidpunkto de Mengzi, kaj egoismo de Yang Zhu kaj altruismo de Mozi estas la samaj je la fundamento, ignorantaj distingon inter la supro kaj la subo. Mozi konsideris la distingon de rangoj neeterna, dirante: " oficistoj ne ĉiam estas altrangaj, popolanoj ne ĉiam estas malaltaj" (官无常贵、而民

无常贱). Konfuceismo prenas la ekziston de diskriminacio kiel la realan premison, kaj serĉas laŭjustan distingon de klasoj kaj ilian akordiĝon pere de decreguloj. Kritikas la distingon aŭ diskriminacion la alia ideologo Zhuangzi, samkiel Mozi. Mengzi, kvankam respektas la popolon, tamen konsideras la rilaton inter la subo kaj supro la bazo de firma societo, do apogas sin al la fundamenta instruo en Analektoj, pri la distingo de supro kaj subo:

*You-zi diris: "Inter homoj, respektantaj gepatrojn kaj pliaĝajn fratojn, apenaŭ troviĝas ofendemuloj al supro. Inter neofendemuloj al supro neniam troviĝas ribelemuloj. Noblulo klopodas por fundamento. Sur la firma fundamento naskiĝas la vojo. fila pietato kaj respekto al pliaĝuloj estas ja la fundamento de bonvoleco, nomata Ren*仁 *(Bonvoleco)."[Analektoj 0102]*

Konfuceismo kombinis la koncepton de fila pietato kaj respekto de pliaĝuloj kun ekzistanta tradicio de decreguloj. Rilate al decreguloj estas skribite en *Shiji*:

*Decreguloj havas la originon en la homo mem. La homo havas denaske la deziron. Se estas io, kion oni ne povas havigi al si, tiam oni ne devas ne koleri je tio, rezulte, perdinte paciencon, kverelas pro la kolero, kaj finfine okazigas malordon. Antikvaj reĝoj malamis la kaoson, do establis decregulojn por ke oni estu edukita je sinregado de la deziro, por ke la provizaĵoj ne manku pro troa dezirego, por ke la aĵoj kaj la deziroj harmonie kresku unu kun al alia. Jen kio estas origino de decreguloj. Do decreguloj estas la nutrado de homoj.*①

Laŭ *Shiji* (kaj laŭ *Xunzi*荀子), decreguloj formiĝis por preventi aŭ mildigi la klasbatalojn. Mengzi konsideras la profitamon detruanta la societon kaj la regnon per la konkurenco inter homoj, inter regnoj. Do li starigis la filozofion, kiu ne lasas homojn obei al egoismeca profitamo, sed al kompatema 'bona' denaska naturo kaj la denaska bonvolemo. Tiu vivmaniero eblas nur laŭ konfuceismo kun decreguloj. Se depende de Yang Zhu kaj Mozi ne deteneblas la ŝpruco de la klasbatalo, do Mengzi severe kritikis la ideologion de Yang Zhu kaj Mozi, akuzante ilin aprobantaj 'profitamon' kiel la fundamentan motivon de la homa konduto.

El la vidpunkto de Mengzi, la ideo de Mozi sub la nomo de universala Makroamo兼爱 detruas la Mikroamon别爱, t. e. la alligitecon al la propra proksima komunumo, kiel familio, societo, nacio. Laŭ Mengzi, la universala amo de Mozi mortigas patron无父, t. e. kontraŭas al la fila pietato. La universala

① *Shiji, Decreguloj1* 史记・礼书（第一）.

amo ne estas facile praktikebla, ĉar ĝi estas pli abstrakta, ol fila pietato kaj obeemo al pliaĝuloj. La lasta estas pli konkreta kaj pli facile praktikebla, ĉar ĝi estas necesa por la bonordo en familio kaj societo, kvankam ĝi ofte restas limigita mikroamo (aparta amo) ene de malvasta sfero, kaj aldone ofte okazadas konflikto inter fila pietato en familio kaj obeo al la supro en societo kaj regno, kaj plue okazadas konflikto inter nacioj, ĉiu el kiuj havas apartan amon al si mem, t. e. naciismon. Disputo inter mohistoj kaj konfuceanoj, disputo inter universala makroamo kaj aparata mikroamo, daŭras por eterne ĝis nuna tempo, kiel disputo pri internacismo kaj naciismo. Mozi konsideris, ke universala amo kaj reciproka profitigo solvas konflikton inter homoj. Laŭ Mengzi, konflikto inter homoj estas solvebla surbaze de la etendigo de fila pietato孝悌per bonvoleco, justo, decreguloj, saĝeco kaj fido仁义礼智信. Decreguloj ne nur ludas rolon de firma kunligilo inter familianoj kaj societanoj, sed ankaŭ en la praktikado de decreguloj estas hardigata la konscio de persona digno. Homo fariĝas individua persono, respektante kaj respektate en sia ĉirkaŭanta sfero. Kaj la konkreta esprimo de la respektado estas formulita detale per reguloj kaj ritoj – tio estas ‘decreguloj’. Kaj infano fariĝas moraleca persono, nur kutimiĝante al decreguloj. En la ideologio de Mozi kaj Yang Zhu mankas tiu procedo por formiĝo de personeco. Do Mengzi kritikas ilian ideon pro ‘mortigo de patro kaj reĝo’, kio estas pensmaniero de rabobirdoj kaj bestoj禽兽.

Mi opinias, ke, kritikante antaŭirintojn, Mengzi ne reĵetis fortan flankon de iliaj argumentoj, sed ekstraktis de ili kvintesencon de iliaj idealoj. De Mozi li heredis la pensmanieron de egalrajta sociordo surbaze de amo al la popolo, kaj de Yang Zhu – persona sendependeco-memstareco.

TEORIO DE MORALAJ SENTOJ

Argumento de Mengzi pri kompatemo similas al teorio de morala sento ĉe Adam Smith. Li diris en sia verko pri morala sento jene:

*Kiel ajn egoismeca povas la homo esti supozata, en lia naturo evidente troviĝas iuj principoj, kiuj interesas lin pri la sorto de aliuloj kaj redonas al ili feliĉon, necesan al li, kvankam li ricevas nenion de tio krom la plezuro vidi tion. Apartenas al tiu speco de principoj – kunsuferemo aŭ kompato, la emocio, kiun ni sentas por la mizero de aliuloj, vidante ĝin aŭ devigite koncepti ĝin en tre viveca maniero.*①

① Adam Smith, *The Theory of Moral Sentiments*. Edited by D. D. Raphael and A. L. Macfie. Oxford, Ckarendon Press, 1926, p. 9.

Samkiel Adam Smith, ankaŭ Mengzi pledis por la kunsuferemo kaj kompato anstataŭ la egoismo la plej gravan homan senton, kiu igas homon moraleca, igas la societon firma, igas la landon paca. Mengzi uzas por esprimi tiun senton la frazojn ‘ kvar virtoj de la koro’ [四端心].

Mengzi diris: “ Ĉiu homo havas tian koron, kompateman, ke estas neelteneble vidi la alian suferanta. <...> – vidante infaneton nun falonta en puton, ĉiu ajn ekavertas por savi ĝin kun la pura koro kompatema, ne pro tio, ke tiu havus la rilaton kun gepatroj de infaneto, nek pro tio, ke li volus esti laŭdota de samvilaĝanoj aŭ amikoj, nek pro tio, ke li timus malbonan voĉon el lia societo. <...> La kompatema koro estas la komenco de bonvoleco, la koro de honto al malbono estas la komenco de justo, la humila koro de cedemo estas la komenco de decreguloj, la koro de distingo je praveco kaj malpraveco estas la komenco de intelekto. Persono havas al si tiujn kvar fontojn same, kiel kvar membrojn de korpo.” [2A6]

Mirinda estas la simileco inter Adam Smith kaj Mengzi rilate al moralaj sentoj. Granda diferenco kuŝas en tio, ke la unua konstruis teorion de ekonomiko surbaze de profitamo, malŝatata de la dua, kaj tiel do Adam Smith, diference de Mengzi, aprobas la profitamon en sia alia verko *Riĉo de Nacioj*, dirante:

“ Ke ni manĝas ĉiutage estas ne dank’ al bonkoreco de vendistoj de viando, vino kaj panoj, sed al ilia intereso de profitoj.” ①

Mengzi kritikas severe la teoriojn, baziĝintajn sur profito 利, kiel ni vidas en la kritiko de Mozi kaj Yang Zhu. Sed rilate al produktiva forto de profito Mengzi ne ignoras la efikon, kaj taksas la kalkuladon de profito por eviti viktimon ĉe la malsatego.

Kiu kompletas je la kalkulado de profito, tiu ne lasas homojn morti en la jaroj de malsatego; kiu kompletas je virto, tiu ne lasas al al korupta mondo malordi. [7B10 周于利者，凶年不能杀]

Aldone, Mengzi ne ignoras utilecon de merito 功, ekzemple, estas skribite jene:

Peng Geng diris: “ Lignometiisto kaj ĉarmetiisto strebas de komence al gajno de manĝaĵoj, noblulo – al la Vojo. Ĉu ankaŭ li strebas al la gajno de manĝaĵoj? ”

Mengzi diris: “ Kial vi rigardas la strebon grava? Kiam iu donas al vi meriton, se indas al tiu doni manĝi, donu manĝaĵon.” [3B4]

Ĉi tie videblas ŝajna kontraŭdiro je la taksado fare de Mengzi pri merito 功 kaj strebo 志. En la komenco de la 1-a ĉap. Mengzi malestimas la serĉadon de profito. Sed li estimas la ekonomian meriton de

① Adam Smith, *Wealth of Nations*, book 1, chap. 2, p. 14.

interŝanĝo. Li taksas la meriton kaj la profiton. Li agnoskas la profiton en la naturscienca mondo.

La subĉiela lingvo estas laŭnatura, do nur gravas ja la kaŭzeco. La kaŭzeco faras profiton baza. [4B26][①]

Eblus diri, ke Mengzi akuzas ' profitamon' severe, sed agnoskas certe ' profiton' en la produktiva forto kaj la naturscienco, dum Adam Smith en *Riĉo de Nacioj* konstatis ambaŭ flankojn kiel motivon de homa ekonomia ago. Mengzi rigardas la denaskan homan naturon bona, do konsideri profitamon malbona signifas, ke la profitamo ne estas la denaska. Xunzi kritikas la argumenton de Mengzi kaj deklaris la denaskan homan naturon malbona, ĉar laŭ Xunzi la profitamo ja estas denaska por la homoj.

Al Mengzi estus ege malfacile separi malbonan profitamon kaj rezonan kalkuladon de profito, kaj al Adam Smith estus tre malfacile kunligi la moralan senton de kompato kaj la liberan serĉadon de profitamo, jen en tio estiĝas granda ekonomia problemo en nuntempa kapitalismo. 2300 jarojn antaŭe Mengzi trovis la solvon por la problemo en la instruo de la konfuceismo kun decreguloj kaj fila pietato.

KRITIKO DE PROFITAMO ĈE LA REGADO

Mengzi siavice proponas ekonomikon de sociala bonfarto, dirante: " Sen sekura proprietaĵo ne povas esti ia ajn sekura koro." [1A7]. Sed, kritikante Yang Zhu kaj Mozi, Mengzi malestimas profitamon, do la sociala bonfarto devas esti realigata de supre fare de la reĝo pere de la regna potenco.

Mengzi ricevis aŭdiencon ĉe reĝo Hui de Liang. La reĝo diris": Vi, maljuna Majstro, degnis ĉi tien veni de malproksime je apenaŭ mil lioj, ĉu vi konsilos ion profitodonan al nia lando?"

Mengzi respondis": Kian profiton Via Moŝto atendus? Estas nur bonvoleco kaj justo por atendi. Se iu 'reĝo ekdirus: Kio profitodona estas al nia lando?', tiam liaj grandoficistoj dirus 'Kio profitodona estas al nia klano?'kaj oficistoj kaj popolanoj dirus': Kio profitodona estas al ni mem?'Kiam la supro kaj la subo konkure sekvos sian propran profiton, tiuokaze la lando estos endanĝerigita." [1A1]

Mirinde estas, ke Mengzi klare vidas nepran konkurencon pro profitamo inter homoj, kaj diferencon de profito inter homoj, klasoj kaj lando, okaze de tio, se ĉiu serĉas sian propran profiton. La saman

---

① 故者以利为本 Esploristoj konsiders la literon 利 por 顺 . Vidu Zhuxi 朱熹，四书集注下第 8 卷 p.275.

argumenton Mengzi uzas ne nur al reĝoj sed ankaŭ al pacama pensulo Song Keng.

Mengzi diris: "Via intenco, sinjoro, estas granda, sed via maniero de argumento estas ne bona. Sinjoro, vi predikos al reĝoj de Qin kaj Chu pri la malprofito, kaj se la reĝoj de Qin kaj Chu ekĝojus je la profito kaj ĉesigus sian triopan armeon ekmiliti, tiuokaze soldatoj de la triopa armeo plezuriĝus pri la evito de milito kaj ĝojus je la profito. Tiam kiel subuloj oni servos al sia estro celante la profiton, kiel filoj oni servos al sia patro celante la profiton, kiel junaj fratoj oni servos al pliaĝaj fratoj celante la profiton. Rezultos, ke estro kaj subuloj, patro kaj filo, fratoj pliaĝaj kaj junaj, finfine forlasos bonvolecon kaj juston, celante la profiton en la reciproka interrilato. Tiuokaze estos neniu, kiu ne pereos." [6B4]

Mengzi vidas, ke la pensmaniero de profito detruas la rilaton inter homoj, disvolviĝantan surbaze de fila pietato, lojaleco, fideleco. Mengzi trapenetris, ke el la profitamo, laŭ Yang Zhu-ismo, rezultas la konflikto inter homoj, klasoj kaj landoj, kaj la reciproka profitigo laŭ mohismo aŭ Song Keng-ismo ne solvas la problemon de klasbatalo aŭ militoj kiel ' homoj manĝas homojn' , sed nur agitas la formigon de blokoj kun la komuna profito. Per tio la regno nepre perdas pacan stabilecon. Ankaŭ en la unua ĉapitro estas skribite same:

Kiu preferas profiton al justo, tiu ne povas esti kontenta sen rabadi. Neniam okazas, ke kun bonvoleco estu malzorgataj la gepatroj, nek okazas, ke kun justo estu forlasita la reĝo. La reĝo devas paroli nur pri la bonvoleco kaj la justo. Kial povus nepre paroli pri profito?[1A1]

Sima Qian skribis, ke li, ege ŝokita per la teksto, ne povus daŭre legi plu post la konversacio inter la reĝo de Liang kaj Mengzi. Por Mengzi, la koncepto de bonvoleco kaj justo superas ajnan profitigon, ĉu la regnan, ĉu la reciprokan, ĉu la individuan.

KUNDIVIDO DE LABOROJ KAJ INTERŜANĜO DE SERVOJ

Mengzi opinias, ke estas necesa la divido de laboro kaj la interŝanĝo de varoj. Kaj tio estas la komuna justo por la mondo. Estas skribite en *Mengzi* jene:

Chen Xiang renkontis Mengzi kaj sciigis al li jenan komenton de Xu Xing, dirante": Lia Moŝto, la duko de Teng, estas vere saĝa reĝo, sed tamen li ankoraŭ ne atingis la Vojo-Taon. Saĝulo estas tiu

,kiu mem terkulturas kaj manĝas kune kun la popolo, kaj li mem kuiras maten- kaj vesper-manĝon kaj samtempe okupiĝas pri la regado. Nun, en Teng-lando estas grenejoj kaj trezorejoj, kiuj por la popolo estas peza ŝarĝo, kvankam jam estas sufiĉe da rezervo por nutri la regnon mem. Kial oni povus nomi lin saĝa?"

Mengzi diris: " Ĉu s-ro Xu semas mem kaj manĝas grenon? "

Respondis: " Jes."

" Ĉu s-ro Xu teksas mem ŝtofon kaj vestiĝas? "

" Ne. S-ro Xu nur vestas sin per kruda lano."

" Ĉu s-ro Xu metas sur sin kronon? "

" Metas."

" Kian kronon? "

" Silkan kronon"

" Ĉu li mem teksas ĝin? "

" Ne. Li ricevis ĝin interŝanĝe por greno."

" Kial s-ro Xu mem ne teksas ĝin? "

" Ĉar tio malhelpas al li terkulturi."

" Ĉu s-ro Xu kuiras per argila kaldrono? Plugas per fera soko? "

" Jes."

" Ĉu li mem fabrikis ilin? "

" Ne, li ricevis ilin kontraŭ greno."

" Ĉu ricevi instrumentojn kontraŭ greno ne estas subpremi per peza ŝarĝo potistojn kaj forĝistojn? Ĉu, male, ricevi grenon kontraŭ iloj ne estas subpremi per peza ŝarĝo agrikulturistojn? Se tiel, kial s-ro Xu ne fariĝus potisto kaj forĝisto? Kial ne preni ĉion ĉi tion sur sin por uzi hejme? Kial li tiom ĝenplene interŝanĝas aĵojn kun cent metiistoj? Kial s-ro Xu ne evitas tian ĝenon? "

" Aferojn de cent metiistoj oni ne povas fari samtempe, okupante sin per la terkulturado."

" Se tiel, ĉu oni povas regi la mondon, samtempe terkulturante? Estas ja la afero de grandulo, kaj estas la afero de malgrandulo. Unu homo estas ekipita per aĵoj faritaj de cent metiistoj. Se oni devus fari mem ĉion, kion oni mem poste uzos, laciĝus la mondo. Do estas dirite:iuj laboras per menso, la aliaj laboras per korpa forto; personoj de mensa laboro regas homojn, homoj de korpa laboro estas regataj; la regato provizas per manĝaĵoj, la reganto manĝas danke al homoj – tio estas la komuna justo de la mondo." [3A4]

Tiel Mengzi estimas la dividon de laboro kaj interŝanĝon de varoj. Estas notinde, ke Mengzi komprenas la diferencon de merkata prezo kaj uz-valoro samtempe, kiel Aristotelo [384-322 a. K.].

Chen Xiang diris: "Laŭ la vojo de s-ro Xu, la merkata prezo de varoj ne disduiĝas, kaj ne estiĝas falso en la tuta mondo. Kiam knabo malgranda je 5 *chioj* estos sendata al bazaro, li ne estos trompata. Ŝtofoj de sama kvanto estos vendataj je la sama prezo, kanabo kaj silko, se kun difina kvanto, estos vendataj je fiksaj prezoj; kvin cerealoj, se kun difina kvanto, estos vendataj je fiksaj prezoj. Ŝuoj, se samaj je grandeco, estos vendataj je la fiksaj prezoj."

Mengzi diris: "La diverseco de aĵoj estas la natura karaktero de aĵoj. Iu kostas duoble-kvinoble, la alia – dekoble-centoble, la tria – miloble-dekmiloble. Se vi egaligus ilin por fari ilin samaj, tiam malordiĝus la mondo. Se ŝuoj fajnaj kaj ŝuoj malfajnaj estus vendataj kontraŭ la sama prezo, kion farus homoj? La vojo de s-ro Xu kondukas homojn al falsado. Kiel regeblus la ŝtato per tiu maniero? " [3A4]

Kvankam Mengzi ignoras profitamon, tamen li penetras en komprenon pri la bazo de la ekonomika scienco, kiun Adam Smith disvolvis en la 18a j. c.

Mengzi konsilis, ke landestroj kaj kleruloj ne strebu gajni profiton. Sed tamen, ankaŭ kleruloj devas vivteni per mono. Unu el disĉiploj demandis al Mengzi pri la merito de vaganta predikanto, komparante intelektan kaj fizikan laboron. Mengzi respondis jene:

Peng Geng demandis, dirante: "Kun kelkdekoj da ĉaroj sekvataj, kun sekvantaro el kelkcento, nutrate de landestroj unu post la alia, ĉu vi ne konsideras tion ekstravaganca? "

Mengzi diris: "Se ne laŭ la Vojo, oni ne devas ricevi de homoj eĉ unu porcion de manĝaĵo, se laŭ la Vojo, Shun akceptis de Yao la mondon – ĉu tio ne estas ekstravaganca? Aŭ vi konsideras tion ekstravaganca? "

Peng Geng diris: "Ne. Sed ne allaseblas, ke nobla persono sen laboro manĝas."

Mengzi diris: "Vi ne komprenas meriton de reciproka interŝanĝo laŭ cirkulado, kompletigo de manko per superfluo, ekzemple, iam ĉe kamparanoj superfluas grenoj, ĉe vi superfluas toloj. Se vi povus cirkuladi varojn, tiam lignometiistoj kaj ĉarmetiistoj, ĉiuj akiras de vi manĝaĵojn. Supozu, estas ĉi tie iu persono, kiu, estante kun fila pietato interne de familio, kun fideleco al pliaĝuloj ekstere de la domo, sekvas la Vojon de antaŭaj reĝoj kaj poste fariĝis scienculo, sed ne povas akiri manĝaĵon ĉe si. Vi respektas lignometiiston kaj ĉarmetiiston, sed preterrigardas personon de bonvoleco kaj justo, kial? ”

Peng Geng diris: “ Lignometiisto kaj ĉarmetiisto strebas de komence al gajno de manĝaĵoj, noblulo – al la Vojo. Ĉu ankaŭ li strebas al la gajno de manĝaĵoj? ”

Mengzi diris: “ Kial vi rigardas la strebon grava? Kiam iu donas al vi meriton, se indas al tiu doni manĝi, donu manĝaĵon. Ĉu vi donas al li manĝi pro la strebo? Aŭ pro la merito? ”

Peng Geng diris: “ Pro la strebo.”

Mengzi diris: “ Por ekzemplo, troviĝas iu, kiu rompis tegolojn kaj petolskribis muron. Li strebis al la gajno de manĝaĵoj. Ĉu vi donos al li manĝi? ”

Peng Geng diris: “ Ne.”

Mengzi diris: “ Tiuokaze vi donas al iu manĝi ne pro la strebo, sed pro la merito.” [3B4]

El la citaĵo montriĝas, ke Mengzi vizitadis landestrojn kaj vagadis lukse kun multe da ĉaroj kaj sekvantoj. Tia lukseco bezonatas, por ke li estu akceptata de landestroj kun taŭga respekto. Li devas konduti aplombe en la rilato al landestroj. Ne nur la ideo de konfuceismo, sed ankaŭ luksa aspekto necesis ĉe aŭdienco de reĝoj. Ankaŭ Mengzi devis ricevi monon por ke, lia vagado estu ekipita de riĉaĵoj. Ĉi tie videblas ŝajna kontraŭdiro je la taksado fare de Mengzi pri merito功kaj strebo志. En la komenco de la 1-a ĉap. Mengzi malestimas la serĉadon de profito利. Sed li estimas la ekonomian meriton de interŝanĝo. Ricevi monon estas rajto de predikanto, sed tamen li ne povas ricevi monon, ne konforman al decreguloj.

Chen Zhen demandis, dirante: “ Hieraŭ en Qi-regno la reĝo donintus al vi cent yi da oroj, sed vi ne akceptis. En Song-regno vi ricevis sepdek yi da oroj, en Xie-lando vi ricevis kvindek yi da oroj. Se pravas la hieraŭa malakceptado, tiam ankaŭ la hodiaŭa akceptado ne pravas; se pravas la hodiaŭa akceptado, tiam ankaŭ la hieraŭa malakceptado ne pravas. Koncernante tion, sur kia unuopa pozicio vi staras? ”

Mengzi diris: “ En ĉiu kazo oni pravas. Kiam mi estis en Song-regno, mi ĝuste estis ironta foren. Vojaĝonto nepre bezonas adiaŭan donacon, ĉar oni diris ĉe la adiaŭo, ke tio estas ‘ la donaco por la adiaŭo’ . Kial do mi ne devus ricevi? Kiam mi estis en Xue-lando, mi havis antaŭzorgon. Ĉe la adiaŭo oni diris: ‘ Ni aŭdis pri via antaŭzorgo’ . Do tio estas por provizi la vojaĝon. Kial do mi ne ricevu ĝin? Okaze de Qi-regno, ankoraŭ neniu kialo troviĝas por ricevi. Sen ajna kialo, tio estas nura mono. Kial do la noblulo povus preni nuran monon? " [2B3]

Al la vaganta predikanto estas necese ricevi la monon por la vojaĝo, loĝado kaj nutrado de sekvantoj. Sed tamen li ne devas ricevi monon sen deca kialo. Laŭ Mengzi, li devas teni sin fiera pri si mem antaŭ reĝoj.

KUNDIVIDO DE PLEZURO

Konkrete en kio estiĝos ĉe reĝo la bonvoleco kaj la justo? Laŭ Mengzi la reĝo devas ĉiam dividi la ĝojon kun la popolo. Mengzi diris: "Antikvuloj ĝuadis kune kun la popolo, kaj tiel kapablis ĝui" .[1A2]

Estas sciate, ke Mozi prezentis la argumenton kontraŭ muziko pro tio, ke la popolo, nur ekspluatate, ne povas ĝui la muzikon. Mengzi, kvankam agnoskanta la grandan signifon de la muziko, tamen heredis la similan argumenton de Mozi kaj admonas al estroj, ke ili dividu la plezuron kun la popolo.

Mengzi diris: "Kio estas pli ĝoja por vi, ĝui muzikon sole aŭ kune kun aliaj homoj? "

La reĝo respondis: "Kune kun aliaj homoj."

Mengzi demandis: "Kio estas pli ĝojiga, kun malmulte aŭ multe da homoj? "

La reĝo respondis: "Kun multe da homoj."

Mengzi daŭre diris: "Permesu al mi diri al Via Moŝto pri ĝuo. Nun ĉi tie muzikas por la reĝo, kaj popolanoj aŭdas la sonon ludatan por la reĝo per sonoriloj kaj tamburoj, diversaj blov-instrumentoj. Tiam popolanoj, kun kapoj dolore klinitaj, sulkigante brovojn, diradus unuj al aliaj reciproke: ' Nia reĝo ŝatas la muzikon de perkut-instrumentoj, dum li lasis min fali en tian ekstreman mizeron, ke gepatroj kaj gefiloj ne povas vidi unu la aliajn kaj disiĝis fratoj, edzinoj kaj infanoj unu de la aliaj.' [1B1]"

La maniero de argumento pri la muziko similas al tiu de Mozi, kiu ignoras la signifon de muziko. Li diris jene:

La Majstro Mozi diris: "La afero de justulo estas serĉi la profitigon al la mondo kaj elimini la malutilon por la mondo, t. e., fari la mondon justa laŭ leĝo. Profitigu la homojn tuj, kaj tuj ĉesu malprofitigi la homojn. <...> " al li (Mozi) ne plaĉas nome tio, ke oni, ne pensante supre pri la aferoj de sanktaj reĝoj, ne zorgas pri la profito de la tuta popolo. Tial la Majstro Mozi diris, ke estas malbone ludi muzikon. <...> Ĉu eblus doni al la popolo pacan vivon kun posedaĵo de vestoj kaj nutraĵoj, se oni *sonorigas sonorilegojn kaj tamburojn, kord- kaj blov- instrumentojn kaj dancas kun ŝildo kaj toporo?*①

Mozi ĉi tie argumentas pri muziko surbaze de profito-merito, kiun Mengzi malŝatas. Sed Mengzi, kvankam heredante la kritikon fare de Mozi pri la muziko, tamen, male al Mozi, admonas al la supro dividi la plezuron de la muziko kun la popolo. Ideo pri la kundivido de ĝojo estas etendita al la sfero de sociala bonfaro. Tiu pensmaniero de la kundivido estas etendata ankaŭ al alia sfero. Koncernante la akumuladon de riĉaĵoj, Mengzi admonas al la reĝo de Qi-regno jenon:

La reĝo diris": Mi havas makulon, ke mi ŝatas varojn."

Mengzi respondis": Antaŭe estis iu ŝatanto de varoj, nomata duko Liu, en Poezio estas skribite': Li akumulis, staplis, enpakis sekigitajn provizojn per diversaj sakoj, kun intenco certigis la sekurecon. Li pretigis pafarkojn kaj sagojn, ŝildojn, halebardojn, hakilojn kaj toporojn por ekiro al ekspedicio.'Tial do al postfrontuloj estis la plenakumulita tenejo, al militirantoj estis enpakitaj provizoj, kaj oni povis ekiri al ekspedicio. Via Moŝto same ŝatas varojn, sed se ili estus dividitaj kun la popolanoj, kia problemo estiĝus por vi?"[1B5]

Kredante je la boneco de denaska homa naturo, Mengzi ne subpremas la seksan deziron kaj monavidon, nur se ekzistas la justa kundivido de plezuro inter regantoj kaj regatoj. Tiun juston povas realigi la sankta reĝo, kiu staras justa observanto kaj mediacianto inter riĉuloj kaj malriĉuloj. Do, la reĝo ne devas paroli pri la profito, sed nur pri la justo. Laŭ tiu idealo Mengzi disvolvas sian ideologion pri la regno, nomata ' la regno de la reĝa Vojo' 王道.

REGNO KUN SOCIALA BONO

En la libro *Mengzi* estas prezentitaj kelke da politik-ekonomiaj proponoj, kiel impostoj, naŭonaĵa sistemo de kampo, publika lernejo, k.c. Gravas, ke la popolo havu sufiĉan proprietaĵon por vivi pace kaj dece. Mengzi dividas homojn en du partojn – elstaraj personoj士 kaj popolanoj民. La unua estas libera en ajna ekonomia kondiĉo, la lasta dependas de sia ekonomia kondiĉo. Mengzi diras:

"Kapablas teni sekuran koron eĉ sen sia sekura proprietaĵo nur elstaraj personoj士. Popolanoj,

① *Mozi*, esperantigita de Sasaki, Zaozhuang, 2017, p. 157-158.

se ne posedante la sekuran proprietaĵon, ne povas havigi al si iun ajn sekuran koron. Sen la sekura koro ili diboĉadus, disipadus, nenion farante. Kiam ili foje ekpekas kaj ekkulpas, ili estas punataj – tio estas same, kiel faligi popolanojn en maŝkaptilon." [1A7]

La homo estas observata ĉefe el du vidpunktoj:homo-ekonomika kaj homo-etika. Konfuceanoj vidas la homecon en la homo-etika, sed Mozi kaj Yang Zhu en la homo-ekonomika. Kiel supre menciite, Mengzi dividas homojn en du partojn, kaj starigas du specojn de ideoj:unu – por elstaraj personoj, la alia – por popolanoj.

Laŭ Mengzi ĉiu politiko-ekonomia sistemo devas esti konstruita de reĝoj desupre, konforme al justo. Sed Yang Zhu aprobas memprofitigon kaj egoismon, kaj rifuzas ajnan intervenon de la alia en la privatan vivon. Mozi vidas en la reciproka profitigo la ekonomikan agon de universala amo. Mengzi konsideras la intervenon de la ŝtato nepre necesa por ke estu regeble kaj kontroleble mastrumadi je la ekonomiko de supre per la reĝa politiko laŭ la reĝa Vojo王道. La reĝo ne devas apogi sin sur la ideo de profitamo, sed sur la justo, kiel senpartiema observanto.

Ekonomika politiko de Mengzi estas por sekurigi al popolanoj la stabilan vivkondiĉon, kiu donas al popolanoj kondiĉon por disvolvi la denaskan bonan naturon. Kiel ni vidas en la epizodo pri patrino de Mengzi en lia infaneco, la ĉirkaŭa medio estas decida en la formigo de la taŭga personeco. Eĉ por la elstara persono, la ĉirkaŭa kondiĉo estas grava por la disvolviĝo. Do Mengzi predikadis al reĝoj la gravecon de la ekonompolitika sistemo, kiel ' naŭonaĵa sistemo de plugkampo' , malpliigo de imposto, sistemo de publika lernejo.

Donu al la periferiaj kamparanoj la naŭonaĵan sistemon por pagi la imposton, kaj en la centro de lando lasu pagi la imposton de unu dekono. Al ĉiu el ministroj kaj el la pli subaj altranguloj krom salajro nepre necesas la kampo por ritoj, nomata gui, je 50 *muoj*. Al ĉiu el la ceteraj viroj necesas kampo je 25 *muoj*. Eĉ ĉe la morto de familiestro kaj ĉe lia transloĝiĝo oni ne forlasas la vilaĝon, kie kampo estas uzata komune laŭ la naŭonaĵa sistemo. Oni amike interrilatas unu al la alia, defendas, gardas kun reciproka helpo, kaj helpas unu la alian je malsaniĝo, tiel do la popolanoj vivas intime kaj harmonie. [3A3]

Mengzi rekomendas al reĝoj malpezigi impostojn. La konkreta sistemo estas nomata ' naŭonaĵa sistemo' . Ok familioj konsistigas unuopan grupon de terkulturistoj en unu kampo, kiu estas dividita en naŭ parceloj, simila al ideogramo ' puto 井' . La centra unu parcelo estas por la pago de imposto al registaro, ĝi estas kulturata komune de ĉiuj familioj. Ceteraj ok parceloj apartenas al ĉiu familio. Tio estas unika ' agrokomuno' . Mengzi diris:

"Faru la farmkampon facile kultivata, la imposton malmulta, por ke la popolo povu ĝui la riĉon. La popolon manĝigu konforme al sezonoj, uzu laŭ decreguloj, kaj la riĉaĵo estos ne forkonsumebla." [7A23]

Malpezigo de impostoj estas unu el la plej gravaj politikoj por la regno. Tio estas ja pretigo de la libera merkato por vigligi la komercon.

Mengzi diris: "Kie oni respektas la saĝan, uzas la kapablan, enoficigas la elstaran – tien ĉiuj kleraj personoj de la mondo ĝojege dezirus direkti sin kaj turni sin. Kie sur merkato oni imputas renton sed ne impostas al komercaĵoj, aŭ ekzistas leĝoj sed sen rento, tie ĉiuj negocistoj de la mondo ĝojege dezirus malfermi komercejojn sur la merkato. Kie ĉe la gardejo de landlimo oni inspektas sed ne impostas, tie ĉiuj turistoj de la mondo ĝojege dezirus vojaĝi la stratojn. Kie oni terkulturas helpe al la komuna terpeco por imposta devo sed ne bezonas pagi kroman imposton, tie ĉiuj kamparanoj ĝojege dezirus terkulturi sur la kampoj. Kie ne ekzistus impostoj, kiel rento, kapimposto kaj servuto, tien popoloj de la mondo ĝojege dezirus enmigri. Kiu povos efektivigi ĉi tiujn kvin politikojn, tiun la popoloj de najbaraj landoj rigardos kvazaŭ siajn gepatrojn. [2A5]

Laŭ tia pensmaniero, ĉu ne estus kontraŭdire al Mengzi akuzi la profitamon de Yang Zhu kaj Mozi? Ĉar Mengzi ĉi tie subtenas la kondiĉon de la libera ekonomia agado. Li pledas por bonvoleca politiko kiel la plej necesa ankaŭ por fortigo de armeo. Ne nur landestro, sed ankaŭ la supruloj ĉiam devas trakti bonvoleme la subulojn por ke la armeo fariĝu forte unuigita, kaj por ke soldatoj batalu sen timo laŭ la supra ordono. Ĉiu suprulo devas esti fidata de siaj subuloj.

Se vi farus bonvolecan politikon, la popolo iĝus intima al la supro kaj preta je sia morto por siaj estroj. [1B12]

Mengzi proponas diversajn konkretajn proponojn por bonvoleca politiko. Tio estas lia ideo de la reĝa Vojo, kiun Mengzi volus efektivigi tra la kleraj reĝoj.

POPOLA VOLO KAJ MAJESTATENCO

Mengzi rigardis la monarkismon bona por la regado de regno, sed li konsideris la popolon bazo de la regno. Li diris:

"La popolo estas la plej estiminda, la altaro de la tero kaj grenoj estas la sekva, kaj la estro estas la plej malpeza. Do kiu gajnas estimon de la popolamaso, fariĝas la ĉiela filo;kiu gajnas estimon de la ĉiela filo, fariĝas la landestro; kiu gajnas estimon de landestro, fariĝas grandoficisto." [7B14]

Tiu vidpunkto, popolocentrismo (民本主义) en monarkio, donas al Mengzi unikan trajton. Mi nomas tiun 'porpopolismo', simila al rusa narodnikismo de la 19-a jc. Iuj vidas en Mengzi revolucian ideologion. Mengzi diris: "Tiranoj, Jie kaj Zhou, perdis la mondon, ĉar ili perdis la popolon." [4A9] Reĝo, perdinta la fidon de la popolo, fariĝas nura simplulo.

La reĝo diris: "Ĉu estas allaseble, ke la regato atencu la regnestron? "

Mengzi diris: "Kiu ofendas bonvoleculon, tiu nomiĝas rabisto. Kiu ofendas justulon, tiu nomiĝas kanajlo. Kiu ofendas aŭ rabas homojn, tiu nomiĝas ununura ordinarulo. Mi aŭdis, ke iu ulo, nomata Zhou, estis akuzita, sed ne aŭdis, ke iu regnestro estus atencita." [1B8]

Tio, ke la reĝo Zhou纣estis batita de Wu, estis konsiderata, laŭ Mengzi, ne majestatenco, sed punado de simpla kanajlo. Pro tiu pensmaniero oni rigardis Mengzi revoluciemulo, kontraŭanta normalan monarkismon surbaze de absoluta lojaleco.

LA REĜA VOJO KAJ PERSONA DIGNO DE KONSILANTO

Mengzi ekvagadis por prediko ĉirkaŭ je la aĝo de 41 en 331 a. K. Ĝis tiam ŝajne li okupis sin nur per la instruado kaj la lernado de konfuceismo. Ĝuste en tiu momento aktive agadis famaj oratoroj, kiel Su Qin苏秦(382-284 a. K.), Zhang Yi张仪(-309 a. K.), Gongsun Yan公孙衍(360-300 a. K.), por perpendikla koalicio aŭ vertikala alianciĝo合纵连卫. Eble, tio stimulis Mengzi ekagi kiel predikanto. Sed diference de Su Qin kaj Zhang Yi, kiuj agadis en la areno de diplomatio kaj internaciaj rilatoj, Mengzi propagandis al landestroj la ideologion de konfuceismo, dirante ke tiuj famaj oratoroj-politikistoj ne estas tiel grandaj, sed flatemaj al potenculoj. Estas skribite:

Jing Chun diris: "Gongsun Yan kaj Zhang Yi estas vere grandaj personoj, ĉu ne? Se ili unufojon ekkoleras, landestroj ektimas tremante; se ili sidas en paco, la mondo ripozas."

Mengzi diris: "Kial eblus konsideri ilin grandaj personoj? <...> Kiam iu sidas sur granda loĝejo de la mondo kaj okupas la ĝustan postenon de la mondo, tiu devas iri laŭ la granda vojo de la mondo. Se farebla estas via intenco, faru tion kun la popolo; se ne farebla, iru sola laŭ la vojo. Kiun ne povas devojigi la riĉo kaj la alta rango, nek povas ŝanĝi la malriĉo kaj la mizero, nek povas submeti la potenco kaj la forto, tiu estas nomata la granda persono." [3B2]

Malsame de praktikaj politikistoj-oratoroj, Mengzi, starante favore al la popolo, strebis predikadi al landestroj la idealan vojon de bonvoleco, justo, decreguloj, laŭ la konfuceismo. Tia prediko ŝajnis al profitamaj reĝoj ĉirkaŭira aŭ malrealismeca. Sed Mengzi daŭre ne ŝanĝis sian pozicion pledi por la Vojo de antikvaj sanktuloj, sekvantaj la popolan volon, kiel la ĉielan ordonon.

Estas skribite en *Tai Shi*: "La Ĉielo rigardas, samkiel mia popolo rigardas, la Ĉielo aŭdas, samkiel mia popolo aŭdas" . [5A5]

Okuloj de la popolo estas okuloj de la Ĉielo, oreloj de la popolo estas oreloj de la Ĉielo. Volo de la popolo estas volo de la Ĉielo, kvamkam ĉi tie ne aldonita la fama frazo: 'Voĉo de la popolo' . La volo de la popolo estas decida ankaŭ por ekmiliti. Eĉ la volo de popolo en la malamika lando estas grava por okupado de la malamika lando. Kiam la reĝo de Qi-regno demandis al Mengzi, ĉu ataki Yan-regnon aŭ ne, Mengzi respondis:

Se la popolo de Yan-regno ĝojas je la okupado fare de vi, tiam prenu ĝin. Antikve estis ankaŭ ekzemplo, ke tion faris la reĝo Wu. Se la popolo de Yan ne ĝojas je la okupado fare de vi, tiam ne prenu ĝin. Antikve estis ankaŭ la ekzemplo, ke tiel kondutis la reĝo Wen. Kiam unu regno kun dek mil militĉaroj batis la alian regnon kun dek mil militĉaroj, la reĝa armeo de la unua estus akceptata kun korboj da manĝaĵo kaj kruĉoj da vino, <...> [1B10]

Tiu argumento memorigas nin, por ekzemplo, pri la okupado fare de alilanda armeo post la dua mond-milito, kio daŭras ĝis nun en diversaj landoj. Sed devas esti tre skrupule observata, ĉu la popolo vere bonvenigas la alilandan armeon, aŭ ne. Mengzi distingas la vojon de vera reĝo kaj la vojon de hegemoniulo jene.

Mengzi diris: " Kiu pere de forto ŝajnigas sin bonvoleca – tiu estas superreganto, hegemoniulo. La hegemoniulo nepre posedas la grandan regnon. Kiu pere de virto faras bonvolecan regadon – tiu estas vera reĝo. Povas esti la vera reĝo sen granda teritorio, Tang ekregis sepdek liojn kvadrate, reĝo Wen – cent liojn kvadrate. Kiu obeigas homojn pere de forto, ne povas igi ilin obei elkore, ĉar ne sufiĉas la forto. Kiu obeigas homojn pere de virto, al tiu ili obeas kun ĝojo elkore kaj sincere, samkiel sepdek disĉiploj, sekvantaj al Konfuceo. En *Poezio* estas dirite: ' El okcidento, el oriento, el sudo, el nordo, troviĝas neniu, kiu ne volas obei.' " [2A3]

Tial do Mengzi konsideras *la volon de la popolo* kiel la ĉielan, kaj ne timas diri sian opinion eĉ antaŭ potencaj regnestroj. Ideala regno estas tie, kie la reĝo estas respektata kiel la patro de la popolo. Kiel la reĝoj povas fariĝi gepatroj de la popolo? Mengzi admonas al reĝo, ke la reĝo povu aŭskulti la veran opinion, sed ne aŭskulti kalumnion. Kaj la reĝo mem skrupule esploradu kvalitojn de siaj ĉirkaŭantoj, kaj ne hasti mortigi akuzatajn subulojn.

La reĝo diris: " Kiel mi povas scii sentaŭgulon, forĵetendan? "

Mengzi diris: " <...>Ne aŭskultu, kiam ĉiuj asiduuloj dekstre-maldekstre dirus iun neakceptebla, nek aŭskultu, se ĉiuj grandoficistoj dirus iun neakceptebla. Ekzamenu lin post kiam ĉiuj regnanoj dirus lin saĝa, kaj nur poste se vi rigardas lin neakceptebla, tiam forlasu lin. Ne aŭskultu, kiam ĉiuj asiduuloj dekstre-maldekstre dirus iun mortigenda, nek aŭskultu, kiam grandoficistoj dirus lin mortigenda. Esploru post kiam ĉiuj regnanoj dirus lin mortigenda, kaj nur poste se vi mem rigardas lin mortigenda, tiam mortigu lin. Se tiel, vi povus esti rigardata kiel gepatroj por la popolo." [1B7]

En tiu tempo estis malfacile *la voĉo de la popolo* atingi la reĝon, kiu estis ĉirkaŭata de subuloj-kalmuniuloj. Mengzi rigardas la kalmunion endanĝeriganta la regadon. Alie, la regno detruiĝas pro denuncoj. Mengzi mem estis forigita per kalmunio.

Li pledas por redukti laŭeble la hastan punadon, predikante pri la reĝa Vojo 王道, apoganta sin sur la bonvoleco kaj fila pietato. Li kredis, ke nur tiele estas fortigata la regno.

La reĝo devas *fari bonvolecan* regadon por la popolo, reduktante la punadon, malpliigante la imposton kaj la servuton, stimulante profundan plugadon kaj sarkadon. Plenaĝuloj dum ripozsezono okupu sin per la lernado de devo je fila pietato kaj respekto de pliaĝuloj, je lojaleco kaj fideleco, hejme oni servas al patro kaj pliaĝaj fratoj, ekstere servas al pliaĝuloj kaj superuloj. Se tiel farate, pere de tiu disciplino oni povas disbati eĉ per ligna bastono la firmajn kirasojn kaj la akrajn armilojn de regnoj Qin kaj Chu. [1A5]

La eduko de reĝo estas la plej grava tasko por tiamaj ĉinaj pensuloj. Por tio nepre necesis antaŭ ĉio la sinperfektigo de instruistoj-mentoroj mem. Konfuceo mem malŝatis, ke liaj adeptoj servu al malbonvolemaj estroj. Ankaŭ Mengzi heredis la instruon de Konfuceo.

Mengzi diris: "Ran Qiu fariĝis intendanto ĉe la klano Ji, sed ne povas korekti la virton de Ji, kaj faris la imposton de grenoj duobla antaŭ kelkaj tagoj. Konfuceo diris: 'Qiu jam ne estas mia lernanto, karaj miaj etuloj, vi devas kritiki lin kun tondrado de tamburo.' Se observi el tia vidpunkto, kiu riĉigas la estron, ne farantan politikon de bonvoleco, ĉiu estas forĵetita de Konfuceo. Des pli instiganto de militoj. <...> Do inter subuloj de malbonaj estroj, tiu, kiu lertas je milito, indas je la plej alta punado. Kiu manovras aliancojn de regnestroj, tiu devas esti punata pro krimo de sekva grado. Malpli peze devas esti punata sekve tiu, kiu malfermas virgan terenon kaj disdonas ĝin." [4A14]

Estas notinde, ke Mengzi kritikas severe subulojn, helpantajn al malbonaj estroj. Vorto de Konfuceo estas en ĉapitro *Xianjin* de *Analektoj*. Konfuceismo subtenas apartan amon al patrolando 别爱, sed deadmonas servi al nebonvolecaj estroj. Lojaleco kaj patriotismo ne estas la plej grava principo. Obeo al la supro ne estas absoluta normo ĉe Konfuceo kaj Mengzi. Se al la supro mankas bonvoleco, konfuceanoj ne devas servi al tia supro. Do Mengzi mem libere foriris de reĝoj, kiu ne adoptis lian konsilon. Tia nedankemo estis neallasebla por japanaj adeptoj de konfuceismo. Ili estis edukitaj, por ke ili dediĉu sin al sia supro dum la tuta vivo, eĉ postmorte, kia ajn estas la supro, bona aŭ malbona. Ankaŭ tio estas la ideo de Mengzi, kiu taksas la sintenon de Shun rilate al la malbona patro Gusou.

EDUKO: RILATO INTER INSTRUISTO KAJ INSTRUATO

Kvankam severe kritikas la libervolon de Yangzhuismo, tamen, Mengzi kondutas kun forta memfido kiel memstara persono kaj laŭ digno de sia memo, ofte eĉ tre arogante antaŭ reĝoj kaj suproj. Por ekzemplo, rialte al la reĝo Xuan de Qi-regno, kiam la reĝo petis, ke Mengzi venu al la reĝa palaco, ĉar la reĝo malsaniĝis, Mengzi rifuzis viziti la reĝon pro sia falsa malsano. Multaj esploristoj akuzas Mengzi pro manko de decreguloj antaŭ la reĝo, sed japana konfuceano, Ito Zinsai (1627-1705) pravigis lian konduton, dirante: "Kiu faras la reĝon Tang aŭ Wu sia supra estro, tiu nepre konsideras sin kiel konsiliston Yiyin aŭ la dukon Zhou." Mengzi konsideras sin kiel Yiyin aŭ la dukon Zhou rilate al la reĝo. Tio signifas, ke konsilisto de reĝo nepre devas respekti sin je la personeco. Gravas ne absoluta obeado, sed fiero je digno de la asignita rolo. Tia estas ja la respekto de la persona valoro laŭ Mengzi en konfuceismo.

Do kiu bezonas esti granda por la estro, tiu ne devas esti nura subulo alvokata, sed devas esti ja kompetenta por ke la estro konsultu lin. Povante estimi la virton kaj ĝoji je la Vojo, la estro sufiĉe povas kune fari la aferojn. Tang, rilate al Yiyin, lernis ĉe li kaj poste faris lin ministro, tiel do senpene fariĝis la reĝo. Duko Huan, rilate al Guan Zhong, lernis ĉe li kaj poste faris lin ministro, tiel do senpene fariĝis unu el superegaj hegemoniuloj. [2B2]

Mengzi substrekas la distingon inter la instruanto kaj la instruato. Li insistas, ke la persona valoro altiĝas ne nur per la disciplino de decreguloj sed ankaŭ per edukado, lernado, retrorigardado, kiuj donas al la denaska naturo plialtan kaj noblan kvaliton, kiel intelekto, saĝo kaj alta strebo. La vekiĝinta persono estas nomata klerulo 士 shi, estiminda specialisto, digna persono kun elstara kapablo. Instruisto estas respektenda persono, ĉar sen respekto de instruisto ne eblas ajna edukado, nek instruado.

Do, eĉ reĝo aŭ duko ne devas trakti sian instruiston kiel nuran subulon. Mengzi skribis multe pri tiu temo. Se iu reĝo ne traktas lin dece, li rezignas servi al tiu reĝo. Tio estas digno de la instruisto. La konformeco al decreguloj estas nepre necesa por uzi subajn personojn. Reĝo devas komisii aferojn al specialistoj kaj konfidi ilin. Specialistoj devas altigi sian kompetentecon.

Nun supozu, ke vi havas ankoraŭ ne poluratan jadon, valoran je dek mil yi, vi nepre igos juveliston tajli ĝin. Koncernante la regadon de la ŝtato, se la reĝo dirus: 'Vi dume flanklasu la instruitan de vi kaj sekvu min' – tio estus nenio alia, ol instrui al juvelisto kiel tajli jadon, ĉu ne? " [1B9]

En la politika ideo de Mengzi la rolo de reĝo estas tre granda. Do kiu instruas la reĝon aŭ konsilas al la reĝo, tiu havas devon plenumi sian taskon sincere sen kompromiso, sen flatado. Mengzi diras: "Kiu eduk-bredas la reĝon, amas la reĝon." [1B5] Tial do, eĉ reĝo devas humiliĝi antaŭ la instruisto. Mengzi postulas tion, ke la reĝo dece akceptu la instruiston laŭ necesaj decreguloj. La edukato aŭ instruato devas teni sin humila kaj respekti la personecon de instruanto, alie ne eblas eduki aŭ instrui. La instruisto de la reĝo devas teni sin aplomba. Mengzi diris jene:

Mengzi parolis al Song Goujian, dirante: "Ĉu vi ŝatas esti vaganta prelegisto? Mi priparolu al vi, kia devas esti la vaganto. Estu aplomba, kiam oni konas vin, kaj tenu vin aplomba ankaŭ tiam, kiam oni ne konas vin."

Song Goujian demandis: "Kion fari por ke mi povu teni min aplomba? "

Mengzi diris: "Respektu virton kaj ĝoju pri justo, tiam eblas esti aplomba. Forta persono, eĉ se estante povra, ne perdas juston, se sukcesinte, ne forlasas la Vojon. En la povreco ne perdinte juston, li kulturas sin mem je la personeco. Ĉar en la sukceso li ne forlasas la Vojon, la popolo ne perdas esperon je li." [7A9]

"Teni sin aplomba" 嚣嚣 signifas: "Ne estu superpremata de la vervo de kontraŭulo" . Instruanto devas havi pli grandan Ĉjio-energion 气 antaŭ la instruato. Pedagogio de Mengzi celas la edukon de reĝoj kaj la kreskigon de altkvalitaj personoj, al kiuj povus akordiĝi popolanoj. Popolanoj faras sian superulon modela por sia vivmaniero. La klerigo de reĝoj estas samtempe la plibonigo de popolanoj, do tiu laboro devas esti taksata alte. Per tiu grava laboro al la vaganta predikanto estas necese ricevi la monon por la vojaĝo, loĝado kaj nutrado de sekvantoj. Sed Mengzi iam aplombe rifuzis ricevi monon de la reĝo de Qi-regno. En la rifuzo oni devas vidi apartan kialon, ke Mengzi staras sur la forkvojo, kiam li devas elekti moralecon, altan aŭ malaltan. Li diras jene:

Kiam estas alternativo:allaseblas kaj preni kaj ne preni, – se prenos, tio povos vundi vian honestecon. Se allaseblas kaj doni kaj ne doni, – se donos, tio povos vundi vian favordonemon. Se allaseblas kaj morti kaj ne morti, – se elektos morton, tio povos vundi vian bravecon. [4B23]

Rilate al la reĝo Xuan de Qi-regno, Xuan, Mengzi prenis skrupulan sintenon, por ke liaj konduto kaj eldiro restu en historio kiel modelo de la elstara konfuceano. Mengzi diris:

Mi deziras vivon, mi deziras ankaŭ juston. Se mi ne povus akiri ambaŭ kune, mi forlasus la vivon kaj prenus la juston. Spite ke mi deziras la vivon, mi deziras ion pli altan ol la vivon, do mi ne aŭdacas alteniĝi al la vivo. Mi ne ŝatas morti, sed estas io, kion mi pli malŝatas. Do mi ne evitas danĝeron. <...>

Supozu, unu bovlon da manĝaĵo, unu tason da kaĉo el guŝo, – kiu ricevis, tiu travivos, kiu ne ricevas, tiu mortos. Se donate kun maldeca vekrio, ajna vojiranto ne akceptus. Se donate per piedo, al ajna almozulo malagrablus.

Sed donate salajron je dek mil *zhong*, oni akceptas la postenon, ne zorgante kiel tio konformus aŭ kontraŭus al decreguloj. <...> Tio estas nomata la perdo de la baza radiko en koro." [6A10]

Por Mengzi la digno de personeco estas multe pli grava ol ajna posteno kaj mono. Verŝajne, li vetis sian vivon por la afero en Qi-regno.

LIBERA EDUKO KAJ DENASKA NATURO

J. J. Rousseau estas konsiderata kiel predikanto de ' libera eduko' . Epigonoj de tia Rousseau-ismo prenas la liberan edukon por devizo. "Lasu lernantojn fari ĉion ajn kaj neniel limigu al ili konduton" , ĉar la limigo, laŭ ilia opinio, deprenus de infanoj kreivan volon. En lernejoj de tiuj epigonoj malaperis la distingo inter instruistoj kaj lernantoj kaj la lernantoj ne kapablas iam deteni sin de frivola konduto. Tie mankas la sankteco de la instruado kaj pululas libervolaj perfortoj. Tie lernantoj similas al konvolvuloj sen apogstango, florantaj nur sube surtere. Floras apenaŭ laŭ la denaska naturo, sed ne altiĝas. Kie estas perdita la sankteco de instruisto, tie estiĝas sakrilegio. En la klasĉambro malaperas la bona ordo. La fundamento de societo detruiĝas, ĉar mankas decreguloj inter homoj.

Mengzi, samkiel J. J. Rousseau, vidas en la homa naturo denaskan bonon, kiu estas kompato al aliaj homoj. Se etendi la denaskan naturon per decreguloj al la bona direkto, la personeco pliboniĝas kaj altiĝas. Mengzi, vidante la denaskan naturon bona, tamen konsideras la firman apogstangon nepre necesa. La apogstango estas la praktiko de decreguloj kaj fila pietato. Nur per disciplino laŭ la decreguloj homo kreskas kiel memstara persono kun forta devsento – en la domo kiel fidelaj filoj kaj fratoj, en la societo kiel fidindaj membroj, en la ŝtato kiel fidelaj popolanoj. Kaj tiu devsento devas fariĝi kutimo pere de la disciplino laŭ decreguloj tiom, ke la kutimo senkonscie determinas la konduton de ĉiu persono.

Kiel konfuceisto, Mengzi havas firman konvinkon, ke ' reĝoj kaj altkvalita persono' ne devas havigi al si la pensmanieron de ' profitamo kaj utilismo' , sed devas teni sin bonvolema-justama kun decreguloj kaj persona digno. Koncernante la simplajn popolanojn, Mengzi asertas, ke " sen konstanta proprietaĵo ne eblas teni konstantan koron" .

Jen en kio kuŝas la kerno de ideologio de Mengzi, por ke estu sufiĉa al popolo la sekura proprietaĵo, kaj samtempe, por ke kresku la forta persono士rezistebla al adversa medio, al malfavora vivkondiĉo. Tio signifas, ke al popolanoj allaseblas la ekonomia ago por gajni profiton. Sed tamen Mengzi nenion diris eksplicite pri la vivtenado laŭ profitamo de la popolanoj. La ideologio de Mengzi estas direktita al du diversaj klasoj:unu – al popolanoj, la alia – al fortaj personoj, *shi*.

Reĝido Dian demandis, dirante: "Kion faras vaganta klerulo, persono de shi-rangulo? "

Mengzi diris: "Strebas al alta idealo."

Dian demandis: "Kio estas t. n. la alta idealo? "

Mengzi diris: "Nur bonvoleco kaj justo. <...> Vivi en la bonvoleco per justo, jen per kio ili akiras la kvaliton de la grandulo." [7A33]

Dian estas kosiderata kiel la filo de la reĝo Xuan de Qi-regno. *Shi*士 estas socia tavolo en la antikva Ĉinio inter superaj ŝtatoficistoj kaj ordinaraj popolanoj. Ili estis kleruloj aŭ militistoj. La kategorio estas simila al kavaliro en okcidento aŭ *samurai* en Japanio. Ĉi tie temas ankaŭ pri kleruloj, kiuj ankoraŭ ne estas enoficigitaj. Mengzi ignoras gajni profiton, do postulo de vagantaj kleruloj estas tro severa por la vivtenado.

PRAKTIKA FILOZOFIO POR MEMSTARA PERSONECO

Estas io disvolviĝanta en la homa personeco. Tio estas bona denaska naturo, kiel sento de bonvoleco. La bonvolemo kreskas inter homoj, antaŭ ĉio en la familio, kiel la fila pietato al gepatroj, ĉar gepatroj amas sian filon sen ajna rekompenco. En la respekto de gepatroj disvolviĝas la amsento de fila pietato. Mengzi ne prezentas la etapon de la vekiĝo de memkonscio, senton de agrablo-malagrablo, sed rekte transiras al amo de gepatroj.

Diference de Mozi, kiu pledis por sendistinga universala makroamo, Mengzi rigardas la distingon inter homoj nepra, kiel la distingon inter patro kaj filo, pliaĝa kaj malpliaĝa. Do laŭ Mengzi la bonvoleco (respekto al homoj) estiĝas unue en la familio, kaj povas esti efektivigata antaŭ ĉio ene de la familio, kaj poste etendiĝas al la societo. La personeco disvolviĝas kun la devsento antaŭ gepatroj kaj antaŭ pliaĝaj fratoj. La devsento estas esprimata en la kadro de deca konduto, t. e. konduto laŭ la decreguloj. Per disciplino de decreguloj la personeco hardiĝas, por ke la infano fariĝu unu el plenkreskaj membroj de la societo – en familio, parencaro, vilaĝo kaj la ŝtato. Kaj ankaŭ la respektata patro aŭ pliaĝa frato fariĝas memstara personeco, forta je zorgema devsento al subuloj, tiel do ili kondutas kiel dignaj ĉefroluloj en la societo. Tiel disvolviĝas la sento de la persona digno. Interalie en Eŭropo estis rigardata la potenco de patro pli grava ol fila pietato kaj tio estas nomata ‘ paternalismo’ .

Decreguloj postulas de ĉiu homo la distingon, al kiu klaso apartenas li mem kaj la alia. Iu pliaĝa, iu plialta je rango, iu plipotenca devas esti respektataj laŭ necesaj decreguloj konformaj al ĉiu klasdivido. Tiu kutimo de distingo inter la pliaĝa kaj la malpliaĝa estas edukata ene de la familio. Kiam Vasilij Eroŝenko alvenis Japanion, li estis akceptita de prof. Nakamura Kijoo, kiel la dua pliaĝa frato inter gefiloj en la familio. Eroŝenko skribis en sia taglibro:

Hodiaŭ matene je la sepa horo mi renaskiĝis. <...> Mia familio konsistas el patro, patrino kaj sep gefiloj (inkluzive min), kaj mi fariĝis la dua filo. Heredonto de prof. Nakamura estas la unua filo, kiun ni devas voki 'plejaĝa frato [Ni-san]'.[①]

En eŭropaj lingvoj koncepto de ‘ frato’ ne havas distingon de pli aĝa兄kaj malpli aĝa弟, sed en orienta Azio tiu distingo estas tre grava por la eduko de decreguloj. La familio estas la areno de mikro-societo por la civitaneca interrilato. fila pietato kaj respekto de pliaĝuloj estas laŭ Mengzi la plej gravaj decreguloj, kiuj disvolvas firman personecon kiel kvaliton de morale memstara civitano.

Persona valoro estas kalkulata per tio, kiomgrade la persono kondutas fidele al gepatroj, al pliaĝuloj, al supro kaj al la lando. Laŭ konfuceismo, forta personeco estas ellaborata unue ene de la familia vivo surbaze de la decreguloj inter patro kaj filo, pliaĝulo kaj plijunulo.

Laŭ Mohismo – la personeco kreskas per strebado al universala amo, kaj kompreno de la ĉiela volo, laŭ Yang Zhu – per amo al la mia memo. Tial do por Mozi bezonatas religia kredo pri Dio kaj Spiritoj anstataŭ decreguloj. La Spiritoj, observante la konduton de homoj ĉie kaj ĉiam, laŭdas aŭ punas laŭ boneco kaj malboneco. Por Mengzi, ia ajn arbitra libera volo, memamo kaj egoismo estas ekskluditaj kiel malbona ideo de Yangzhuismo. Ankaŭ la universala amo estas kritikata pro la ignorado de la aparta amo de familio aŭ la reĝo. Tiel do Mohismo kaj Yangzhuismo estis severe atakataj de Mengzi kaj konfuceanoj.

Fila pietato kaj decreguloj ene de familio, laŭ Mengzi, lasas homojn kreskigi la bonan naturon kaj kutimiĝi al bona konduto. La familio estas la plej grava bazo por konfuceismo, do la funebro de familianoj

---

① 高杉一郎『夜明け前の歌』Takasugi Iĉiro, *Kantoj de antaŭtagiĝo*, p. 11.

estas tre grava por la konkreta praktikado de fila pietato. Tial do konfuceanoj insistas je luksa funebro, kritikante mohistojn.

LA ĈIELA ORDONO KAJ LA AGO DE SENDEPENDA PERSONO

Estas notinde, ke tiu Mengzi, kondutanta fiere antaŭ la reĝoj, kompatas la popolon kaj parolas por teni la popolon en bonstato. Li malestimis ermitecan personon, kvankam sendependeman, kaj nomis tiun ' vermo' . Gravas la ago por savi popolon, ne nur por sia propra persona purigo. Legantoj vidas en Mengzi la ĉarmon de sendependa persono, kiu staras fiere antaŭ reĝoj. Li heredis tiun dignon de personeco ne nur ĉe Konfuceo, sed ankaŭ ĉe ties rivaloj, Mozi kaj Yang Zhu. En la konfuceismo la Ĉiela ordono estas tre grava koncepto, kiel ni vidas en la lasta frazo de *Analektoj*.

La Majstro diris: " Kiu ne scias la Ĉielan ordonon tiu ne povas esti noblulo. Kiu ne scias decregulojn, tiu ne povas stari. Kiu ne scias vortojn, tiu ne povas scii homojn."

Mozi prenis la Ĉielan ordonon en konfuceismo por fatalismo kaj kritikis ĝin kiel malestimantan la personan subjektan penadon. Kontraŭ tiu tendenco, Mozi konsideras la memstaran diligentecon grava, kaj fatalismo estas senrespondeca sinpravigo. En la ĉapitro ' Kontraŭ konfuceanoj' de la libro *Mozi* estas skribite jene.

El ili [konfuceanoj] troviĝas fatalistoj, kiuj asertas, ke en la longviveco aŭ frua morto, paco aŭ danĝero, ordo aŭ malordo, estas iu nepra sorto, nome, la ĉiela ordono, tial ne eblas laŭvole profitigi nek malprofitigi. Homoj ne povas propravole ŝanĝi la destinitan, kiel riĉon aŭ malriĉon, laŭdon aŭ punon, feliĉon aŭ malfeliĉon. <...> konfuceanoj konsideras sian vojon la ĝusta vojo de moralo, malgraŭ ke tiu ĉi malhelpas al homoj en la mondo. [Mozi, Kontraŭ konfuceanoj, p. 180]

Ŝajnas al mi, ke Mengzi, restante fidela al la Ĉiela ordono kiel la grava principo por konfuceismo, ĉerpis ankaŭ de Yang Zhu kaj Mozi influon de subjekta libervola konduto. Mengzi tamen interpretas sian sendependan konduton gvidata ne de la libervola elekto, sed de alimaniera kompreno de la Ĉiela ordono. Mengzi diris pri la rilato inter sentoj, denaska naturo kaj ordono jene:

Mengzi diris: "Gusto al buŝo, koloro al okuloj, sono al oreloj, odoro al nazo, komforto al kvar membroj – tiuj estas naturo. Estas la ordono, kiun nobluloj ne nomas naturo. Bonvoleco en rilato inter patro kaj filo, justo en rilato inter estro kaj subulo, decreguloj en rilato inter gasto kaj gastiganto, intelekto de saĝuloj, sanktuloj en la Ĉiela vojo – tiuj estas la ordono. La naturon nobluloj ne nomas ordono." [7B24]

Estas notinde, ke Mengzi konsideras moralan koncepton ne libervola, ne denaska naturo, sed la Ĉiela ordono, nepreco. La lasta frazo estas grava por karakterizi la pensmanieron de Mengzi, konsideranta la altan koron disvolviĝo de la denaska naturo. Ĝenerale en la okcidenta filozofio la etika koncepto apartenas al ' libero' de persona konduto, sed Mengzi nomas tion destino, aŭ ordono, samkiel deterministo. Jen en tio kuŝas specifiko de lia ideologio. Moraleco ne estiĝas nature el de sensorganoj. El tiu logiko eliras du supozoj. La ' ordono' ĉe Mengzi estas akirata ne tra la sensorganoj, sed ekzistas apriore en homo laŭ la ĉiela ordono, do la bonvoleco estas imputita en homo denaske. Tial do la homa denaska naturo estas bona.

Sed la demando restas jena. Le termino ' Ordono命' havas signifon, kiel la Ĉiela ordono天命, la nepra destino. Se la bonvoleco estas nepra, kial aperadas malbonuloj, kiel tiranoj Zhou kaj Jie, rabistoj Zhi? Laŭ Mengzi, kun koncepto de denaska bona naturo, la sento de moraleco, kiel la bonvoleco, povas esti kaŝita per aliaj sentoj, ricevitaj poste tra sensorganoj. Nur tiu persono, kiu estas nobla je la aspiro, memstare preferas la bonon al tenta plezuro de sensorganoj. La moraleco devas esti edukata aŭ disciplinata pere de la lernado kajmemretrorigardado, por ke tio iĝu la kutima konduto inter homoj kaj por ke tio ne kaŝiĝu en buskoj de diversaj pasiaj delogoj.

Mengzi diris: " Bonvoleco estas homa koro; justo estas homa pado. Forlasinte la padon, oni neniigas la sekvotan, forlasinte la koron, oni ne scias kiel serĉi – kia domaĝo tio estas! Kiam perdiĝas koko aŭ hundo, oni povoscias serĉi ilin. Kiam perdiĝas la koro, oni ne scias serĉi ĝin. La Vojo de la lernado estas nenio alia ol serĉi la perditan koron." [6A11]

Ĉiutaga disciplino de decreguloj faras la konduton senkonscie kutima al moraleco. Do la bonvoleco laŭ Mengzi jam ne estas libervola elektado inter bono kaj malbono, sed nepra konduto, ordonita de la Ĉielo. Tio estas nenio alia ol la serĉado de perdita koro. Laŭ la logiko de Mengzi, boneco denaske apartenas al la homa koro, sed okazadas, ke tiu boneco iam perdiĝas. Sciante la Ĉielan ordonon, la homo retrovas la bonon. Kaj la ĉiela ordono estas natura leĝo, reganta ĉion, inkluzive homan naturon.

Mengzi diris: " Ekzistas nenio sen la Ĉiela ordono, do oni devas humile akcepti ĝin ĝusta. Do, kiu scias la Ĉielan ordonon, tiu ne staras sub rompiĝema muro. Kiu mortas, ĝisfunde serĉante la Vojon, tiu ĝuste plenumis la Ĉielan ordonon." [7A2]

Apogante sin sur nepreco, la nobla persono povas plenumi la taskon, trovitan sur la Vojo laŭ la Ĉiela ordono. Mengzi diris:

"Kiu ĝisfunde ekzamenas sian koron, tiu scias sian naturon. Kiu scias la naturon, tiu scias la Ĉielon. Ekzisti laŭ la koro kaj nutri la naturon estas ja la servado al la Ĉielo. Kiom ajn mallonga aŭ longa estu la vivdaŭro, kulturadi dumvive sin mem je la personeco estas ja vivi firme laŭ la Ĉiela ordono." [7A1]

Koncernante la tekston, japana pensulo Yoshida Shoin lekcias, sidante en malliberejo, jene:

*Ĝis funde ekzameni la koron尽心signifas fari laŭeble plej plene ĉion en la koro. Kiu havas kapablon levi 55 kg, levu 55 kg; kiu havas kapablon levi 75 kg, levu 75 kg. Se ne farus la plejon, oni ne povus scii la limon de sia forto. Farante la plejon, Yao regis la popolon, Shun servis al la patro, Konfuceo faris la Vojon klara. Ĉiu el ili faris laŭeble plej plene tion, kio estas ene de sia koro, ne ekstere de la koro. Kiu malmulte kondutetas, malmulte servetas kaj faras afereton, lojaletas kaj zorgetas je fila pietato, tamen dirus, ke plenumas la plejan eblon, tiu ege perfidas la sian koron.*①

Laŭ Yoshida Shoin, la Ĉiela ordono kaj la naturo estas sciataj de iu persono nur tiam, kiam li faris ĉion, kio eblas. Komprenante ilin, li povas lerni la naturan leĝon kaj la realon, kiun li alfrontas. Lernantoj de Yoshida Shoin poste fariĝis gvidantoj de la nova japana registaro Meiji kaj transformis Japanion en civilizitan surbaze de realismo.②

Mengzi per sia konduto montras, ke la ago laŭ la Ĉiela ordono ne estas pasiva obeo al fatalismo, sed aktiva penado por fari la plej eblan. Interalie, li mencias la Ĉielan ordonon, kiam li alfrontas ion nekonkereblan per sia forto. Ĉe sia eksiĝo de ministra posteno en Qi-regno, Mengzi respondis, ke tio estas la konduto laŭ la Ĉiela ordono. Ke la duko de Lu-regno ne renkontis lin, tion li rigardis ankaŭ la Ĉiela ordono.

Yuezheng-zi vidis Mengzi kaj diris: "Mi persvadis la regnestron, ke li renkontu vin. Sed la favorato, nomata Zang Cang, malhelpis, tial do li ne sukcesis veni al vi."

Mengzi diris: "Kio iras, tion lasu iri; kio haltas, tion lasu halti. Iri aŭ halti – tio ne dependas de homa

---

① 吉田松陰『讲孟劄记』全集 3 卷 P.368-369。

② Vd. 伊藤博文 Ito Hirobumi, 山形有朋 Yamagata Aritomo, k. a. adeptoj de Shokason-lernejo 松下村塾 .

kapablo. Ke mi ne renkontis la markizon Lu, tio dependis de la Ĉielo. Kiel do iu filaĉo de Zang-klano povus igi nin ne renkontiĝi? " [1B16]

Ĉe konfuceismo estis traktata la determinismo en la aparta signifo, ke homoj ne povas malhelpi iun elektitan de la Ĉielo. Konfuceo diris, kiam Huantui atakis lin, ke tia homo, kia Huantui, ne povas damaĝi lin, Konfuceon, ricevintan la Ĉielan ordonon. Ankaŭ Mengzi prenis al si la saman pozicion de la determinismo. Tiel do la determinismo en konfuceismo fortigas la aktivan volon en persono, gvidate de la firma konvinkiĝo.

La elekto, depende de la libera volo, estas la ideo de Yang Zhu kaj Mozi, kiujn Mengzi kritikis severe. Okcidentaj esploristoj ofte opinias, ke en la ĉina antikva filozofio mankas la ideo de ' libera volo' , sed tią ideo ekzistis en ideologioj de Yang Zhu kaj Mozi. François Julien, nuna franca filozofo, diras, ke en la ĉinaj ideoj ne troviĝas koncepto de libera volo, elektanta iun direkton ĉe forkvojo. Estas skribite de Julien jene:

*"Ĉe la disvojiĝo sur vojforko estiĝas la heroa situacio de decida elektado, sed tio mankas en la ĉina ideo."*①

Julien vidas en ĉina pensmaniero mankon de la libervola elekto. Tia opinio, eble, estas preterlaso de ideologioj de Yang Zhu kaj Mozi. Estas fama epizodo rilate al la forkvojo.

Iam Yang Zhu ekploris sur disvojo, dirante: " Ĉi tiu unu paŝo, se erarus, forkondukos al la loko, pli diferenca ol la alia je mil lioj!" Kaj pri tio li tristis plorkrie.②

De tiu forkvojo ja dependas honoro-malhonoro, paco-danĝero, postvivo-pereo, do endas ege tristi pro tio sur la disvojo. Tiu sama epizodo pri la plorado sur disvojo apartenas ankaŭ al Mozi.③ Spite la diferencon inter egoismo de Yanzhu kaj altruismo de Mozi, iuj konfuceanoj, kiel Mengzi, inklinas trakti ambaŭ pensulojn sendistinge. Sed ambaŭ Mozi kaj Yang Zhu perdis la influon en la historio de Ĉinio. Tial do al Julien ŝajnas, ke mankas libervola elektado ĉe ĉinaj pensuloj. Tiun eblecon de libervola elekto havis nur despotaj reĝoj. En la fino de la epoko Militlandoj estis la tempo, kiam oni sopiris al forta gvidanto kaj preferis obeon al reĝoj. Tiam ne estis bezonata la persona liberalismo kaj sendependeco. Do legalismo akiris la fortan influon, kaj Yangzhuismo-Mohismo perdis la influon.

---

① François Jullien, *Fonder la morale*. Grasset & Fasquelle, 1996. La japana traduko, 讲谈社 2017. p. 190.

② *Xun-zi* 荀子 11:16.

③ 吕览疑似「墨子见岐道而哭之」賈谊新书审微「故墨子见卫路而哭」。

Komparante kun Yang Zhu kaj Mozi, tute alie prenas Mengzi la sintenon al la decidita vojo, kiel ni vidis. Mengzi ne plorkriis ĉe la forkvojo, sed akceptas la decidon, kiel la ĉielan ordonon, sed ne kiel la rezulton de persona ago. Mengzi konvinkiĝis, ke lia ideo ne estas la rezulto de lia libervola pensado, sed objekta vero de la Ĉielo. La vero estas, ke ĉio en la mondo estas penetrita de ' bonvoleco' 仁. Mengzi diris:

Tio, ke tri dinastioj povis konkeri la mondon, estas dank' al bonvoleco. Ke ili perdis la mondon, tio estas pro malbonvoleco. Prospero-malprospero kaj ekzisto-pereo de regnoj dependas de la samo. Se la ĉiela filo estas malbonvoleca, la mondo ene de kvar maroj ne povas esti konservata. Se la landestro estas malbonvoleca, ne povas esti konservata la lando kun la altaro de tero kaj grenoj. Se la grandoficistoj estas malbonvolecaj, ne povas esti konservataj la maŭzoleoj de prapatroj. Se oficistoj kaj simplaj popolanoj estas malbonvolecaj, ne povas esti bontenataj la kvar membroj de la korpoj. Kiu, malamante morton, ĝuas malbonvolecon, tiu egalas al tiu, kiu, malamante postebrion, ŝatas drinkegi fortan vinon. [4A3]

La bonvoleco, laŭ Mengzi, nestas en la kompatema koro de ĉiu homo, kaj aperas en la konkreta konduto de fila pietato, respekto de pliaĝuloj kaj prapatroj. Antaŭ ĉio, la kreskigo de la bonvoleca koro estas la tasko de ĉiu persono, kaj etendigo de la bonvoleca politiko al la tuta mondo estas la tasko de kleruloj kaj reĝoj. Pri la perfektigo de la personeco ni traktu poste, sed nun vidu la sintenon de Mengzi al reĝoj.

ESPERO AL REĜA REGADO DE QI-REGNO

Mengzi vidas sian taskon en la persvado de ekzistantaj reĝoj, por ke ili praktiku la bonvolecan politikon en sia regno. Li esperis, ke sub la bona influo de progresema reĝo la tuta mondo sekvos la bonvolecan politikon. Do li atendis tion de la reĝo de Qi-regno.

Nun Qi-regno jam posedas la tioman teritorion. Estas dirite, ke krioj de kortobirdoj kaj bojoj de hundoj, bredataj de popolo, atingas senĉese landlimojn de kvar direktoj. Nun unu Qi-regno jam regas la tioman popolon. Sen ekspluati nove terojn, sen kolekti nove popolojn, kiu ajn faras bonvolecan politikon, tiu fariĝos imperiestro, kaj nenio povos deteni tion. <...> Konfuceo diris: ' Virto propagiĝas tiel rapide, kiel poŝta kuriero.' Aparte nuntempe, se unu granda regno kun dek mil militĉaroj farus bonvolecan politikon, popoloj ekĝojegus je tio, kvazaŭ liberigite el de la pendigilo kun kapo malsupren." [2A2]

Mengzi, samkiel Mozi, konsideras la akordiĝon al supro 尚同 decida, do la plej grava tasko de konsilanto estas stimuli reĝon je bonvolema koro, ĉar la subo sekvas la supron. Mengzi diris:

"Se la reĝo estas bonvoleca, neniu iĝas malbonvoleca, se la reĝo estas justa, neniu iĝas maljusta, se la reĝo estas rekta, neniu iĝas malrekta. Se la reĝo estos ĝustigita, la ŝtato iĝos stabila." [4A20]

La virto de noblulo estas simila al vento, kiun sekvas la virto de malgrandaj homoj, kvazaŭ herboj. Herboj nepre turnas sin al la direkto, kien blovas la vento. [3A2]

Mengzi, eble, heredis la ideon de Mozi pri la akordiĝo kun la supro kiel la plej gravan motivon por klerigo de la ŝtato kaj la popolo. Do Mengzi fervore okupadis sin antaŭ ĉio per la klerigo de reĝoj, kiel vaganta predikisto.

PRI MANIEROJ JE LA DEFENDO DE PATROLANDO

Koncernante la defendon, Mengzi prezentas la planon konstrui la bonan interrilaton, por ke aliaj landoj helpu okaze de krizo, ĉar la tera avantaĝo estas malpli decida. Estas dirite:

"La popolanoj en la teritorio estas sekure gardataj ne nur pere de landlimoj, la lando estas gardata ne nur pere de krutaj montoj kaj valoj, la majesteco en la mondo estas akiritaj ne nur pere de avantaĝo je armilo, sed pere de diversaj asistoj. Al atinginto de la Vojo estas donate plimulte da asistoj, al perdinto de la Vojo estas donate malmulte da asistoj. Ĉe plej malmulte da asistoj, eĉ parencoj spitas. Ĉe plej multe da asistoj, la tuta mondo omaĝas respektoplene. Klara estas la rezulto, se tiu, kiun omaĝas la mondo, atakus tiun, kiun spitas eĉ parencoj. Do noblulo ne aŭdacus militadi, kaj se unufoje ekmilitas, nepre venkas." [2B1]

Mozi kun liaj disĉiploj estis ne nur pensuloj, sed ankaŭ specialistoj de defenda milito, Do mohistoj mem gvidas batalon, reale partoprenante en la milito. Male, Mengzi predikis alimaniere, la ideon plenan de idealismo. Por la konservo de regno, li citas la ekzemplon de la prapatro de la reĝo Wen de Zhou-dinastio.

Antikve la Granda reĝo loĝis en Bin. Kiam la tribo Di invadis tien, la reĝo translokiĝis al la piedo de la monto Zhi neeviteble sen alia alternativo. <...>

' Di-anoj deziras havigi al si nian landon. Mi aŭdis, ke reĝo ne devas viktimigi siajn homojn pro sia alteniĝo al nutrilo de homoj.① Kio do ĝenos vin eĉ se ne estus reĝo? Mi nun foriros de ĉi-tie.' Forlasinte la urbon Bin, li transiris monton Liang, kaj translokiĝis al la piedo de la monto Zhi. Homoj de Bin diris: ' Li estas bonvolemulo, do ni ne devas perdi lin' , kaj ili sekvis lin grandnombre kvazaŭ ili turnus sin al merkato. [Mengzi diris:] Aŭ ankaŭ troviĝas iu, kiu diras: ' La landon, heredatan de generacioj, mi mem ne povas perdi, eĉ se mi mortus, mi ne devas forlasi.' Jen la alternativo, Via Moŝto, elektu unu el tiuj du.[1B14-15]

Se la landestro estas plena je bonvoleco, la popolo sekvas lin, kien ajn li translokiĝas. Do la lando-teritorio ne estas decida. Pli gravas, ke la estro kaj popolanoj estu ligitaj pli firme kun alta moraleco ol invadintoj. Se tiel, iam venos la tempo por fondi eĉ la dinastion, samkiel Zhou 周. La kerno de la patrolando estas la moraleco, bazita sur bonvoleco kaj fila pietato. Ŝajnas al mi, ke la instruo de Mengzi estas ĝis nun heredata de ĉinoj, migrintaj en diversaj landoj de la mondo. ' Familio' por la ĉinoj estas la konkreta areno por la eduko de firmaj patriotoj. Do komunumo de ĉinoj estas forta je solidareco eĉ ekstere de la ŝtato. Ĉu eblus tia daŭripova ligiteco per la ideologio de Mozi aŭ Yang Zhu?

PERSONA PERFEKTIGO

En la ideologio de Mengzi la plej gravan rolon ludas la praktika filozofio, kiel kreskigi la fortan personecon. Li trovis la hejman familian vivon la bazo de la praktika filozofio.

Mengzi diris: " La Vojo-Tao estas proksime, sed oni serĉas ĝin ie malproksime. La afero estas facila, sed oni serĉas ĝin en io malfacila. Ke homoj proksimiĝu unu kun la alia, kiel kun siaj gepatroj, homoj respektu la pliaĝulojn, kiel la siajn – jen de tio estiĝas la monda paco." [4A11]

Esti bona filo – tio estas alfa kaj omega por ĉiu persono. Mozi vidis tiun pensmanieron malvasta, kiel aparta amo 别爱, limigita ene de la familio aŭ la nacio, kaj predikis la universalan amon 兼爱. Laŭ Mengzi, rimedo por fariĝi bona filo estas facila, se oni nur sekvas la decregulojn, ĉar homo estas ' denaske bona' . Sed, kvankam denaske bona estas la homa naturo, tamen la homa sento ofte estas kovrata de diversaj aĵoj. Mengzi diras:

"Membroj kiel oreloj kaj okuloj ne havas kapablon pensi, do ili, iam kovrite per aĵoj, iam

① Nutrilo de homoj signifas ĉi tie la teron .

intermiksite kun aĵoj, estas nur altirataj al aĵoj. Membroj de koro kapablas pensi, perceptas pensante, aŭ, ne perceptas ne pensante. Tiu kapablo, donite de la Ĉielo al mi, staras supera je la grandeco, do io malgranda ne povas forrabi tiun kapablon. Jen kio faras la personon granda." [6A15]

Persono granda je la kvalito disvolvas la koron kun alta aspiro. Bona ago de bonvoleco kaj justo estas la alta idealo, kiu kreskigas la denaskan bonon. Shun, la sankta reĝo, fariĝis vekiĝinta persono, aŭdinte bonan vorton kaj vidante bonan agon, Mengzi diris jene:

"Kiam Shun, loĝante en profunda montaro, vivis kun arboj kaj ŝtonoj, ludadis kun cervoj kaj aproj, tiam li apenaŭ diferencis de sovaĝuloj en la profunda monto. Sed unu fojon aŭdante bonan vorton, unu fojon vidante bonan agon, li fariĝis tia persono rezoluta, kiel Jangzio kaj la Flava Rivero, ke nenio povas deteni la torenton kaskadegan." [7A16]

Fortigas la personecon iu adversa medio, ekzemple, malsano, soleco, k. c., Mengzi diris:

"Posedanto de virto, saĝo, arto kaj scio estas tiu, kiu ĉiam havis malsanon kaj suferon. Soleca subulo kaj bastardo, zorgantaj elkore pri danĝero kaj timantaj profunde pri malfeliĉo, atingas la alton." [7A18]

Laŭ Mengzi, adversa kondiĉo, donata de la Ĉielo, estas lernejo por hardigi personecon.

Mengzi diris: "Shun startis en la kampo inter sulkoj kaj irigacioj; Fu Yue leviĝis el inter terkonstruado; Jiao Ge leviĝis el inter fiŝado kaj salfarado; Guan Yiwu leviĝis el inter karcero; Sunshu Ao leviĝis el inter maro, Baili Xi leviĝis el inter merkato. Al kiu la Ĉielo konfidas la grandan taskon, al tiu ĝi unue donas suferi je la koro kaj la strebo, labori kun muskolo kaj osto, donas malsaton en la korpo kaj haŭto, donas malplenon kaj mizeron en la vivo, obstaklon kaj perturbon en la praktiko de la agado. Tiel do kreskas la personeco, havanta aktivan koron kaj paciencon kaj disvolvanta la avantaĝon konkeri ion ajn nefareblan. Homoj ĉiam misas kaj eraras, kaj poste kapablas pliboniĝi. Suferante en la koro, barite en la zorgado, kaj poste oni kreas ion." [6B15]

Per la ekzemplo de Shun, Mengzi montras, ke filo, amanta gepatrojn, neniam perdas sian personan dignon, kaj povas konkeri ajnan adversan kondiĉon. Mengzi kortuŝis japanon Yoshida Shoin per la kontraŭo al malfavora kondiĉo. Shoin skribis: "Nur tiu, kiu travivas en la malfavora kondiĉo, povas bone solvi problemon de ajna adversa kondiĉo" ①.

Ankaŭ Adam Smith diris same: "Suferoj, danĝeroj, vundoj, malfeliĉoj, - estas nursolaj majstroj, ĉe

① 讲孟余话 p. 23。

kiuj ni povas lerni la ekzercon de tiu virto. Sed ili ĉiuj estas la majstroj, al kies lernejo neniu volonte igus sin turni." ①

Mengzi ripete mencias, ke la reĝo Shun montris la modelon de la fila pietato, obeeme servante al sia obstina patro Gusou, kiu ne favoris lin. Kia ajn estas la patro, la familio devas esti la areno por la trejnado de decreguloj, por ke filoj ellernu konkretan formon de fila pietato.

Dum ne akceptate de gepatroj, li sentis, ke li ne povis fariĝi solida persono; dum ne akordante kun gepatroj, li supozis, ke li ne povis fariĝi solida filo. Do Shun pleje servadis al gepatroj laŭ la Vojo-Tao, kaj lia patro, Gusou, finfine ekĝojis. Kiam Gusou ekĝojis finfine, la tuta mondo transformiĝis. Per tio, ke Gusou ekĝojis, la tuta mondo iĝis stabila surbaze de la ĝusta rilato inter patro kaj filo, t. n. la granda fila pietato. [4A28]

Mengzi insistas, ke, laŭ la ekzemplo de Shun, la familia rilato estas pli grava ol la reĝa trono.

FUNEBRO KIEL AGO DE FILA PIETATO

La funebro de gepatroj estas la provŝtono de la fila pietato. Mozi, el la vidpunkto de ekonomio de ŝparado, predikis, ke la funebro estu laŭeble malluksa. Do Mengzi rigardis la mohismon nekunekzistebla al konfuceismo. Mengzi diris:

"Estas tre bone, ke oni faras sian plej bonan por funebri gepatrojn. Zengzi diris: 'Dum vivas gepatroj, oni servas ilin kun decreguloj; ĉe la morto oni funebras kun decreguloj; ĉe la festo oni festas kun decreguloj – jen kio estas nomata fila pietato.' Koncernante decregulojn de landestroj, mi ankoraŭ ne lernis, sed mi aŭdis iam pri tio – funebra servo daŭras ĝis la tria jaro post la morto, ĉeffunebranto vestas sin per kruda vestaĵo, manĝas kaĉon aŭ poriĝon, – jen tiel faradis en tri dinastioj kaj supre la Ĉiela filo kaj sube simplaj popolanoj." [3A2]

En nuna tempo la opinio de konfuceismo pri la longdaŭra funebro ne estas praktikebla al ordinaraj homoj, do Mozi pravas en la kritiko de konfuceismo. Sed pli ol 2000 jarojn la konfuceismo estis reganta ideologion en Ĉinio kaj en foraj orientaj landoj. En la libro *Mengzi* la mohismo kaj la Yanzhu-ismo estis severe kondamnitaj, sed Mengzi mem ne donis al tiuj herezuloj sian konkretan analizon, kvazaŭ li

① *The Teory of Moral sentiments, "sentiments"* p. 153.

evitintus la seriozan disputon. Jen li traktis unu mohiston, nomatan Yi Zhi.

Iu mohisto, Yi Zhi, dezirus renkontiĝi kun Mengzi pere de Xu Bi. Mengzi diris: "Mi volus certe vidi lin, sed mi estas nun malsana. Post kiam mi resaniĝos, mi iros vidi lin. Ne venu s-ro Yi al mi nun!"

En alia tago Yi Zhi denove petis de Mengzi la renkontiĝon. Mengzi diris: "Mi devus vidi lin nun. Se mi ne korektus lin, la vera Vojo ne videblus, do mi faros lin rekta. Mi aŭdis, ke s-ro Yi estas mohisto. Rilate al la plenumado de funebro, mohistoj konsideras la simplan konformanta al la Vojo. S-ro Yi pensas ŝanĝi la mondon laŭ la simpligo. Ĉu li ne rigardas tion malestiminda? Sed tamen li mem funebris siajn gepatrojn lukse – tio signifas, ke li konsideris la simpligon kiel malestimon je la servado al gepatroj." [3A5]

Tiel do Mengzi finfine ne akceptis la mohiston Yi Zhi, nur tra Xu transdonis la mesaĝon al Yi. Yi desapontite paŭzis kaj diris: "Tio estas la destino."

ĈIRKAŬ LA DENASKA NATURO KAJ ĈJIO POR RADIKA ENERGIO

Post Mengzi aperis Xunzi, la granda pensulo de konfuceismo, kaj severe kritikis Mengzi. Xunzi asertas, ke la denaska homa naturo estas malbona, ĉar homoj denaske deziras profiton al si, do, rezulte, ili malamas aŭ envias la aliajn. Se ili sekvas sian denaskan naturon, ne ĉesas bataloj aŭ ŝtelado kaj rabado inter si, kaj tiel ne eblas regi la mondon. Xunzi, kvankam konfuceano, akceptis la bazan vidpunkton por homa naturo de Yang Zhu kaj Mozi.

Mengzi argumentis pri la boneco de la denaska naturo, uzante ekzemplon de iu kalva monto sub urbo.

Mengzi diris: "Arboj en la monto Bovo estis iam belaj. Sed la monto situas apud la granda urbo, do oni hakadis per toporo la arbojn. Ĉu eblus resti belaj? Favorate kun la aero tagnokte, kun la pluvo kaj roso, nepre naskiĝas burĝonoj kaj ŝosoj, sed tamen oni paŝtas ĉi tie bovojn kaj ŝafojn, do la monto tute kalviĝis. Vidante ĝin kalva, oni pensus, ke neniam ĉi tie ekzistis arboj. Sed ĉu tia estas la denaska naturo de la monto? Se temas pri homoj, ĉu ili neniam havis la koron de bonvoleco kaj justo? Ke ili forlasis sian konsciencon aŭ bonan koron, tio similas la senĉesan hakadon de arboj per toporo. Ĉu eblus konsideri tion bela? Spite ke estis antaŭe la tagnokta spirado kaj matena kvieta *Ĉjio*, nun estas rare ke homoj estu proksimaj je la ŝato kaj malŝato unu al la alia. Tio estas ja la rezulto de ĉiama ago en mateno kaj tago, tiel do homoj estas katenite pereantaj. Ili, kvankam katenite, tamen ripetadas, kaj vivas en manko de nokta *Ĉjio*. Vivante en la manko de nokta *Ĉjio*, ili fariĝas ne malproksimaj al birdoj kaj bestoj. Vidante homon bestiĝanta, oni konsiderus, ke li neniam posedis la kvaliton, sed ĉu tia estus la denaska homa sento? Kiun ajn oni povus nutradi sukcese, ĉiu ne povus ne kreski; kiun ajn oni ne sukcesus nutradi, ĉiu ne povus ne perdiĝi.

Konfuceo diris: ' Bontenate, io ajn povas ekzisti, forlasite perdiĝas. Ne estas certe, kiam tio el- kaj en-iradas. Estas ne sciate, kie estas la hejmo.' Tiu eldiro signifas la koron, ĉu ne? " [6A8]

Dum Xunzi konsideras la artefaradon bona, Mengzi, kontraŭe, vidas en tio ankaŭ la kaŭzon detruantan la denaskan bonon. Estas notinde, ke Mengzi trovas *Ĉjion* grava por revigligo de la naturo. Ankaŭ lia samtempulo Zhuangzi konsideras *Ĉjion* gravega, sed tra Mengzi, konfuceano, tiu ideo estis akceptata de ĉinaj estontaj filozofoj, kiel Zhu Xi, Chengzi kaj aliaj. Mengzi atentigis la samecon de homa naturo jen tiel:

*Buŝoj gustumas la saman frandaĵon, oreloj aŭdas la saman belsonon, okuloj vidas la saman belecon je koloroj. Kial nur al koroj mankus la sameco? En kio kuŝas la sameco de koro? En t. n. rezono, justo. Sanktuloj unue komprenis ja la samecon je nia koro. La rezono kaj la justo donas ĝojon al nia koro, samkiel viandoj donas ĝojon al nia buŝo.*① *[6A7]*

Predikante la bonecon de naturo, Mengzi aldonas la vigligan agon de *Ĉjio*. Jen en kio kuŝas la kialo de granda influo al posteuloj. La ago de *Ĉjio* donas al la persono kuraĝon, persistemon kaj animan energion antaŭ potenculoj, kio videblas en la konduto de Mengzi. Same, kiel la nokta spirado de *Ĉjio* donas al arboj la viglecon, la spirita energio de *Ĉjio* nutras en la persono la grandan vastanimecon浩然之气. Tiu ideo de Mengzi donis la grandan influon al aziaj intelektuloj, strebantaj al la plibonigo de siaj patrolandoj.

---

① Mi tradukis la vorton 理 li kiel rezonon, sed iu interpretas ĝin kiel principon, la alia – kiel ordon. Mi konjektas, ke 理 rilatas al la homa fizika flanko kaj 义 yi – la metafizika. Chengzi 程子 diris: "Kio estas ene de aĵoj estas li 理, kio regas aĵojn estas yi 义." [朱熹『四书集注』p.342] .

ANSTATAŬ KONKLUDO

Mengzi rimarkigis la danĝerecon de la ideoj, subtenantaj profitigon 利 ne nur privatan 私利 sed ankaŭ reciprokan 交利. Li antaŭvidis la rezulton de tiu pensmaniero, ke "homoj manĝus homojn unu la alian" 人将相食. Ankaŭ Adam Smith vidis tiun danĝerecon en sia verko *Teorio de moralaj sentoj*, sed tamen li agnoskis la profitamon en la verko *Riĉeco de nacioj*. Laŭ optimismeca ekonomia ideo de Smith la profitamo inter diversaj homoj estas gvidata harmonie per la nevidebla mano. Sed kio okazas por profitamo inter diversaj klasoj kaj inter ŝtatoj?

La kritiko fare de Mengzi al Mozi kaj Yang Zhu havas grandan signifon. Unue, tio montras la altan nivelon de ĉinaj klasikaj ideoj, ideoj de Mozi kaj Yang Zhu, ĉar iliaj pensmanieroj anticipis la estonton, ideojn de kapitalismo kaj socialismo.

Ĉinio, Koreio kaj Japanio adoptis longe la konfuceismon por teni la ŝtatojn kaj la societojn stabilaj. Ankaŭ tie okazadis konfliktoj inter klasoj kaj inter landoj, sed la ĉina civilizacio daŭras en la reala vivo ĝis nun, dum aliaj antikvaj civilizacioj restas nur en vestiĝoj. Sovet-unio frakasiĝis, sed Ĉinio disvolviĝas. Unu el kialoj kuŝas en la stabila strukturo de familio, societo kaj ŝtato. Restas en Ĉinio ankoraŭ la kutimo de fila pietato kaj decreguloj. Ideo de Konfuceismo kaj Mengzi enradikiĝis profunde en la vivo de ĉinoj, kio faras la ŝtaton pli stabila.

Sed en Japanio, Mengzi dumlonge estas rigardata kiel revolucia ideologo, noca por la imperatora dinastio, do eĉ estis legenda, ke ajna ŝipo, portanta la libron de *Mengzi* al Japanio, subakviĝis pro la dieca ventego. Sed, tio ne estas vera, ĉar la libro de *Mengzi* estas registrita en la bibliografio, kompilita de Huziŭara Sukejo en 891 p. K. Ankaŭ en Ĉinio ekzistas la sama legendo, estas skribite en iu libro en la epoko de *Ming-dinastio* jene: "Japanoj-sklavoj ankaŭ estimas librojn de konfuceismo kaj kredas budhismon. Ili aĉetas ĉinajn sutrojn kaj librojn kontraŭ alta prezo. Sed mankas nur la libro de *Mengzi*. Kiu provis porti la libron al Japanio, ties ŝipo renversiĝis. Tio estas iu strangaĵo." ① Kial oni rigardis Mengzi revoluciema? Multaj opinias, ĉar li aprobis anstataŭigon de reĝoj kaj eĉ majestatencon de tiranoj, kiel Jie kaj Zhou. Tia ideo kontraŭas al eterneco de la tradicia tennoa reĝimo.

---

① 谢肇淛，卷 4、地部 2。

Mengzi diris: " Se vi trovas iun farinta grandan eraron, admonu lin, sed li ne aŭskultas vin spite la ripetatan admonon, tiam vi devas eloficigi lin."

La reĝo subite ŝanĝis la vizaĝkoloron.

Mengzi diris: " Ne miskomprenu, Via Moŝto. Vi, kiel reĝo, demandis min, do mi, kiel via subulo, ne povas ne respondi rekte." [5B9]

Mengzi tenas neordinaran kuraĝon antaŭ potenculoj por eldiri sian opinion. En la epoko de revolucio Meizi japanaj adeptoj de Mengzi ĉerpis la mirindan aspiron por la aktiva movado, eĉ devojiĝanta de la Mezeco 中庸. Mengzi legas la tekston de *Analektoj* laŭ sia kompreno, taksante ĝin kiel fanatikan konduton.

Wan Zhang demandis, dirante: " Kiam Konfuceo vagadis en Chen-lando, diris: ' Mi revenu hejmen! Personoj de mia partio, naive fanatikaj, progresemaj, ne forgesas la unuan aspiron.' Kion pensis pri la fanatikuloj de Lu-regno Konfuceo, estante en Chen? "

Mengzi diris: " Konfuceo, ne povante akiri irantojn de Meza Vojo, probable serĉis strion de espero inter fanatikuloj kaj puritanoj!" [7B37]

Yoshida Shoin vidis en fanatikulo 狂士 aktivan aganton por reformi la regnon. En Japanio la filozofio de Mengzi havis grandan influon al intelektuloj en la dua duono de la 19-a j.c. En la nova registaro de Meiji okupis gravajn postenojn intelektuloj de Choshu 长州, kiuj estis instruitaj en la lernejo Shokasonzyuku 松下村塾, gvidata de Yoshida Shoin, la fervora adepto de Mengzi. Li kompilis la verkon pri la lekcio de Mengzi 讲孟劄记, kiam li sidis en la malliberejo. Li alvokis junulojn: " Estas dirite, ke se matene mi aŭdas la vojon, mi ne bedaŭras, eĉ se mi mortus vespere. Kial diskutindas pri ia profito-utilo? Se nun vi havas altan aspiron, tiam vi povas fariĝi adepto de Mengzi." [p. 23]

Legantoj de la libro de *Mengzi* vidas en Majstro la idealan personecon, sendependan kun sia propra konvinko. Mengzi mem per sia sentima konduto montras la modelon al personoj, aspirantaj la altan celon por la savado de popolo. La agmaniero de Mengzi forte influis al progresemaj intelektuloj en Azio. Por ili tio restas de longe kiel la praktika filozofio. Mi rememoras, ke mi mem estis edukata en mia infaneco sub la influo de konfuceismo laŭ Mengzi.

En nuna urbo Zaozhuang, t. e. antaŭa Teng-lando, kie Mengzi predikis sian projekton de ideala ŝtato, mi havis feliĉan ŝancon loĝi ses jarojn (2012-2018), do mi povis vidi pejzaĝon kaj inspiri la aeron de ĉina pensa historio.

Tie mi imagis la bonvoleman planon de la komunumo, ellaborita de Mengzi en la teksto [3A3]. Prof. Bak Giwan, korea fama esperantisto, kaj lia edzino, montris al mi la hejmlokon de Mengzi, kondukante la aŭton. Tio instigis min esperantigi la tekston de *Mengzi*. Ankaŭ s-ro Semio proponis al mi tiun laboron fervore. Dank' al lia admono, mi povis plenumi la taskon.

Sasaki Teruhiro

2022.12.5